Heinz K. Weigelt

JAGD-REISEFÜHRER

Alaska, Yukon
British Columbia

Heinz K. Weigelt

JAGD-REISEFÜHRER

Alaska, Yukon British Columbia

Neumann - Neudamm

Bildnachweis:
Die Abbildungen auf den Seiten 51, 103 oben und 311 unten stellte uns freundlicherweise Ludwig Teichmann, Stukenbrock, zur Verfügung. Sämtliche anderen Vorlagen stammen aus dem Bildarchiv des Autors.

Die Deutsche Bibliothek – CIP-Einheitsaufnahme
Weigelt, Heinz K.:
Jagdreiseführer Alaska, Yukon, Britsh Columbia / Heinz K. Weigelt. – Morschen-Heina : Neumann-Neudamm, 1993
ISBN 3-7888-0629-X

Untere Straße 3, 3509 Morschen-Heina
Printed in Germany
Titelgestaltung: Philipp Schneider.

Reprotechnik: Firma monolith Offset Repro, 4430 Steinfurt
Satz und Druck: Karl Strube Druckerei, 3582 Felsberg
Buchbinderei: Willi Keller, 6402 Kleinlüder
Schrift: 10/12 Times Roman
Papier: Bildteil 115 g Bilderdruck, Textteil 90 g Werkdruck
Umschlag: Pappband, Polylein-Kaschierung
Druck: Offset, Heidelberger
Verarbeitung: Fadenheftung, begazt, Deckenband.

Inhalt

Teil III: Jagdrevierbeschreibungen

Teil IV: Anhang

Danksagung

Besonderer Dank gebührt folgenden Behörden, Institutionen und Privatpersonen, ohne die dieses Werk nicht hätte zustandekommen können:

- meiner lieben Frau, die während meiner ausgedehnten Flüge, Konferenzen und Wildnis-Touren aus lauter Verzweiflung ihren Jagdschein erwarb ... für ihre Geduld und ihr Verständnis;
- dem *Government of Canada* (Reg. & Ind. Expansion), die mir nicht nur mit Informationen, sondern auch mit erheblichen finanziellen Zuwendungen zur Seite standen, um dieses kosten- und zeitaufwendige Projekt zu bewerkstelligen;
- dem *Ministry of Environment*, für die tatkräftige Unterstützung und das zur Verfügungstellen von Karten und Anschauungsmaterialien, Statistiken und Informationen;
- dem *Government of Yukon – Wildlife Branch* – für die freundliche Überlassung von jagdlichen Statistiken, Informationen und Karten;
- dem *State of Alaska – Department of Fish and Game* – für tonnenweise zur Verfügung gestelltes Jagdmaterial, Skizzen, Karten und Informationen;
- der Fa. Don Ference & Ass. Ltd., Vancouver, B. C.
- allen Outfittern für ihre Mühe und Geduld mit einem auf einmal noch neugierigeren, kritischeren Heinz Weigelt fertig geworden zu sein.

Allen gilt unser aufrichtiger Weidmannsdank!

Grußwort

Minister of State
Forestry

Ministre d'État
Forêts

CANADA

An die verehrten Leser dieses Buches:

Kanada im allgemeinen und British Columbia im besonderen sind in der Welt als die beliebtesten Reiseländer für Naturfreunde, Jäger, Kanuten und viele andere „outdoor"-Enthusiasten bekannt. Riesige, durch Menschenhand unangetastete Naturlandschaften bieten jedem die Möglichkeit, Träume auf seine ihm erstrebenswerte Art und Weise zu verwirklichen.

Dieses Buch öffnet einem großen Kreis interessierter Jäger die Tür in das Innere unseres schönen Landes. In anschaulicher, offener und ehrlicher Manier wird dem Neuling wie auch dem Kundigen das Nordamerika-Jagdabenteuer nähergebracht.

Sinn und Zweck dieses Buches ist es, den deutschsprechenden Jägern Europas einen brauchbaren Ratgeber an die Hand zu geben, mit dem er einfacher, sicherer und erfolgreicher seinen oft lang gehegten Träumen nachgehen kann.

Dem Autor Heinz K. Weigelt, einem auf beiden Kontinenten anerkannten Fachmann in Sachen Kanada-Jagd, ist es wieder gelungen, den an ihn gestellten Anforderungen gerecht zu werden.

Als das jagdliche Bindeglied zwischen der kanadischen Jägerschaft und der jagenden Welt Mitteleuropas spreche ich Heinz meinen Glückwunsch zu diesem Werk aus.

Sie, verehrte Kanada-Freunde, insbesondere Sie als Jäger, Angler und Naturfreunde allgemein, heiße ich aufs herzlichste willkommen.

Frank Oberle, Minister für Forsten, Ottawa, Kanada

Zum Geleit

Die Jagd in nordamerikanischer Wildnis hat zweifelsfrei ihren Reiz nicht verloren. Im Gegenteil, mehr und mehr Jäger zieht dieser Fleck Erde an, der für Sie, Naturfreunde und Abenteurer gleichermaßen noch ein Höchstmaß an Aussicht bietet, sich langgehegte Träume zu erfüllen.
Britisch Kolumbien, der Yukon und Alaska bilden dabei ohne Zweifel die Spitze der Wunschländer.
Vieles ist inzwischen über diese Länder berichtet worden. Nicht alles Geschriebene ist objektiv und vor allem vollständig, zumal letzteres ein kaum zu bewältigendes Problem infolge der Größe und Vielseitigkeit der Landschaft, des Biotops und der Klimate darstellt. Das Meiste ist darüberhinaus von einem Personenkreis gesammelt worden, dem es vergönnt war, kurz über den Zaun zu schauen. Es sind daher Einzelerlebnisse, Streiflichter aus einer Welt, die viel Raum für Phantasie bereithält.
Jagdschilderungen in Zeitschriften und Büchern – so schön und wichtig sie auch sind – geben lediglich Erlebnisse und bestimmte Situationen wieder. Viele informationssuchende Jäger laufen Gefahr, diese interessanten Einzelberichte zu sehr zu verallgemeinern, gleichgültig in welche Richtung sie tendieren.
Farbenprächtige Prospekte schrauben den Erwartungsstand unrealistisch hoch. Dabei kommen wir zu dem nächsten Störfaktor für eine objektive, sachliche und vollständige Berichterstattung, dem Kommerz, dem die Auslandsjagd leider notgedrungen unterworfen ist.
In jedem Fall ist es für einen Jäger nicht leicht, sich bei der Fülle der Angebote und der Anbieter das für ihn Beste herauszusuchen.

Alle Anbieter versprechen, die besten zu sein. Profitgier, dubiose Geschäftspraktiken auf beiden Seiten des Ozeans und mangelnde Sachkenntnis verwirren das Gesamtbild.
Nach kanadischer Ansicht führte dieses Chaos letztlich dazu, das Image der kanadischen Jagd zu schädigen. Den kanadischen Stellen ist es durchaus bewußt, daß europäische Gastjäger mit hohen Erwartungen in das Land kommen, daß sie relativ viel Geld dafür ausgeben und damit enorme emotionale Einsätze riskieren. Die Beobachtung dieses Problemkreises und die Schlußfolgerungen daraus führten letztlich zu diesem Buch.
Mit Hilfe der kanadischen Bundesregierung in Ottawa und der Provinzregierung in British Columbia/Yukon, die dieses Werk darüberhinaus finanzieren halfen, ist es gelungen, ein Höchstmaß an sachlichen Informationen über Jagdmöglichkeiten in diesem Raum zu erstellen.
Die jahrelange Tätigkeit als kanadischer Jagdführer und Jagdunternehmer, Tausende von zu Fuß, auf dem Pferderücken, per Allrad und „bush"-Wasserflugzeug zurückgelegte Meilen des Autors sichern die Authentizität des Präsentierten.
Es ist mit diesem Werk gelungen, einen vielschichtigen Überblick über die populärsten Jagden zu schaffen. Die hier vorgestellten Reviere stellen bei weitem nicht das ganze nordwestamerikanische Angebot dar. Das ist auch nicht die Absicht. Die hier vorgestellten Reviere sind diejenigen, die für anspruchsvolle, europäische Jagdgäste das bieten, was in diesem Werk dem Leser präsentiert wird. Es stellt die selektive Ansammlung einer Handvoll Outfitter dar, die aus der insgesamt möglichen Anzahl von etwa 300 Anbietern in Nordamerika für den anspruchsvollen Jagdgast Europas von Wichtigkeit sind.
Als Auswahlkriterien wurden nachfolgende Fakten herangezogen. Die Reihenfolge verdeutlicht gleichzeitig die Wertigkeit der fünf Hauptpunkte:

- ein bis zwei sicher zu erlegende Wildarten
- Seriosität
- keine Überbejagung bzw. kein Massen-Jagdtourismus
- Verläßlichkeit

– Gesamt-Jagdservice
– Preise

Dem europäischen Gastjäger wird damit ein Ratgeber an die Hand gegeben, mit dem er sich in aller Ruhe zu Hause, unbeeinflußt von der üblichen Werbung, seine Jagd entsprechend seinen Wünschen und Anforderungen heraussuchen kann, ohne sich, wie bisher üblich, auf das Angebot eines Buchungsagenten oder Einzeloutfitters verlassen zu müssen.

Die Revierbeschreibungen beinhalten geo- und topographische Fakten, Klima und Wetter, Reviergeschichte, Vorstellung des Outfitters und natürlich seines Wildes, Jagdarten, mitzubringende Ausrüstung und Anreisemöglichkeiten.

Trotz dieser relativ ausführlichen Informationen über das jeweilige Jagdrevier ist es unerläßlich, persönliche Informationen von dem Veranstalter oder seinem Buchungsbüro einzuholen. Wir alle haben unsere persönlichen Vorstellungen, Wünsche, geistigen und körperlichen Voraussetzungen, denen Rechnung zu tragen ist.

Um diese Organisations- und Administrationsprobleme effektiv bearbeiten zu können, sind der Berufsjägervereinigung in Britisch Kolumbien seitens des kanadischen Ministeriums Mittel zur Verfügung gestellt worden.

Allen Freunden einer urigen, wilden Kanada-Jagd wünsche ich, daß dieses Buch dazu beitragen wird, eine Jagdreise so gründlich vorzubereiten, daß Enttäuschungen vermieden und das erreicht wird, was sich Gastjäger wie Outfitter gleichermaßen wünschen: unvergeßliche Erlebnisse sowie aufgrund persönlichen Einsatzes verdiente Trophäen, auf die Jäger und Führer gleichermaßen stolz sein können.

Weidmanns Heil

Friedrich Wilhelm Fürst zu Wied

Anmerkung: SD Fürst zu Wied ist der vorherige Delegationsleiter des CIC (Internationaler Jagdrat zur Erhaltung des Wildes).

Vorwort

Werte Jagdfreunde,

viele Jahre harter, aber herrlicher Jagdtage in den nordwestamerikanischen Urwäldern erlauben es mir, aus vielfältig angesammelten Erfahrungen zu schöpfen, Erfahrungen in allen möglichen und unmöglichen jagdlichen Situationen. Als Jagdführer, Buschpilot, Jagdunternehmer und Organisator bin ich in der Lage, allen Kanada- oder Alaska-Jägern mit Rat und Tat behilflich zu sein.
Als ehemaliger deutscher Revierinhaber kenne ich die Sorgen und Wünsche des mitteleuropäischen Jägertums genauso, wie ich die jagdlichen Wünsche und Vorstellungen meiner neuen Wahlheimat im Detail zu kennen glaube.
Seit 1974 stehe ich als Kanada-Experte in Deutschland, Österreich und der Schweiz Jägern Rede und Anwort. Aufgrund unzähliger Vorträge und Jagdmessen sind mir die vielen Fragen, Nöte und Vorstellungen nordamerika-interessierter Jäger hinreichend bekannt.
Mit diesem Werk wird sowohl dem unerfahrenen Nordamerika-Jäger als auch dem bereits erfahrenen ein brauchbarer Ratgeber zur Verfügung gestellt, mit dem er seine Jagd bestens vorbereiten kann.
Ich habe Wert darauf gelegt, jedem Kanada- oder Alaskajäger eine kleine, dafür aber verläßliche Auswahl an jadbaren Revieren vorzustellen.
Alle Angaben sind nach bestem Wissen und Gewissen bearbeitet.
Meine verehrten Leser bitte ich, mein schon recht angestaubtes Deutsch zu entschuldigen. Fast 20 Jahre habe ich Deutsch nur als die zu Hause gebrauchte Zweitsprache benutzt. Dies hat zweifelsohne seine Spuren hinterlassen. Meinen Lektor habe

ich gebeten, auf Kosten des literarischen Deutschs, zum Wohle der jagdlichen Beschreibungen beide Augen zuzudrücken.

Weidmanns Heil

Heinz K. Weigelt
108-Rec. Ranch, B. C.
Canada im Mai 1990

ERSTER TEIL

Jagen in Kanada

Das Buchen einer Jagdreise

Eine der schwierigsten Entscheidungen ist die richtige Auswahl der Stelle, bei der wir unsere Jagdreise buchen.
Der Angebote gibt es viele; die Verwirrung ist groß, ebenso die Anzahl der dubiosen Geschäftemacher.
Was sollten wir wissen, um uns ein Höchstmaß an Erfolg zu sichern bzw. unsere Illusionen zu beseitigen.

In Kanada:

Wir können unsere Jagdreise buchen/organisieren:

a) bei einzelnen Outfittern
b) bei einer Berufsjäger-Organisation
c) über Verwandte, Bekannte oder Freunde in den Jagdgebieten oder
d) gleich selbst nach Kanada oder Alaska fahren und dann auf gut Glück Kontakte anknüpfen (Straßenwerbung, lokale Annoncen usw.).

zu a:
Der Outfitter ist ein Unternehmer, der seine Ware so gut wie möglich verkaufen möchte. Er läßt Prospekte drucken, sendet seine Vertreter in alle Welt und wirbt über die Medien. Sofern keine Unwahrheiten verbreitet werden, sind das alles legitime Mittel der Werbung. Problematisch ist die „Ware" als solches. Das von ihm zu „verkaufende" Stück ist weder mit einer Seriennummer versehen noch wird eine Garantiekarte ausgegeben. Obwohl im Endeffekt ein „Objekt" vom Verkäufer zum Käufer überwechselt, bleibt es eine Dienstleistung. Als Jäger wissen wir alle, daß es kein Revier gibt, in dem alles Wild gleich häufig oder kapital vorkommt.

In vielen nordamerikanischen Revieren – wenn nicht sogar in den meisten – kommen beinahe alle Wildarten vor, die es auf dem Kontinent gibt. Es bleibt nur die Frage des wie häufig oder wie stark oder die des wie gut ist der Service des Outfitters bzw. seine Seriosität (siehe dazu „Der Outfitter“, Seite 40).
In keiner Annonce, Werbung über Dritte oder gar einem persönlichen Gespräch bezüglich dieses Themas wird der Outfitter von sich aus besonders daraufhinweisen, daß dieses oder jenes Wild zwar vorhanden, aber (genauso wie uns die Kaufhof-Angestellte nicht sagen wird, daß bei Horten die Tomaten billiger oder besser sind).

zu b:
Eine Berufsjäger-Organisation hingegen ist in der Lage – wenn sie weiß, was ihre Jagdgäste wollen – die soeben aufgezeigten Meinungen aufzufangen, zu filtern und gereinigt anzubieten. Gereinigt heißt hier, die aus Outfittersicht nicht erwähnenswerten „Kleinigkeiten“ darzulegen, Informationen auszuhändigen, die ein Einzeloutfitter aufgrund seiner „Beschränktheit“ nicht übersehen, vergleichen und beurteilen kann, da er sich verständlicherweise nur aktiv mit seinem eigenen Revier befaßt. Von dieser Jäger-Vereinigung können wir also im Vergleich zum einzeln anbietenden Outfitter voraussetzen, daß sie ihren Gästen ein Höchstmaß an Wünschen erfüllen kann. Das Angebot dieser Organisation umfaßt alle Wildarten. Sie ist in der Lage Reviere anzubieten, in denen das von uns gewünschte Stück als Hauptwildart im Revier vorhanden ist und unserer zweiten Trophäe die gleiche oder zweite Erfolgschance eingeräumt werden kann. Analog dessen, jeweils auch die weiteren Wildarten. Die Vorteile für den Gastjäger sind offensichtlich.

Für uns wichtige Organisationen sind die:
1. Alaska Professional Hunters Association Inc.
   P. O. Box 4-1932, Anchorage, Alaska 99509
   Phone 907-279-7837
2. Guide and Outfitter Association
   of British Columbia (GOABC)
   Box 759, 100 Mile House, B.C., VOK2EO

Die „GOABC“ und ihr alaskanischer Counterpart (siehe oben) sind ein Zusammenschluß von Berufsjägern als Lobbygruppe gegenüber Staat, Gesellschaft und Interessengruppen. Sie kämpft erfolgreich gegen Wahnvorstellungen der kanadischen Greenpeace-Organisation, Raubbau-Ideen der Holzindustrie-Giganten und das Überrennen der reinen Wildnisgebiete durch „HIGH TECH“ (Allradfahrzeuge pp.). Sie schützt das Wild, die Natur und die freie Jagd vor Übergriffen der Gesellschaft, des Staates und einzelner Individuen.
Leider umfaßt die Mitgliederliste der GOABC kaum die Hälfte der Outfitter des Landes.
Mitglied wird man, indem man einen Obulus entrichtet. Damit erwirbt der Outfitter billigere Versicherungsrechte, eine vierteljährlich erscheinende Zeitschrift und den Schutz durch die Organisation. Der Outfitter darf das GOABC-Emblem seiner Werbung hinzufügen. Trotz eines hochtrabenden Wahlspruches bezüglich der Jagdethik hat die GOABC keine Exekutivbefugnisse. Sie kann nur den Outfitter aus ihren Reihen ausstoßen.
Da jede Stimme (und jeder Mitgliedsbeitrag) zählt, ist dieses die letzte Maßnahme gegen einen unseriösen Outfitter. Der Begriff „unseriös“ unterscheidet sich erheblich von unserem Verständnis dieses Wortes. Eine oder sechs Beschwerden über einen Outfitter reichen kaum aus, es sei denn es liegen offensichtliche Rechtsverstöße vor, bei denen die Gefahr besteht, daß sie an die (kanadische) Öffentlichkeit gelangen.
Die GOABC gibt Listen heraus, auf denen alle Wildarten verzeichnet sind (nach Angaben der Outfitter), die im jeweiligen Revier der Mitglieder vorkommen. Es wird nicht bewertet wie gut, selten und zahlreich das jeweilige Wild in dem individuellen Outfitter-Revier vorhanden ist. Für uns ist diese Liste uninteressant! Die in dieser Aufstellung gleichzeitig geschalteten Annoncen haben den Stellenwert jeder Annonce: Sie wollen etwas so gut wie irgend möglich anpreisen.
Schreiben wir die GOABC wegen einer Jagdreise in B.C. oder dem Yukon an, wird diese Anfrage an alle Mitglieder verteilt, gleichgültig ihrer Qualifikation, des Wildvorkommens oder

der Wildqualität. Eine individuelle Empfehlung ist gemäß GOABC-Statuten nicht vorgesehen. Trotz interner Cliquenwirtschaft wie sie in jedem Verein anzutreffen ist, trotz kleiner „power groups“, die versuchen die Szene zu dominieren, verdient die GOABC die Unterstützung aller Jäger. Ohne sie wäre unsere Jagd im kanadischen Westen um einiges ärmer. Von Europa aus können wir leider nur mittels Geldüberweisungen konstruktiv zu ihrer Arbeit beitragen.

3. Großwild Berufsjäger-Buchungsgemeinschaft
   (offizielle kanadische Bezeichnung:
   Intra Terra Big Game Hunting Ass. Ltd.)
   Comp. 80, 108 Rec. Ranch, B.C.,
   Kanada, VOK 2 ZO
   Telefon: 001-604-791-5787 (17.00 – 19.00 Uhr MEZ)
   Fax: 001-604-395-2233

   und deren
   Deutsche Repräsentanz:

   Martin Wössner
   Orthöve 36
   4270 Dorsten 21
   Telefon: (0 23 62) 7 18 10
   Fax: (0 23 62) 7 64 27

Die Berufsjäger-Buchungsgemeinschaft ist seit fast 20 Jahren ein freiwilliger Zusammenschluß von ausgesuchten Spezialjägern. Spezialjäger heißt in diesem Fall, daß für die einzelnen Wildarten das oder einige Reviere herausgesucht wurden, die eine erfolgreiche Bejagung versprechen. Darüber hinaus wird ermittelt – und immer wieder neu erarbeitet –, in welchen Revieren die erfolgversprechendsten Kombinationsjagden durchzuführen sind.
Der Zusammenschluß hat kommerzielle Interessen und ist daher bemüht, seine Gäste zufriedenzustellen. Die Gehälter kommen aus einem gemeinsamen Pott, auf der Basis des Lei-

stungsprinzipes. Der Gastjäger wird dadurch nicht belastet. Mit anderen Worten: Alle durch die Organisation offerierten Jagdpreise sind die Originalpreise der jeweiligen Outfitter, ohne Zuschlag. Die Auswahl der Outfitter erfolgt strikt nach Gesichtspunkten wie Leistung, Zuverlässigkeit und vorhandenem Service-Potential.

Von unzuverlässigen Outfittern kann sich die Berufsjäger-Buchungsgemeinschaft sofort trennen.

Aufgrund der ständigen Anwesenheit in den Revieren Westkanadas ist das Management in der Lage, kurzfristige Entscheidungen zum Wohle der Gastjäger unmittelbar vorzunehmen.

Ein weiterer deutlicher Vorteil der Arbeitsweise der Berufsjäger-Buchungsgemeinschaft liegt in der fachlichen Qualifikation des Managements. Alle Aktiven des Jagdmanagements haben ausgiebige Jagderfahrung in Deutschland, Österreich und teilweise der Schweiz gesammelt. Der verantwortliche Leiter, Heinz K. Weigelt, Autor dieses Buches, war Inhaber einer Eigenjagd und viele Jahre an einer Gemeinschaftsjagd in Deutschland beteiligt. Sein Repräsentant in Europa ist Revierinhaber in Deutschland. Darüberhinaus ist er mit der praktischen Jagd in Nordwestamerika vertraut und kennt die Reviere aus eigener Jagderfahrung. Alle diese Erfahrungen sind wichtig. Genauso wichtig im Jagdgeschäft ist Seriosität. Nur einem seriösen Jagdveranstalter können wir uns als Gastjäger sorgenfrei anvertrauen. Das Management der Berufsjäger-Buchungsgemeinschaft stellt ein Team dar, welches in Kanada und Alaska nicht seinesgleichen hat. Es hat Zugang zu jagdspezifischen Informationen, die noch nicht einmal ein einzelner Outfitter besitzt, geschweige denn irgendein ausländischer Jagdvermittler. Das Team ist in der Lage, Jäger verläßlich zu beraten und ihnen die entsprechenden Reviere zu vermitteln.

Viele unserer Mitjäger scheuen sich, das Telefon jenseits des Teiches klingeln zu lassen, weil es einfacher ist zehn anstelle von fünfzehn Nummern zu wählen. An den ca. 8,– DM Mehrkosten für drei Minuten dürfte es wohl nicht scheitern, wenn wir überlegen, welche Vorteile uns solch ein Gespräch bringt. Es kann dazu führen, daß wir für etwa 10,– DM Extra-Telefon-

kosten (oder 100 Schilling, da die Benutzung des Kommunikationsgerätes in Österreich teurer ist) uns eine zusätzliche Jagdreise ersparen. Der erste Versuch sollte erfolgreich sein, nicht wie sehr oft feststellbar der zweite.
Seit 1989 hat die Berufsjäger-Buchungsgemeinschaft in Deutschland eine Repräsentanz, so daß Anfragen und Buchungen dort vorgenommen werden können (Anschriften, Telefon und Telefax-Nr. siehe Seite 20).

4. State of Alaska
   Department of Fish and Game
   333 Raspberry Road
   Anchorage, Alaska 99502

5. Province of British Columbia
   Ministry of Environment
   Fish and Wildlife Branch
   Parliament Buildings
   Victoria, British Columbia V8V 1X4

6. Government of Yukon – Wildlife Branch
   Box 2703, 10 Burns Road
   Whitehorse, Yukon Y1A 2C6

In B.C. ist das „Ministry for Environment & Parks (Ministerium für Umwelt und Parks) das für die Jagd zuständige Ministerium. Für den Yukon ist es das „Government of Yukon Wildlife Branch“ und für Alaska „State of Alaska, Fish & Wildlife Branch“.
Für uns Gastjäger ist die Jagdbehörde relativ unwichtig, da sie uns bei der Jagdbuchung noch weniger behilflich sein kann als die GOABC.

Die Oberste Jagdbehörde gibt eine Guide-Outfitter-Übersicht heraus, in der alle lizenzierten Outfitter mit ihrem Revier aufgeführt sind. In der Übersicht ist auch vermerkt, welche Wildarten im jeweiligen Outfitter-Revier vorkommen. Es ist nicht vermerkt – und das ist für uns genauso wichtig –, ob der jeweilige Outfitter nur alle zwei Jahre einen Bären freibekommt oder ob ihm keine Beschränkungen auferlegt wurden, ob des Outfitters Revier ein jagdliches Paradies für einheimische Jäger darstellt oder reine Wildnis ist, um nur zwei für uns bedeutsame Kriterien zu benennen. In kurzen Worten, die Jagdbehörde ist uns als hilfesuchenden Jagdgästen nicht von Nutzen. Der einzelne Beamte, „CONSERVATION OFFICER", im Volksmund „GAME WARDEN" oder kurz „C. O." genannt, wird und darf uns keine Auskünfte wertender Natur geben. Auch Beschwerden, gleichgültig welcher Art (ausgenommen Wilderei oder Verstöße gegen das Umweltschutzgesetz), werden von der Jagdbehörde nicht bearbeitet. Sehr oft werden derartige Beschwerden aus einer Art behördlicher Hilflosigkeit und dem Bestreben helfen zu wollen, an die GOABC oder die regionalen Outfittervereinigungen weitergeleitet.
Weder die GOABC noch die Jagdbehörde können direkt und aktiv gegen einen unseriösen Outfitter vorgehen.

zu c:
Es ist immer beruhigend, in einem fremden Land Bekannte, Verwandte oder Freunde zu haben, auf die wir im Notfall zurückgreifen können.
Dieser Umstand hat jagdlich betrachtet für die meisten Gäste insbesondere dann negative Konsequenzen, wenn diese Stütze kein Jäger ist. In der Regel ist es so, daß dieser nordamerikanische Freund sich an das Telefon hängt und herumtelefoniert oder weiß, daß an dieser oder jener Stelle der oder jener Outfitter tätig ist. Selbst die durch ihn eingeholten „Erfolgsmeldungen" sind äußerst kritisch zu betrachten, da der Auskunft einholende Freund wiederum nur die Schokoladenseite zu hören bekommt. Ist unser nordamerikanischer Kontaktmann Jäger und läßt seine persönlichen Jagderfahrungen zu stark in

die kommerzielle Jagd einfließen, ist er wiederum einseitig informiert. Outfitter hüten ihre guten Stellen wie der Räuber seinen Schatz und unternehmen alles nur Erdenkliche, um einheimischen Jägern die wirklich guten Stellen zu verheimlichen, sie irrezuführen oder gar, wie in einigen Fällen bekannt, durch Drohungen zu verjagen. Für Outfitter stellt jeder einheimische Jäger insofern eine „Gefahr" dar, weil er nächstes Jahr selbst als „ungebetener Gast" dorthin jagen kommen oder anderen diese Stellen verraten könnte.

Outfitter, die auf einheimische Anfragen positiv reagieren, haben ihre Gründe dafür (sie verkaufen nach dem Motto „Nach mir die Sintflut", sie führen in einem Gebiet, das sowieso schon von Einheimischen stark frequentiert wird oder haben im allgemeinen ein äußerst schlechtes „Geschäft"). „Gute" Outfitter unternehmen alles nur Mögliche, um Einheimische aus ihren Revieren fernzuhalten.

Auch die redegewandte Überzeugungskraft eines befreundeten Jägers aus Nordamerika kann diese Fakten nicht wegwischen. Zur Zeit gibt es in B.C. und dem Yukon keine reputable Privatperson, die Vermittlungen an Einzeloutfitter vornehmen kann. Ihnen fehlt schlicht und einfach die Übersicht, was wo für europäische Jagdgäste am erfolgversprechendsten ist, trotz ihres unzweifelhaft guten Willens.

zu d:

Die unklügste Art und Weise, in Nordamerika zu jagen, ist, erst einmal hinzureisen, um sich an Ort und Stelle zu informieren.

Alle erfolgreichen Outfitter sind ab August – und bereits davor – im Revier und stehen nicht auf der Straße herum, um Jagdgäste einzusammeln. Zu Beginn der Jagdzeit sind fast alle guten Reviere ausgebucht. Natürlich stehen an einigen Wildnisgegenden Indianer herum, die für schnelles Bargeld einen vorbeikommenden Jäger zur Jagd führen. Diese Abenteuerjagden (mehr Abenteuer als Jagd) verlaufen für einen europäischen Jäger selten zufriedenstellend. Es ist auch aus dem Grund davon abzuraten: Die lieben Ureinwohner nehmen es mit dem Jagdgesetz nicht so genau. Sie stört es überhaupt nicht, für eine Woche auf Staatskosten im Warmen gefüttert zu werden, denn sie haben die Geduld, die uns fehlt, wenn wir unseren Heimatflug erreichen müssen. Auch beeindruckt es sie kaum, wenn ihre Waffe eingezogen wird, da sie wissen, daß sie sie nach einiger Zeit wieder zurückbekommen (was mit unserer Waffe nicht der Fall wäre). Und „last not least" sind es die Gesetze des Weißen Mannes. Was heißt es schon für einen Indianer „vorbestraft" zu sein . . .

Ein europäischer Jäger, der „vor Ort" seine Jagd organisieren will, hat die geringste Chance, erfolgreich zu sein. Es sei denn, er ist 18 bis 22 Jahre alt und sein Erwartungsstand liegt bei Null.

Von Europa aus:

Europäische Anbieter lassen sich in folgende Kategorien einteilen:

a: etablierte, professionelle Jagdvermittler
b: Jagdvermittler, die mittels „Gelegenheit" zum Vermittler wurden
c: Den „Küchentischvermittler".

zu a:

Die Attribute „etabliert und professionell" deuten schon an, daß wir es mit der für uns sichersten Kategorie von Jagdvermittlern zu tun haben. Lassen wir außer acht, daß die Unternehmer – zwar passioniert – ihre Jagdvermittlungsfirmen als Abschreibefirmen benutzen, bringen sie doch einen erheblichen Erfahrungsschatz in das Geschäft. Aufgrund des umfangreichen, internationalen Volumens (vor allem Afrikas und des europäischen Ostens) haben sie hohe Personalkosten, die verständlicherweise in irgendeiner Form auf den Jäger umgelegt werden müssen (Extra-Vermittlungsgebühren etc.).

Das Hauptgeschäft dieser Jagdvermittler besteht in der Vermittlung einer großen Anzahl von Jägern nach Osteuropa und Afrika. Für sie ist die Kanada/Alaska-Jagd eine Immage-Ange-

legenheit. Sie bringt zwar Geld ein, jedoch steht der Umsatz sehr oft nicht im Verhältnis zu dem mit der Nordamerika-Jagd verbundenem Risiko. Viele negative Presseberichte bezeugen das. Um den sich (mitunter mit viel Werbung) geschaffenen guten Namen nicht zu verderben, werden viel lieber Buchungen nach Polen, Ungarn oder Afrika entgegengenommen als nach Nordamerika.
Für uns gibt es in Europa lediglich drei oder vier Jagdvermittler, die wir in diese Kategorie einbeziehen können. Jagdvermittler, die mindestens zehn bis fünfzehn Jahre die Nordamerika-Jagdvermittlung betreiben und „von Hause aus" nicht der Gefahr unterliegen, eines Tages mit der Anzahlungskasse der Jäger durchzubrennen.

zu b:
Eine sehr große Anzahl Jagdvermittler in Österreich und Deutschland sind dadurch zu Jagdvermittlern geworden, daß ihnen ein ein- oder zweimaliger Jagdausflug nach Nordamerika gefallen hat. Der Gedanke, diese Jagd auf Kosten anderer Jäger zu wiederholen, kam schnell auf und wurde mittels Annoncen in die Tat umgesetzt.
Sie sind die gefährlichste Gruppe der Jagdvermittler, da sie sich geschickt als „Experten" anbieten. Mit einigen wenigen Jagderfolgen (Referenzen) entsteht ein „seriöser" Jagdvermittler. Fast immer sind es Nebenbeschäftigungen mit dem einzigen Ziel, sich selbst mittels der von den Outfittern versprochenen, jagdlichen Vorteile billige bzw. kostenlose Jagdmöglichkeiten zu schaffen. Im Prinzip wäre dagegen gar nichts einzuwenden. Es könnte eine legitime Art sein, seine nicht billige Passion zu verdienen. Leider fehlt es diesen Vermittlern meist an Vergleichsmöglichkeiten. Sie können nicht die erforderlichen Wochen und vielleicht Monate im Lande sein, um Reviere zu überprüfen, Kontakte zu knüpfen bzw. zu halten oder zu verbessern. Wenn sie diese unbedingt erforderliche Vorarbeit gewissenhaft (und ehrlich) unternähmen, brauchten sie als Fremde in dem Riesenland viel Zeit und Geld, schon um die Entfernungen zu überwinden. An beidem mangelt es sehr oft,

wenn der gutgläubige, potentielle Jagdgast keine finanzielle Vorleistung erbringt. Noch so wohl geformte Sätze in der Werbung können diese Fakten nicht ändern. An irgendeiner Stelle, zu irgendeiner Zeit bricht das Kartenhaus zusammen, und Dutzende gutgläubiger, leider auch halbinformierter Jäger verlieren ihr schwerverdientes Geld (siehe die über Jahre bekannte Hamburger Jagdvermittlung, in deren Werbung fast ausschließlich 100%ige Erfolge zu lesen waren, und andere ... über die das allgemeine Publikum wenig weiß oder es vergessen zu haben scheint). Ein neuer, ansprechender Firmenname mit einigen „guten", alten Referenzen scheint dann wieder den Weg für ein neues Jagdvermittlungsabenteuer zu ebnen.

Leider sind es gerade diese kleinen und mittleren Jagdvermittlungs-Büros, die die allgemeine Verunsicherung und das schlechte Image der Nordamerika-Jagd verursachen.

Besonders gegen sie richtete sich die Werbe-Unterstützung des kanadischen Staates für die Berufsjäger-Buchungsgemeinschaft, da ein enttäuschter Kanada-Jäger weniger über seinen Vermittler als auf „die Kanada-Jagd" allgemein verärgert sein wird. Man beachte wieder die Medienberichte. Die Enttäuschung könnte verhindert werden, wenn wir über ein zu bejagendes Revier, seinen Outfitter mit seinen Möglichkeiten *verläßliche* Informationen erhalten hätten. Also nur von tatsächlichen Profis in ihrem Spezialgebiet und nicht denjenigen, die sich in allen möglichen Jagdländern der Erde ihr Geld zu verdienen suchen.

Auch diese kleinen und mittleren Vermittlungsbüros bekommen ihre Jagdgäste durch Annoncen und teilweise über ihre (zufriedenen) Osteuropa- und Afrikagäste. Ferner ist hilfreich für sie, daß sie irgendwo in irgendeiner Jägernähe wohnen, ihre Mundart sprechen und einfach schnell erreichbar sind. Für jeden selbständig denkenden Jäger sollte dies nicht das alleinige Kriterium sein, um bei ihnen eine Jagdreise nach Nordamerika zu buchen.

zu c:
Die Frankfurter Rundschau hat vor Jahren einmal den trefflichen Ausdruck des Küchentischvermittlers geprägt.
Diese Privatvermittler oder auch selbständigen „Referenzen" sind die Vorstufe eines jeden kleinen oder mittleren Vermittlerbüros, wie wir sie soeben im Abschnitt b) kennengelernt haben. Wir finden sie in den Annoncenspalten häufig und in verschiedener Form. Sie präsentieren sich entweder als Vermittler oder unter eines individuellen Outfitters Annonce als „Referenz". Sie sind zumeist unseriös. Dieses gilt im besonderen deshalb, weil sie dem ahnungslosen Interessenten verallgemeinernd ihre individuellen Erfahrungen anbieten. Diese reichen, wie wir inzwischen erfahren haben, für eine Nordamerika-Jagd nicht aus. Für den „erfahrenen" Jagdgast ist es leicht, einem Unerfahrenen die sicherlich für ihn interessant gewesene Jagd schmackhaft zu machen. Dabei wollen wir diesem Vermittler noch nicht einmal bewußte und objektive Falschinformation unterstellen. Wirkliche Erfahrung mit den entsprechenden Organisationsmöglichkeiten ist es, was wir als Jagdgäste in Nordamerika brauchen.
Weder Möchtegern-Vermittler, dubiose Geschäftemacher noch gutmeinende jagdliche Phantasten sollten unsere Nordwest-Amerika-Jagd beeinträchtigen. Dafür investieren wir zu viel Emotionen, Zeit und Geld.

Jagdreisevorbereitungen

In den meisten Fällen beginnt unsere Jagdreise nach Kanada in Frankfurt/M., der Flugdrehscheibe Europas. London, Zürich, Wien, Amsterdam, Mailand und einige deutsche Flughäfen erlangen mehr und mehr Bedeutung im internationalen Flugverkehr nach Kanada und Alaska. Jede mittlere Stadt und alle großen Städte Mitteleuropas haben Reisebüros. Fast durchweg sind diese heute mittels Computer an die großen Fluggesellschaften angeschlossen. In vielen Großstädten Europas sind die großen Fluggesellschaften sogar direkt mit einem Büro vertreten.
Eine Flugreise-Beratung und Buchung ist einfacher zu bewerkstelligen als bei der Bahnhofsauskunft eine Zugverbindung zu erhalten (die Angestellten auf dem Bahnhof sind Beamte – beim Reisebüro oder Flugbüro sind sie dem starken Konkurrenzdruck der freien Wirtschaft ausgesetzt). Ein kurzer Anruf bei einem oder mehreren dieser Büros genügt. Langes Warten und Diskutieren am Telefon entfällt, wenn wir kurz mitteilen, wann wir wo zu sein haben und wieviel das kosten darf. Der unbeholfenste Jäger in Sache „Weltreise“ ist dazu in der Lage und nicht mehr darauf angewiesen, Jagden zu buchen, bei denen „alles im Preis enthalten“ ist. Dieser oft vorzufindende Satz bedeutet nichts weiter, als daß der Jagdvermittler die Provision für die Vermittlung des Fluges kassiert. Die werbewirksame Aussage von Jagdreiseveranstaltern, daß es bei Gruppenreisen billiger wird, bleibt zu prüfen. Billiger wird es in jedem Fall für den Veranstalter, denn er bekommt für Gruppenreisen eine entsprechende Anzahl an Freiflügen.

Die Erfahrung hat gelehrt, daß es vorteilhafter sein kann, wenn wir uns direkt an die Fluggesellschaften wenden. Für sie sind wir bevorzugte Kunden, denn die Fluggesellschaften brauchen

dann keine Provision an Reisebüros zu zahlen. Es bietet sich an, daß wir bei einer Reise nach Kanada zuerst die kanadischen Linien anrufen, die mit ihrem Land vertrauter sind als irgendeine fremde Gesellschaft.
Kanadische Fluggesellschaften sind in fast allen mitteleuropäischen Großstädten mit eigenen Büros vertreten, so in Frankfurt, München, Wien, Zürich, Düsseldorf, Hamburg ...
Die staatliche Fluggesellschaft Kanadas ist die AIR CANADA. Die zweitgrößte im Europaverkehr ist die CANADIAN INTERNATIONAL.
Auch die LUFTHANSA fliegt Vancouver an, und ist vor allem nach Anchorage zu empfehlen.
Der vor der Flugplanung ausgearbeitete Jagdverlauf (Ort, Zeiten usw.) bestimmt unsere Flugroute oder auch die Fluggesellschaft.
Die meisten internationalen Flüge in die Jagdbereiche Nordwest-Amerikas haben Vancouver als ihren Bestimmungsort. Ein weiterer internationaler Endflughafen für die Kanada-Jagd ist Edmonton. Für Alaska ist der Flug in jedem Fall bis Anchorage zu buchen.
Vancouver anzufliegen, empfiehlt sich für die Jagdreisenden, die einige, wenige Tage (oder mehr) Zeit haben, um sich dort den wunderschön gelegenen „Playground of the nation" (Spielplatz der Nation) anzuschauen.
Von Vancouver aus sind alle (jagdlichen) Endflugplätze zu erreichen. Auch jagdreisetechnisch müssen wir Vancouver anfliegen, wenn wir in Gebieten jagen wollen, die in der südlichen Hälfte British Columbias liegen. Das ist in etwa die Linie bis 200 Kilometer nördlich von Prince Rupert, d. h. die letzte Station vor der Wildnis Smithers – Prince George.
Für den sehr oft unter Zeitdruck stehenden Jäger, der nördlich dieses imaginären Breitengrades den Ausgangspunkt hat, bietet sich Edmonton als der letzte internationale Flugplatz an.
Von Edmonton aus direkt in die nördlichen Reviere zu fliegen, ist zeitsparend und kann etwas günstiger sein.
Die Inlandsfluggesellschaften Kanadas gehören meist den großen internationalen, kanadischen Fluglinien. Das wirkt sich

insofern positiv aus, als Inland-Umbuchungen, Flugänderungen etc. großzügiger gehandhabt werden. Eine Umbuchung von einer Fluggesellschaft auf eine andere ist erfahrungsgemäß nicht so einfach, als wenn „alles im Haus bleibt".
Der AIR CANADA angeschlossen ist die AIR BC und der CANADIAN INTERNATIONAL gehört die TIME AIR.
Achtung: Fast alle Jagdreiseflüge sind billige, lange vorher gebuchte Charterflüge. Eine Aufenthaltsverlängerung ist fast nie möglich. Die bei einer Verlängerung zu zahlenden Fluggebühren sind so teuer, daß wir genausogut einen Normalflug zurück buchen könnten oder besser gleich ein „open returnticket" kaufen. Dabei kann die Rückflugzeit einige Tage vorher *ohne* Mehrkosten von uns bestimmt werden.
Bei der Planung sollten wir berücksichtigen, daß alle Inlandflüge infolge schlechten Flugwetters um Stunden, ja sogar einen Tag verschoben werden können. Keine Fluggesellschaft und kein Pilot riskiert das Leben der ihm Anvertrauten (oder das seinige). Auch die heutige Supertechnik vermag die Hindernisse der Schlechtwetter-Bergfliegerei nicht zu überwinden (B.C. besteht zu über 95 % aus Bergland).
Nach Ankunft in Vancouver ist es ratsam, sich zumindest eine Nacht in einem Hotel auszuruhen. Wetter-, Klima- und Zeitumstellung machen sich bemerkbar (Hotelempfehlung s. Seite 82).

Die meisten Inlandflüge gehen am Morgen in den Norden, so daß die Ankunftsnacht in Vancouver sowieso als Übernachtung einzuplanen ist. Auch sollten wir uns nicht dazu verleiten lassen, am selben Tag einen Anschlußflug in den Norden zu nehmen, nur weil zwischen der Ankunft in Vancouver und dem Abflug in den Norden noch einige Stunden Zeit zur Verfügung stehen. Der normale Flug von Frankfurt bis Vancouver dauert zehn bis elf Stunden. Haben wir auf dieser 8- bis 12.000-Kilometer-Flugstrecke Gegenwind, können wir mit bis zu zwei Stunden Verspätung ankommen. Die wirklichen Verspätungen von (±) vier Stunden treten infolge verspäteter Abflugzeiten (technische Mängel, Streiks auf den Flughäfen, Wetter etc.) auf. Ande-

rerseits kommt es durchaus nicht selten vor, daß Vancouver eine Stunde früher erreicht wird als geplant.
Vancouver sollten zwei Tage der Besichtigung, eventuell auch zwecks Auffrischung der Ausrüstung gewidmet sein (Hinweise dafür s. Seite 63 ff).
Es lohnt sich nicht, mehr als einen Tag im letzten Ort vor der Wildnis zu verweilen. Trotz des Eindruckes auf den Landkarten, daß es Städte seien, handelt es sich nach europäischen Maßstäben um größere Orte, in denen „wenig los" ist. Selbst die Landeshauptstadt des Yukon, Whitehorse, bietet für einen längeren Aufenthalt nicht viel.
Diese „letzten Orte vor der Wildnis", Gemeinden wie Smithers, Williams Lake, Ft. St. John, Ft. Nelson, Watson Lk., Port Hardy, Bella Coola, Cranbrook u. a., bilden für uns das Sprungbrett in die Wildnis. Von hier aus begeben wir uns – meist per Wasserflugzeug – in die jeweiligen „hunting camps" (Jagdlager).
Alle diese Flüge sind von uns zu zahlen, auch wenn sie bei einigen wenigen Angeboten im Gesamtpreis eingebaut sind. In Orten wie Bella Coola, Ocean Falls und Atlin besteht die Möglichkeit, per Motorboot zum Jagdlager zu gelangen.
In allen Fällen werden uns die Einzelheiten des Transfers vorher mitgeteilt.
Spätestens an dieser Stelle werden wir als Erstreisende oder Touristen, die gewohnt sind, von A bis Z an der Leine geführt zu werden, einer inneren Unruhe gewahr: „Werde ich auch abgeholt? Hat man mich vergessen? Wie lange muß ich noch warten?" – Das sind Fragen, die jedem auf der Zungenspitze liegen, wenn nicht gleich alles so wie bei der Bundesbahn klappt.
Wir stehen hier auf der Schwelle zwischen Zivilisation und Wildnis. Wir werden hier konfrontiert mit einem Menschenschlag, für den der Begriff Zeit eine andere Dimension darstellt. Selbst wenn er sich uns gestreßten Europäern gegenüber anpassen möchte (sagen wir, weil wir ja dafür bezahlen), diktieren andere Umstände seine vermeintliche Lässigkeit.
Als erstes werden wir mit dem sogenannten Buschpilot („bush

Wen faszinieren sie nicht, die urwüchsigen, unendlichen Weiten Nordamerikas.

Auf dem Pferderücken oder per ATV durch die Wildnis Kanadas.

pilot“) und seinen Helfern konfrontiert, zu denen auch die „Abholdienste“ der Outfitter gehören. Sie alle arbeiten im Team zusammen. Technische Probleme, Wetter und, sagen wir es deutlich, mangelnde Organisationsgabe verlangsamen den Arbeitsablauf. Das Unklügste wäre es, jetzt zu drängeln oder gar im Kommandoton auf gewissen Dingen zu bestehen („Der vertraglich festgelegte Jagdreiseablauf ist . . .!“).

Wohlgemerkt, über die nicht allzuhäufig perfekt ablaufende Jagdreise brauchten wir hier kaum zu schreiben. Sinn dieser Bemerkungen ist es, die Hintergründe dieser Umstände zu erklären und Verständnis für die Andersartigkeit dieser Welt zu finden. Haben wir erst einmal verstanden, warum das hier so anders, langsam, lässig oder gar schlampig ist, fällt der nächste Schritt wesentlich leichter: Gegebenheiten so zu nehmen, wie sie sind! Das hört sich ganz nach der Mentalität der Menschen „dort drüben“ an, höre ich im stillen Leser murmeln. Ja, das stimmt auch! Es hat keinen Zweck sich am Strand, im „bush“ darüber aufzuregen, daß viel zu viel Zeit beim Palaver verloren geht. Daß die Boots- oder Kfz-Motoren mit Draht zusammengehalten werden oder daß keine richtigen und guten Pfade vorher in den „bush“ gehauen sind, um unsere Fortbewegung wesentlich zu erleichtern.

Der Nordamerikaner dieser Pionierzonen denkt und plant nicht unbedingt auf lange Sicht im voraus. „Was ist, wenn ich morgen verkaufe, dann habe ich die ganze Arbeit umsonst gemacht!“ Perfektionismus ist ein für ihn fremdes Wort. „As long as it works“ (so lange es funktioniert) hört man öfter. Es kann nicht oft genug gesagt werden, daß das Wetter, vor allem wenn es um die Fortbewegung in jeder erdenklichen Form geht, die Menschen dieser Breiten erheblich beeinträchtigt.

Wenn es plötzlich viel geschneit hat, geht man einfach nicht zur Arbeit. Im Haus ist es doch viel gemütlicher! Kein Mensch erwartet nach einem Kälteeinbruch, schwerem Schneefall (obwohl sie meistens sehr gut vorbereitet sind), daß die Geschäfte offen oder gar die Straßen passierbar sind. Ein Termin ist dann einfach kein Termin mehr, eine Verabredung wort- und entschuldigungslos keine Verabredung mehr.

„Warum sollen wir etwas erzwingen? Warum sollen wir heute trotz Gefahr von Schlechtwetter ins Jagdcamp einfliegen, wo doch morgen gutes Wetter angesagt ist? Will der unser Leben riskieren, nur der Jagd wegen? Warum sollen wir heute so früh aufstehen, es ist doch Brunft. Ich denke, der ist ein guter Jäger und muß daher doch wissen, daß Elche während der Brunftzeit immer unterwegs sind. Warum wollen diese fremden Jäger, daß wir (zur Brunftzeit) immer so weit weg in „typische Elchbiotope" gehen? Zur Brunftzeit kommen die Elche oft sogar direkt ins Jagdlager . . ."

Alltagsgedanken von Menschen der nordwestlichen Wildnisbreiten, die nicht in unsere, genauestens eingeteilte Zeitplanung, in unsere sachlich rationalistisch zusammengesetzte Welt passen. Vor allem dann nicht, wenn wir zwei Wochen Urlaub der Familie abgerungen haben und viel Geld dafür bezahlen müssen. Und die Jagdorganisation hat gesagt: „Es sei alles gut vorbereitet und bestens geplant!"

Wenn wir uns dieser soeben nur kurz angedeuteten anderen Welt auf die uns mögliche Art anpassen, laufen wir nicht Gefahr, gestreßt und enttäuscht zu werden. Und in der Tat: „it works", es funktioniert. Natürlich haben sich Buschpiloten, Abholdienste, Outfitter und sogar Führer an die präzise Art europäischer Gäste angepaßt, soweit sie es als nützlich empfinden. Es hat sich unter allen Outfittern und Führern, die europäische Jagdgäste führen, herumgesprochen, daß sie „demanding" (fordernd) sind, wobei beim Gebrauch dieses Wortes leider oft ein gewisser Hauch an empfundener Arroganz mitschwingt. Alle Beteiligten stellen sich dann eben so gut es geht darauf ein.

Gehören diese nicht immer sehr erfreulichen Bemerkungen in dieses Buch? Wir meinen schon, denn Sinn und Zweck aller Informationen dieses Werkes ist es, Jägern konstruktiv bei einer Jagdreise nach Nordamerika behilflich zu sein, auch dann, wenn wir dazulernen müssen.

Dabei sind wir erst an der Stelle angelangt, von wo es endlich in das langersehnte Jagdcamp gehen soll.

Wie oben erwähnt, erfolgt unser Transport zu mehr als einem

Dreiviertel aller Jagden per Wasserflugzeug in das Jagdlager im „bush".
Selbstverständlich gibt es auch Jagden, bei denen wir auf „normalem" Wege zum „hunting camp", dem Jagdlager, gelangen, nämlich per Kfz.
In wenigen Revieren an der Fjordküste des Pazifischen Ozeans kann es vorkommen, daß der Outfitter uns mit einem Motorboot von Bella Coola, Port Hardy oder Ocean Falls abholt.
Ab diesem Moment wird uns in den meisten Fällen die Organisation abgenommen, wir befinden uns in der Obhut des Jagdherren. Die mit uns einfliegende Maschine ist ein fester Bestandteil der Planung des Outfitters.
Sollte sich das Einfliegen infolge des Wetters um einen oder gar mehrere Tage verschieben, läuft der Jäger Gefahr, entschädigungslos seine Jagdtage zu verlieren. Sein Platz in der Hütte, dem Zelt oder in der Lodge ist auf den Mann und die Zeit eingeplant. Ist seine Zeit um, ist ein neuer Jäger für seinen Führer und sein Nachtlager sowie den Küchenplatz einkalkuliert. Infolge der kurzen Jagdzeit und der hohen Unterhaltungskosten eines Jagdlagers ist kein Raum für Leerlauf, insbesondere für herumsitzende Führer, die per Tag entlohnt werden.
Die meisten Flüge mit den kleinen Chartermaschinen in den „bush" werden voll ausgenutzt, d. h. neben Verpflegung oder Ausrüstungsgegenständen werden möglichst – je nach Maschine – mehrere Jäger gleichzeitig eingeflogen, um die teuren Flugkosten so niedrig wie möglich zu halten.
Kommen wir zu spät zu einer vereinbarten Abflugstelle in den „bush" und müssen extra eingeflogen werden, sind wir für die Kosten der gesamten Maschine verantwortlich, die uns nachzubringen hat. Gleiches gilt für den Fall, daß wir, aus welchen Gründen auch immer, früher oder später ausgeflogen werden wollen.
Diese Extrakosten entfallen dann, wenn es sich beim Einfliegen um eine kleine Maschine handelt, die nur einen Jäger aufnimmt und sowieso von uns zu zahlen gewesen wäre.
Es sind allgemein die Flugkosten, die in den besonders interessanten Gebieten die Jagd so teuer machen. Viele Outfitter

haben ihr eigenes Flugzeug. Die meisten dürfen nach dem Gesetz aber keine zahlenden Gäste (ein Gastjäger ist „zahlender Gast“) transportieren, da sie nicht als kommerzielle Piloten zugelassen sind. Trotzdem können wir feststellen, daß – bei gutem Einvernehmen und gegenseitigem Vertrauen – so manch ein Outfitter das Risiko eingeht und seinen Gastjäger innerhalb seines Revieres von Camp zu Camp fliegt. Das wachsame Auge der Konkurrenz, nämlich der kleinen Charterflug-Gesellschaften, verhindert meist diese freundliche Geste der Outfitter. Campwechsel sind besonders dann erforderlich, wenn wir vom Ziegen-Camp zum besseren Elch-Lager wechseln sollten. Bei einer Kombinationsjagd sind alle Wildarten nicht unbedingt gleichgut von einem Camp aus zu bejagen. Aufgrund der riesigen Entfernungen könnte ein unterlassener Campwechsel durchaus nachteilig sein. Sollte es uns mehr auf eine gute Trophäe als auf die zusätzlichen paar hundert Dollar des Fluges ankommen, wäre eine entsprechend angedeutete Frage an den Outfitter oder den Führer durchaus angebracht.

Der Gebrauch eines Wasserflugzeuges ist in Europa für den Publikumsverkehr nicht möglich. Allein dieses Abenteuer, mit einem Flugzeug vom Wasser aus zu starten und zu landen – und das noch dazu mitten in der Wildnis – ist für sich schon ein aufregendes Abenteuer. Glücklich der, der all dieses in Verbindung mit unserer herrlichen Jagd erleben darf!

Die wichtigsten Fluglinien in verschiedenen Städten mit ihren Telefonnummern:

	AIR CANADA	CANADIAN INTERNATIONAL	LUFTHANSA
Frankfurt	(0 69) 25 01 31	(0 69) 29 40 44	
München	(0 89) 28 84 51	(0 89) 2 60 90 04	
Hamburg	(0 40) 34 12 96	(0 40) 33 93 44	
Hannover	(05 11) 1 84 41	–	in allen
Düsseldorf	(02 11) 8 04 51	(02 11) 37 10 17	größeren
Wien	(02 22) 5 87 17 98	(02 22) 75 75 75	Städten
Zürich	(2 11) 07 77	(2 11) 37 94	
Amsterdam	(0 20) 17 94 22	(0 20) 85 17 21	

Reiseversicherung

In jedem Fall sollten wir eine Reiseversicherung abschließen. Diese Versicherung soll uns schützen vor bzw. helfen bei:

- dem Umstand, aus welchen Gründen auch immer die gebuchte Reise nicht antreten zu können (ein Rücktritt ab zwei Monaten vor Jagdantritt beinhaltet, daß die geleistete Anzahlung meist nicht zurückerstattet wird. Diese Regelung wird unterschiedlich gehandhabt).
- dem Verlust oder der Beschädigung unseres Gepäcks, insbesondere unserer Waffen. Vornehmlich dann, wenn die Waffen in Tokyo anstelle von Vancouver landen und nicht mehr rechtzeitig zur Jagd auftauchen.
- dem Verlust der Waffe, Gläser, Fotoaparaten usw. im Revier (so mancher Wildnisfluß oder See birgt wahre Schätze europäischer Waffenkunst . . .).
- Rückführung zu einem späteren Zeitpunkt im Krankheits-(Unfall)-fall.

Diese Versicherungen sind im allgemeinen sehr preiswert, wenn wir den zu versichernden Gegenwert bedenken.
Wir müssen dabei berücksichtigen, daß nur ein Arzt bescheinigen kann, ob der Rückflug angetreten werden kann oder nicht.
Aus verständlichen Gründen reicht diese ärztliche Bescheinigung nicht für die Stornierung einer gebuchten Jagdreise. Lediglich der Nachweis eines Krankenhausaufenthaltes kann dazu führen, daß der Outfitter den angezahlten Betrag für die kommende Saison gutschreibt. Ein Ersatzmann kann immer ohne Extrakosten gestellt werden.

Der Outfitter

Ein Outfitter in Nordamerika ist ein selbständiger Jagdunternehmer. In einigen Fällen bezeichnen sich auch Ausrüstungsgeschäfte für Jagd, Fischfang, Prospekting (Goldsucher), Bergsteiger, Taucher etc. als „Outfitter" für die o. a. Unternehmungen.

In B. C., dem Yukon und Alaska gibt es ca. 350 Outfitter. In B. C. und dem Yukon mit jeweils eigenem „hunting territory", dem Jagdrevier. Im November 1988 wurde die internationale Jagdwelt durch die Meldung geschockt, daß es in Alaska keine „hunting territories" mehr geben wird. Jeder Outfitter könne überall in Alaska jagen. Diese höchstrichterliche Entscheidung wurde kurz darauf wieder aufgehoben, und es bleibt abzuwarten, wie sich das alaskanische Reviersystem entwickeln wird.

Dem Gesetz nach darf in B. C. und dem Yukon *ein* Outfitter nur *ein* hunting territory bewirtschaften. Ausnahmen werden dann gemacht, wenn ein Outfitter ein angrenzendes Revier bewirtschaftet.

Der Outfitter ist selbständiger Geschäftsmann, der gegen Entgelt Dritte in seinem Revier zur Jagd führen darf.

Infolge der Komplexität eines derartigen „hunting outfitts" ist der Outfitter indirekt gezwungen, „guides", Führer, für seine verschiedenen Jagdgäste einzustellen.

Ein Outfitter darf selbst – und praktiziert das auch oft aus Kostenersparnisgründen – Jagdgäste führen. Bei größeren Jagdunternehmen führt der Outfitter meist nicht selbst, da er sich um den organisatorischen Ablauf des Jagdgeschehens kümmern muß.

Selbstverständlich ist der Outfitter in letzter Instanz für alles verantwortlich, was in seinem Revier geschieht.

Bis etwa Anfang der achtziger Jahre genügte es, das Geld für

den Erwerb eines hunting territory zu haben, um Outfitter zu werden. In neuerer Zeit wird seitens der Obersten Jagdbehörde neben theoretischen Kenntnissen, die in einer Prüfung nachzuweisen sind, auch noch verlangt, daß man als „guide“ für zwei Jahre gearbeitet haben muß.
Ein Ausländer kann kein Outfitter werden. Auch ein Kanadier aus einem anderen kanadischen Bundesland kann in B.C. oder dem Yukon kein Outfitter werden. Der Outfitter muß seinen festen Wohnsitz in dem Bundesland haben, in dem sein „hunting territory“ liegt.
Der Outfitter muß selbst kein Jäger sein, solange er der Behörde gewisse theoretische Kenntnisse nachweisen kann, von der er seine kommerziellen Jagdgründe, die „hunting-“ oder auch manchmal „guiding territory“ genannt werden, gepachtet hat. Aus steuerlichen und optischen Gründen geben Outfitter ihrem Jagdbetrieb „business names“, Geschäftsnamen.
Bei der Bewertung dessen, was ein Outfitter ist und wo er in der jagdlichen Gesellschaft steht, scheint er ziemlich schlecht abzuschneiden. Natürlicherweise neigen wir dazu, ihn mit unserem Revieroberförster, wenn nicht dem Herrn Oberforstrat Dr. Soundso zu vergleichen. Sicherlich, dem Outfitter fehlt es meist an einer akademischen, ja oft sogar überhaupt an einer Ausbildung. Einige Outfitter, vor allem indianischer Abstammung, sind kaum des Lesens und Schreibens mächtig. Wollen wir uns anhand dieses Hintergrundes ein Urteil über den Outfitter erlauben, darüber, ob er gut oder nicht gut ist? Wohl kaum! Andere, für uns viel wichtigere Faktoren lassen uns nach einer 14tägigen Jagd mit unserem „Urteil“ nach Hause zurückkehren.
Einer der wichtigsten, wenn nicht der wichtigste Punkt überhaupt im gesamten Jagdgeschäft ist die Frage nach der Ehrlichkeit, der Aufrichtigkeit des Outfitters. Kein Mensch – abgesehen von seinem jeweiligen Führer – weiß so gut wie er, was in seinem guiding territory zu erwarten ist. Wenn er es persönlich nicht wissen sollte, hört er sich um so intensiver die Berichte seiner einzelnen Jagdführer, der guides, an. Nur dieses Sammeln von Einzelberichten kann ihm letztlich ein abgerun-

detes Bild der Jagdmöglichkeiten in seinem Jagdareal offenbaren. Ein einzelner Führer – mag er noch so erfahren sein – kann nicht wissen, wie die jagdliche Situation am anderen Ende des Revieres (mitunter eine Flugstunde entfernt) ist. Des Outfitters eigene Erkundungen durch tagelange Ritte, unzählige Flugstunden und Berichte der Wildhüter vermitteln ihm ein recht gutes Bild der Jagdmöglichkeiten in seinem Jagdgebiet. Wie er diese Erfahrungen sammelt, filtert, sortiert und präsentiert, das macht u. a. den guten Outfitter aus.
Dieser „gute Outfitter" muß oder braucht längst noch kein Jäger zu sein. Sein erstes Ziel sollte es sein, seinen Gästen das Wild zum Schuß vorzuführen. Allerhöchstes Interesse hat er daran, weil er für seine Mühe und Arbeit einen Lohn, den vom Jagdgast zu zahlenden Obulus erhält. An dieser Stelle könnten wir diskutieren, ob der Outfitter überhaupt ein Jäger sein sollte . . .?
Die meisten Outfitter sind auch Jäger. Einige von ihnen sehr passionierte Weidmänner, die uns – den durch den „Blase" gedrillten, germanischen Weidmann – nicht nur um nichts nachstehen, sondern im historischen Verständnis von Jagd weit überlegen sind. Andere wiederum sind Jäger gewesen, die nach vielen Jahren intenvisem Auslebens ihrer Passion eine Art Sättigungsgrad erreicht haben.
Der hier zuletzt zu besprechende Typ von Outfitter ist derjenige, über den wir in der Jagdpresse alljährlich Horrorberichte lesen. Er ist, wie schwarze Schafe in allen Bereichen des Lebens, derjenige, der seine ganze Berufssparte mit einer Schlagzeile in Verruf bringt. Ihm wollen wir uns jetzt etwas intensiver widmen, da wir uns alle vor ihm fürchten.
Wir sollten diese abschreckenden Geschäftsmänner in zwei Kategorien aufteilen:
Der übelste unter ihnen ist derjenige, der bewußt seine Jagdgäste irreführt, d. h. ihnen Dinge verspricht, die er von vorneherein nicht halten kann. Deren gibt es Gott sei Dank nicht sehr viele. Diese Wölfe im Schafspelz haben eine sehr kurze Lebensdauer. Sie werden in Nordamerika als „fast buck types", schnelle Dollar-Typen, bezeichnet. Nach kurzer Zeit verkaufen

sie ihr Revier und lassen nur noch einen bitteren Nachgeschmack zurück. Ihre Gäste erhalten sie durch intensives Annoncieren in den Jagdzeitschriften.
Die zweite und weitaus häufigere Kategorie von Negativ-Outfittern ist die, die ihren Beruf auf die für unsere Verhältnisse „leichte Schulter“ nehmen. Sie sind dem *Nonchalance* der nordwestamerikanischen Lebensweise so stark verhaftet, daß sie nicht merken, wie sie ihr „Geschäftsprodukt“ am europäischen Markt vorbeiproduzieren.
Hinter dieser Aussage verstecken sich eine Unmenge von Problemen, denen wir uns jetzt zu widmen haben. Wir sind gezwungen historisch auszuholen, denn es ist nicht unbedingt ein persönliches Verschulden des Outfitters, sondern gründet einfach in einem anderen Verständnis von Jagd.
Bis Mitte der siebziger Jahre beherrschte der US-amerikanische Jäger die gesamte Jagdszenerie Kanadas, soweit wir von Gastjägern reden. Teilweise ist das heute auch noch der Fall (siehe Statistik Seite 352). Die Jagdmentalität des Amerikaners ist nun einmal nicht die historisch gewachsene, traditionsgebundene eines Europäers. Für diese steht im deutschen Sprachgebrauch besonders der Begriff der *Hohen Jagd*. Die amerikanische Jagd ist auch gewachsen, aber aus dem Bedürfnis des damaligen Auswanderers, der *frei* sein wollte. Frei von Abgaben gegenüber seinem Landesfürsten, frei, um Waffen zu tragen, frei, um seine Religion auszuüben und zu jagen, soviel er zu seiner Fleischversorgung brauchte. Es war dies ein Recht für jedermann. So ist es bis heute in Nordamerika geblieben. Kein Privileg des Landesherren, der besitzenden Klasse oder der Wohlhabenden des zwanzigsten Jahrhunderts. Jeder Habenichts, Taugenichts, ja Landstreicher hat Zugang zu Feuerwaffen und kann mit Leichtigkeit seinen Jagdschein machen und jagen. Ein Politiker, der es wagen würde, dieses fundamentale Recht umzukrempeln, läuft Gefahr, umgehend seinen gemütlichen Stuhl zu verlieren.
Auch in Nordamerika haben sich die Zeiten drastisch geändert. Steuern werden gut bezahlt, und die Fleischversorgung bildet kein Problem mehr. Die Jagd ist auch in der neuen Welt zu

einem Sport geworden, mit dem ihm eigenen, historischen Hintergrund.
Im angelsächsischen Sprachgebrauch ist *Jagd* unter der Rubrik *Sport* zu finden.
Die zuständigen Ministerien messen die Aktivitäten der Jäger in Stunden oder Tagen. Genauso, wie sie touristische Aktivitäten, sagen wir den Aufenthalt im Ausland mit „pro Kopf/Tag Auslandsaufenthalt von kanadischen Bundesbürgern" festhalten. Der Nordamerikaner geht zur Jagd, um sich auszutoben, um Urlaub- und Freizeit zu genießen. Der erwähnte Jahresbericht der Obersten Jagdbehörde redet nicht direkt von *Jagd*, sondern von *recreational activities*, den Erholungs-, Urlaubs- und Freizeit-Aktivitäten.
Wir europäischen Jäger stehen in Nordamerika in dem Ruf, die Jagd tierisch ernst zu nehmen, ja fast verbissene Jäger zu sein. Ein neutraler Beobachter würde in der Tat feststellen, daß amerikanische Jäger entspannter, ausgelassener und in deutlich wahrnehmbarer Urlaubsstimmung sind.
Vor diesem Hintergrund ist es zu verstehen, daß ein Outfitter es durchaus nicht begreift, daß wir enttäuscht sind, wenn wir kein Wild gesehen oder keine Trophäe erlangt haben. „Was will der bloß? *He had a good time!*", hört man ihn verständnislos murmeln (Er hatte doch eine schöne Zeit).

Verwöhnt durch die Anspruchlosigkeit vieler amerikanischer Jäger und aufgrund einer gehörigen Portion jagdlicher Naivität, kann er sich sogar durch seine Jagdgäste gekränkt fühlen. Ein amerikanischer „Schneider" ist zwar auch nicht überglücklich, doch mit Sicherheit nicht so enttäuscht wie ein Weidmann aus Heide, Harz oder Alpen. Der Amerikaner kommt in vielen Fällen zurück – wenn er „a good time" hatte –, während sein europäischer Jagdkollege meist für immer vergrämt worden ist. Der sensible, ehrliche und geschäftstüchtige Outfitter stellt sich auf diese Jagdmentalitätsunterschiede ein, wenn er an uns europäischen Jägern interessiert ist. Der weniger interessierte oder unehrliche läßt uns Jäger nebenher laufen, sozusagen als Lückenfüller.

Diese Mischung von Unverständnis, Unehrlichkeit und mangelnder oder nichtanpassungswilliger Organisationsgabe kennzeichnen den „schlechten“ Outfitter.
Im gesamten amerikanischen Nordwesten hat es sich bereits herumgesprochen, was wir europäische Jäger wollen, was wir als gut und nicht so vorteilhaft ansehen. Natürlich sind wir die weitaus schwierigeren Gäste, dessen sollten wir uns bewußt sein. Wir sind aber nicht so kompliziert, als daß man sich auf uns nicht einstellen kann.
In diesem Zusammenhang sollten wir auch eine sich daraus ergebende Gefahr erkennen. Neben den oben jagdpsychologisch angeschnittenen Problemen ist das der Finanzen anzusprechen.
Seit Mitte der siebziger Jahre wurde durch die deutsch geleitete Berufsjäger-Buchungsgemeinschaft Westkanadas das Bonussystem – Erfolgssystem – eingeführt. Ein System, das vorher bereits in der gesamten Jagdwelt Gültigkeit hatte, mit Ausnahme von Nordamerika.
Gegen den Widerstand vieler Outfitter hat es sich durchgesetzt. Dieses Erfolgssystem ist ein Entgegenkommen gegenüber uns Europäern. US-amerikanische Jäger haben meist bis auf den heutigen Tag die volle Jagdsumme vor Betreten des Reviers zu zahlen, unabhängig von Erfolg oder Mißerfolg, insbesondere in Schaf-Revieren.
Die wirkliche Gefahr liegt darin, daß dieser Trend wieder rückläufig ist und das Bonussystem langsam zerstört. Dies geschieht dadurch, daß der Outfitter bei uns Europäern im Unterschied zu den amerikanischen Gastjägern finanzielle Verluste hinnehmen muß. Beim Bonus- oder Erfolgssystem bekommt der Outfitter seinen Gewinn, wenn der Jäger seine Trophäe hat. Im allgemeinen deckt die vorher geleistete Anzahlung nur seine Kosten. Geht der Jäger leer nach Hause, hat der Outfitter umsonst gearbeitet. Das hört sich gerecht an, wenn wir dabei außer acht lassen, daß wir bei der Jagd nichts angebunden vorfinden wollen. Aus der Sicht der Outfitter – so ihre nicht zu überhörenden Klagen – ist das ungerecht, wenn der Jäger nicht gut schießen kann oder unfähig ist, der Ziege oder dem

Schaf nachzusteigen. Tatsache ist, daß wir als Zeichen unseres Wohlstandes zu viele Pfunde mit uns herumschleppen und es nicht gewohnt sind, schnell und aus allen Lagen zu schießen.

Wird ein Outfitter mit diesen jagdlichen Störfaktoren einige Male konfrontiert und verliert Tausende dabei, können wir es ihm kaum verübeln, wenn er auf sein „good old american system“ des *„Erst das Geld, dann die Jagd“*, zurückgreift.

Wie können wir erfahren, fern ab von diesen schönen Jagdgründen unserer westlichen Hemisphäre, welchen Outfitter wir in Kanada oder Alaska vor uns haben?

Die Antwort auf diese, allen Jägern sehr nahe Frage ist nicht einfach zu geben. Es existiert keine allgemeingültige Pauschalantwort. Beginnen wir bei uns selbst. Wir alle haben unsere individuellen Vorstellungen von der Jagd. Wir stellen Anforderungen verschiedenster psychischer, alters- und erfahrungsbedingter sowie finanzieller Art an unsere Jagdherren.

In vielen Fällen zeigt sich bei der Kanada-Jagd erst an Ort und Stelle, was wir in Wirklichkeit wollen, da wir keine so rechte Vorstellung von einer echten Wildnisjagd hatten.

Wir können vor dem Betreten der Wildnis auch nicht genau wissen, welche physischen Anforderungen an uns Jäger gestellt werden. Sehr oft überschätzen wir unsere Fähigkeit, in diesem uns ungewohnten Biotop erfolgversprechend pirschen zu können.

Teilt uns der Outfitter oder sein Agent auf unsere Antwort, daß wir fitt seien und dieses oder jenes wollen oder nicht wollen, mit, daß er genau das Revier für uns habe, ist immer noch genügend Raum vorhanden, um Enttäuschungen zu erleben.

Was die durchtrainierten Berufsjäger als „fitt“ ansehen und was wir empfinden, dürfte recht unterschiedlich ausfallen. Was der Outfitter als sauberes und ordentliches Camp ansieht, kann sich durchaus von unserer Vorstellung unterscheiden.

Alle diese Differenzen müssen nicht unter- oder übertrieben sein. Die Unterschiede resultieren einfach aus der unterschiedlichen kulturellen Atmosphäre, in der wir bzw. unsere nordamerikanischen Gastgeber aufgewachsen sind.

Inzwischen gibt es auch eine beachtliche Anzahl deutschstämmiger Outfitter in Kanada. Wir könnten meinen, daß dies die Antwort auf unsere Fragen und die aufgezeigten Probleme sei. Natürlich weiß ein mit dem „grünen Abitur“ versehener Deutscher oder Österreicher sehr wohl, was wir wollen. Doch warum lesen wir des öfteren Berichte enttäuschter Nordamerika-Jäger, die bei Outfittern mit deutschem Namen waren?
Diese „deutschen Outfitter“ kann man in zwei Kategorien aufteilen.
Es sind erst einmal die sogenannten „Oldtimer“ im Jagdgeschäft. Dabei handelt es sich um Auswanderer der fünfziger Jahre. Hart arbeitende, bescheidene kanadische Staatsbürger, denen es oft am Kapital fehlt, modernisierte hunting camps zu unterhalten oder gute, teure Reviere zu kaufen. Sie selbst und vor allem ihre Söhne verstehen zwar deutsch und sprechen es meist auch, doch waren sie in den seltensten Fällen in ihrer alten Heimat Jäger. In ihrer jagdlichen Mentalität sind sie Nordamerikaner, die aufgrund ihrer sprachlichen Fähigkeiten in der Lage sind, sich ihren alten Landsleuten schneller und besser anzupassen.
Die andere Kategorie der deutschen Outfitter sind die der letzten, der „fetten Jahre“. Es sind wohlsituierte, meist auch passionierte Jäger, jagdliche Aussteiger, denen die kanadische Lebensweise und Jagd zusagt. Sie versuchen meist, das Nützliche mit dem Praktischen zu verbinden, wobei es sich für sie anbietet, ihre Passion mit der Möglichkeit, Geld zu verdienen, zu kombinieren. Sie sind überzeugt, mit ihrem jagdlichen Know-how, ihren deutschen Verbindungen und dem vorhandenen Kapital gute Outfitter zu sein. Ihre Jagdlager sind sauber und ordentlich, die Pferde wohl versorgt und oft sind sie im Besitz guter Reviere.
„Wo liegen da nun die Probleme“, sind wir inzwischen gewohnt, kritisch zu fragen!
Zwei große Problemkreise heben sich ab. Bei den Outfittern der letzten Jahre sind es die kulturellen und mentalen Unterschiede, die eine Zusammenarbeit mit den anzuheuernden Führern erschweren. Ein Guide dieser geographischen Breiten

kann nicht behandelt werden wie ein deutscher oder österreichischer Angestellter, ihm ist ein auch nur andeutungsweise entgegengebrachter Ordnungston fremd. Er will – wenn auch unbewußt – als Partner anerkannt und behandelt werden. Hinzu kommen sprachliche Schwierigkeiten, die alles andere als eine Brücke zu diesen Mentalitätsunterschieden darstellen. Es stoßen hier wohlsituierte, arbeitsame und rationell denkende Europäer mit den langsam denkenden, leisen und angelsächsisch höflichen, individualistischen und armen, jungen Persönlichkeiten zusammen. Gegenüber dem kanadischen Guide ist der Deutsche arrogant, fordernd, penibel, abrupt und unhöflich. Für den deutschen Outfitter ist der kanadische Guide schlampig, unzuverlässig, teils faul.

Diese verallgemeinernden und daher sehr vorsichtig zu betrachtenden verschiedenen Mentalitäten haben sehr oft zur Folge, daß deutsche Outfitter es sehr schwer finden, gute Guides auf längere Zeit zu halten. Selbst das Ausmachen eines guten Guides ist sehr schwer, da die Guides sich untereinander kennen und absprechen. Da das Gelingen einer Jagd wesentlich von einem guten Guide abhängig ist (s. S. 55 ff), sind gute Führer für deutsche Outfitter oft ein Problem.

Die „old time" deutsch sprechenden Outfitter haben mit diesen interkommukativen, subjektiven Problemen keine Schwierigkeiten. Sie sprechen die „Jagdsprache" dieser einfachen jungen Menschen und, was wichtiger ist, sie können sich psychologisch gut auf sie einstellen und sie daher entsprechend den Bedürfnissen manipulieren.

Für Psychologen, die sich ernsthaft mit dem Sozialphänomen der Jäger und der Jagd befassen, wäre dieser Problemkomplex ein wahres Eldorado an Studienmöglichkeiten.

Abschließend soll zu diesem Thema ein interessanter Hinweis gegeben werden. Die Organisation der Berufsjäger-Buchungsgemeinschaft bietet nur eine äußerst geringe Zahl deutscher bzw. deutschstämmiger Outfitter in ihrem Programm an. Nach fast zwei Jahrzehnten jagdlicher Organisation werten wir das als Beweis, daß man Jagd nicht so einfach erlernen und von einer Region in die andere übertragen kann. Wäre das der Fall,

wären mit Sicherheit die deutschsprechenden bzw. -stämmigen Outfitter in der Überzahl des jagdlichen Angebotes.
Von den etwa 350 Outfittern des gesamten nordwestamerikanischen Jagdparadieses sind nach vorsichtiger Schätzung lediglich 80 bis 100 für den europäischen Gastjäger als geeignet anzusehen. Ihre Eignung resultiert aus ihrer Erfahrung, ihrer Bereitwilligkeit, anders denkenden und handelnden Jägern gegenüber hilfsbereit, offen und ehrlich zu sein. Selbstverständlich müssen diese subjektiven Momente mit einem objektiv guten Revier gekoppelt sein. Diese Outfitter selbst zu finden, auch wenn wir sogar schon einmal zur Jagd „dort drüben" gewesen sind, ähnelt einem Glücks- und Würfelspiel.
Wir können nicht aufgrund von Korrespondenz, Prospekten und schönen Bildern ohne weiteres feststellen, ob wir an einen „guten Outfitter" geraten sind. Wenden wir uns direkt an einen Outfitter (oder seinen Agenten), müssen wir davon ausgehen, daß er uns als Kunden nicht verlieren möchte. Dementsprechend fallen seine Argumente und Antworten aus. Da wir es nicht mit Markenartikeln, Seriennummern und Garantiescheinen zu tun haben, bleibt genügend Raum, gewisse Antworten zum eigenen Vorteil zu formulieren, ohne unbedingt der Unwahrheit bezichtigt werden zu können.
Der sicherste Weg einen als gut zu bezeichnenden Outfitter zu finden, liegt in der frei zur Verfügung stehenden Auswahl eines relativ breit gefächerten Angebotes. Einer Selektion von Outfittern verschiedenster Qualitätsstufen mit Angebotsvarianten aus verschiedenen geographischen Zonen.

Da wir von hier aus nicht in der Lage sind, diese Auswahl vorzunehmen, sollten wir uns auf eine Institution verlassen, die besser als wir den für uns richtigen Outfitter mit seinem Revier finden kann (siehe dazu „Wichtige Organisationen" auf Seite 18).

Der Weg über eine Referenz über einen Outfitter kann aus den oben dargelegten Gründen fragwürdig sein, wenn es sich um einen Referenten handelt, der nur einmal in besagtem Revier gejagt hat. Diese „one time lucky hunters" (Jäger, die

einmal Glück gehabt haben) geben kein sicheres Urteil über diesen Outfitter bzw. sein Revier ab.
Es könnte noch weit mehr berichtet werden, was uns mehr verunsicherte und verwirrte, als das mit diesem Buch geplant ist.
Dieses Werk gibt dem erfahrenen wie unerfahrenen Weidmann eine Chance, aus den hierin vorgestellten Outfittern, den für ihn höchstwahrscheinlich richtigen Jagdunternehmer Nordwest-Amerikas herauszusuchen.

Grizzlys beim Lachsfang.

Sicherndes Caribou.

Wasserflugzeuge sind unentbehrliche Transportmittel im Busch, Boote werden weit weniger oft benötigt. Hier die Maschine des Autors.

Der Jagdführer

Ein „Guide“ ist jemand, der den Jäger während der aktiven Jagd führt.
Der Guide ist einer der wichtigsten Bestandteile der Nordwest-Amerika-Jagd. Mit und durch ihn steht oder fällt eine Jagdreise. Er ist die Person, mit der wir als Gastjäger die meisten und intensivsten Kontakte und Erlebnisse haben. Er schwitzt, er friert mit uns. Er watet als erster durch den eiskalten Gebirgsbach, sorgt sich um unsere Pferde und bereitet das Lagerfeuer und Essen vor. Letztlich entscheidet er, ob dieses oder jenes Stück Wild erlegt oder geschont wird.
Wer ist dieser „Berufsjäger“, dem wir uns anvertrauen müssen? Welche jagdlichen Qualitäten hat er und wieweit können wir ihm vertrauen?
Das sind Fragen, die jedem früher oder später auf der Zungenspitze liegen.
Die Jagdgesetze Nordwest-Amerikas verlangen, daß jeder ausländische Jäger einen für das jeweilige Bundesland lizenzierten Führer („licenced guide“) haben muß. Dieser Guide soll während der aktiven Jagd in der Lage sein, unmittelbar Einfluß auf seinen ihm anvertrauten Jagdgast auszuüben.
Der Guide ist seinem Outfitter gegenüber verantwortlich.
Der Jäger wiederum ist im Rahmen der geltenden Gesetze dem Jagdgesetz und nicht dem Führer gegenüber Rechenschaft schuldig. Mißachtet der Gastjäger des Führers Ratschläge oder folgt er dem falschen Ratschlag des Guides, bleibt beispielsweise ein falscher Abschuß vom Schützen, also uns Gastjägern, zu verantworten.
In der jagdlichen Praxis ist die hier kompliziert erscheinende Kompetenzverteilung recht unproblematisch, insbesondere dann, wenn wir einen guten Guide haben.
„Guide zu werden ist nicht schwer, Guide zu bleiben dagegen

sehr!“ Mittels der umformulierten Redensart schneiden wir einen anderen Problemkomplex an.
In der Tat kann absolut jeder, der die physische Voraussetzung mitbringt, Guide werden. Das Erlangen der amtlichen Führerlizenz („guiding licence“) ist z. Zt. noch nur eine Formsache, die der Outfitter in die Wege zu leiten hat.
Wir finden unter ihnen sämtliche Berufe vom Friseur bis zum Goldschmied, vom Bauernjungen bis zum Physiker und dem „Berufsstand“ des permanent Arbeitslosen. Aufgrund der körperlich anspruchsvollen Tätigkeit sind Führer natürlicherweise sehr jung und anspruchslos. Da wir diese Eigenschaften in akademischen Kreisen nicht allzuhäufig vorfinden, ist es erklärlich, daß wir einen jungen Arzt oder Anwalt recht selten als unseren Guide im „bush“ haben werden. Das Durchschnittsalter eines Führers liegt bei 24 Jahren, wobei sich die Altersgrenze bei 18 bis 28 Jahren einpendelt. Führer, die älter als 28 Jahre sind, gelten als „alt“ in ihrem Beruf. Ungeachtet dieser Altersgrenze begegnen wir gerade dort dem Akademiker, der entweder arbeitslos oder voller Tatendrang ist und für kurze Zeit einmal etwas ganz anderes machen will. Wohlgemerkt, wir reden hier über kanadische Staatsbürger. Würden Ausländer als Führer zugelassen, wäre sicherlich der Großteil der Führer europäischer Herkunft: Idealisten, Fachleute und sogenannte Aussteiger. Anfragen dieser Art gehen wöchentlich ein, sie müssen jedoch immer abschlägig beantwortet werden.
Wir werden uns hier mit dem Durchschnittsführer befassen, den wir höchstwahrscheinlich von Jagdreisen kennen oder bald kennenlernen werden:
„Er“ ist 22 Jahre alt und mit dem im deutschen Sprachgebrauch etwas negativ behafteten Begriff des Gelegenheitsarbeiters zu versehen. Im Sommer hilft er auf der Farm oder Ranch, beim Holzschlag oder Straßenbau. Er ist während der Saison kommerzieller Fischer auf einem Boot oder Mechaniker in einer Werkstatt, die ihn zur Jagdzeit freistellt, genauso wie den, der für den Rest des Jahres an der Zapfsäule einer Tankstelle steht. Diese jungen, oft hart arbeitenden „Gelegenheitsarbeiter“ haben mit uns gemeinsam, daß sie die Wildnis und die Jagd

lieben. Sie müssen selbst noch nicht einmal Jäger sein, obwohl sie es meistens auf ihre Art sind. Es ist auch nicht immer der relativ gute Verdienst, der sie diese Tätigkeit ausüben läßt. Es sind das Abenteuer und die für junge Nordamerikaner über alles geschätzte (relative) Freiheit.

Der Guide wird per Tag bezahlt, wobei die Zahlungsweise von Outfitter zu Outfitter oder Camp zu Camp durchaus unterschiedlich sein kann (allgemeiner Arbeitstag, Führertag oder für eine gesamte Periode). Ein guter Guide – dies spricht sich schnell unter Outfittern herum – kann während der Saison soviel verdienen, daß er gemütlich vom Arbeitslosengeld den Rest des Jahres leben kann (haben wir das nicht schon einmal in unserer nächsten Umgebung gehört?). Einige Guides gehen im Anschluß an die Jagdsaison gleich nach Mexico: Das Faulenzen ist dort eben billiger! –

Was aber ist ein „guter“ Guide?

Ein Gastjäger verlangt von ihm, daß er: erstens sein Wild und zweitens sein Revier kennt, daß er drittens sich weidgerecht im Biotop benimmt und natürlich, daß er viertens ein netter Kerl ist.

Bei fast allen Führern Nordwestamerikas können wir voraussetzen, daß sie elementare Kenntnisse über das zu bejagende Wild mitbringen. Die meisten von ihnen sind als Kinder mit dem Wild auf der Jagd oder „hinterm Haus“ konfrontiert worden. Für Halbwüchsige war und ist es eine Art Volkssport, daß man ein paar Tage zur Jagd geht, um so seine überschüssigen Energien abzubauen. Darüber hinaus sind es manchmal die Halbwüchsigen, die – zumindest in den ländlichen Gebieten – auf diese Weise für den Fleischhaushalt sorgen. Seit etwa 1980 ist für jagdliche Anfänger eine Jägerprüfung vorgeschrieben. Die Mehrzahl unserer Guides haben noch nicht einmal diese Prüfung zu absolvieren brauchen. Eine für alle Guides obligatorische Prüfung ist bis heute noch nicht erforderlich. Ein Guide muß noch nicht einmal Jäger sein oder einen Jagdschein besitzen. Trotzdem sollte man ihre Arbeit als Führer selbst dann nicht unterschätzen. Ein einigermaßen erfahrener Führer – „Erfahrung“ heißt hier etwa drei Jagdsaisons – ist durchaus in der Lage, uns als anspruchsvoll geltende Europäer zufrieden zu stellen. Eine in diesem Zusammenhang oft gehörte Beschwerde: „Der Führer war noch nie in diesem Gebiet oder nur ein einziges Mal!“, bedeutet bei einem guten „bush man“ nicht viel. Der „bush“-vertraute Führer erkennt innerhalb kürzester Zeit, wo und wie er jagen muß. Er weiß anhand des Biotopes, der Topographie, der Windrichtung, der Wildzeichen, aller Jagdzeichen und Gegebenheiten, was er zu tun hat. Sobald dieser Führer einen „trail“ (Pfad) zugewiesen bekommen hat oder ausmacht, ist er als vollwertiger Führer anzusehen. Da die Jagd überall stattfindet, also auch auf dem Weg zum vermeintlich guten Platz, bleibt weder Zeit noch Raum, um ihm gegenüber kritisch zu sein. Sein Gespür, seine Erfahrung – gemischt mit der sogenannten Bauernschläue – lassen ihn zur Brunftzeit jeden Elchbullen finden, der sich in der Nähe aufhält. Er weiß auch, wie dieser Bulle auf die verschiedensten Einflüsse reagiert. Unsere 20jährige Jagdscheinerfahrung ist kein Ersatz für die dreijährige Führererfahrung dieser jungen Burschen. Sie tragen kein Jägergrün, ihre Waffe ist mitunter mit Tesafilm oder Draht zusammengehalten. Anstelle des feschen Tirolerhütchens tragen sie den Cowboy-Hut oder die schäbige Kappe einer Traktorenfirma. Sie verstehen nicht was „Weidmanns Heil“ heißt und glauben gelegentlich aufgrund irregeleiteter Medien, es habe etwas mit „Heil Hitler“ zu tun. Sie staunen immer noch schmunzelnd, wenn wir dem toten Tier etwas in den Mund stecken . . . und würden den nächsten Hubschrauber per Funk heranbeordern, um uns in die Klappsmühle zu transportieren, wenn wir das Jagdhorn hervorkramen und unser „Elch tot“ bliesen.

Sie sind aber auf ihre Art nicht minder stolz als wir, wenn die Jagd erfolgreich war und unzufrieden, wenn Diana oder andere Dinge nicht so mitgespielt haben.
Diese Führer sind – mehr als wir Europäer es empfinden oder verstehen können – freiheitsliebend und stolz, wenn auch auf andere Weise als Stolz sich uns normalerweise präsentiert. Sie begrüßen uns mit ihrem Vornamen und erwarten gleiches von

uns, ohne daß es billige Anbiederei wäre. Unabhängig unseres Standes, Geldes oder des Titels.
Sie opfern sich auf für uns, ohne zu Lakaien, Dienern oder „Bezahlten" zu werden. Sie sind für uns Europäer eine eigenartige Mischung gesellschaftlich vorkommender Würde. Mitunter haben sie in der 8. oder 10. Klasse (12jähriges Schulsystem) die Schule verlassen und nur als Tagelöhner (nach deutschem Verständnis) gearbeitet. Sie sind mittellos, glücklich, arbeitswillig, hilfsbereit und freundlich.
So aufgeschlossen entspannt wollen sie von ihrer Umwelt auch behandelt werden. Der unter uns, der eine erlebnisreiche, gute Jagd haben möchte, sollte sich danach richten. Der mitunter gehörte Satz verwöhnter Europäer: „Ich zahle ja mein Geld dafür!" unterbleibt besser. Diese Tatsache weiß sowieso jeder und richtet sich auf seine Art darauf ein. Die Führer wissen, daß diese aufwendige Jagd kein billiges Vergnügen ist.
Ein Führer wird nie klar und deutlich widersprechen (es sei denn, er hat sehr viel Erfahrung mit deutschsprechenden Gästen). Seine Redewendungen entsprechen der höflichen, englischen Redeweise und hören sich in etwa so an: „I think we should" (Ich denke, wir sollten), was in Wirklichkeit heißt: Das müssen wir machen.
„It probably would be better" (Es wäre vielleicht besser, wenn ...) heißt: So sollte es (unbedingt) gemacht werden ...
Es fehlt die dem Preußen eigentümliche „deutlich klare Aussage", grammatisch ausgedrückt: der Befehlston.
Wir werden feststellen, daß der Führer im Endeffekt grundsätzlich das macht, was sein Jäger von ihm verlangt, wünscht oder fordert. Auch dann, wenn es seiner Ansicht nach falsch ist. Er ist kaum in der Lage, sich einem Gastjäger gegenüber durchzusetzen, insbesondere dann, wenn er auf seine ihm „sanfte" Art und Weise bei der vorausgegangenen Diskussion keinen Erfolg gehabt hat. Im stillen denkt er: „Well, du bist der zahlende Gast und der bestimmt ...!" Und damit ist für ihn der Fall erledigt.
Das alles hat nichts mit dem unterschiedlichen gesellschaftlichen Status des Führers gegenüber dem Gastjäger zu tun. Es

ist die weiche, immer höflich, freundliche Art dieses Menschenschlages. Hinzu kommt, daß der Ton leise und weich ist. Ein preußischer Beamter hätte es hier schwer. Erstens hätte er Schwierigkeiten, das ins Englische zu übersetzen, was er ausdrücken möchte. Hätte er es endlich geschafft, müßte er das zu Sagende leiser und weicher artikulieren. Dabei sollte weder das Wort „must“ (muß) noch ein klares „Yes“ oder „No“ folgen, denn im Englischen klingt das herb, mitunter sogar unhöflich. Von unserem ungebildeten, im internationalen Sprach- und Sittengebrauch unerfahrenen Führer können wir kaum Verständnis für unser „schlechtes Benehmen“ erwarten. Wir hingegen wissen es besser, erleichtern ihm seine Arbeit und tragen auf einfachste Art und Weise zu einer höchstwahrscheinlich besseren Jagd bei.
Über derartig (wichtige) Kleinigkeiten sollten wir uns nicht den Kopf zerbrechen. Das freundliche Lächeln, Schulterklopfen und die hilfsbereite Geste ersetzen viele Sätze und Konversationen. Obwohl wir gut zahlende Gäste sind, wäre es unklug, dieses einem Führer, Outfitter, Pferdeburschen oder der Köchin auch nur andeutungsweise kundzutun. Wie bereits erwähnt, wissen sie es ohnehin schon. Ihre Verhaltensweise uns gegenüber ist standardisiert freundlich, und sie sind sich ihrer Aufgabe bewußt. Dieses Wissen führt aber beispielsweise nicht dazu, daß sie sich ohne weiteres anbieten, uns unsere Waffe zu tragen. Das wäre unter ihrer Würde. Die Führer würden dieses automatisch einem älteren oder behinderten Gast gegenüber tun. „We arn't their niggers!“, hört man sie gelegentlich unter sich am Lagerfeuer murmeln. In der Tat, sie sehen sich viel mehr als hilfreiche Jagdpartner denn als jagdliche Bedienstete europäischen Stils.
Ein weiteres, damit in Verbindung stehendes Problem ist das **Trinkgeld**. Nach einer Jagd stehen dem Guide nach allgemeiner Gepflogenheit etwa $ 100 Trinkgeld zu. Sind wir mit ihm sehr zufrieden, sind nach oben keine Grenzen gesetzt. Hat der Führer ganz offensichtlich, d. h. bewußt und gewollt versagt, entfällt natürlich dieses Trinkgeld. Unklug wäre es, dem Guide mit einem Blick auf den (hoffentlich) vor uns liegenden Jagder-

folg das „Trinkgeld“ im voraus zu übergeben oder auch nur zu sagen, daß er es bekommen werde. Noch schlimmer: „Wenn du . . ., dann bekommst du . . .!“

Dieses vielleicht verständliche Mittel des Anspornens würde höchstwahrscheinlich das Gegenteil erreichen. Durch diese Geste fühlt sich ein Guide Nordamerikas zu einem nach Trinkgeld haschenden Orientalen degradiert. Er wird sich nichts anmerken lassen. In seinen Augen haben wir uns mit einer derartigen Andeutung selbst erniedrigt. Er hat nichts gegen Geld, ja, je mehr desto besser. Nur gegen die Art und Weise, es so zu erhalten, lehnt er sich innerlich auf. Nach seiner Vorstellung sind lediglich Orientalen, Politiker und hohe Angestellte bestechlich.

Ein oft zu beobachtendes Phänomen, das gleich zu Anfang ungewollt und unbewußt zu Verstimmungen führen kann, ist die Art der Begrüßung.

Im Unterschied zu unseren europäischen, eingespielten Verhaltensregeln ist die – wenn überhaupt – Begrüßungszeremonie mit unserem nordamerikanischen Führer anders. Inzwischen ist uns allen bekannt, daß ein freundliches Händeschütteln in Nordamerika im allgemeinen unüblich ist. Die Ausnahme bildet die erste Begrüßung und – nicht immer – die Verabschiedung für längere Zeit. Bei unserer Ankunft im Camp kann es passieren, daß der oder die Führer uns kaum beachten (zumindest hat es diesen Anschein). Sie sind wortkarg, und es scheint, als ignorierten sie uns. Viele Gäste in nordamerikanischen Häusern stoßen sich anfangs an diesem eigenartigen Verhalten besonders jüngerer Menschen. Hierfür eine konkrete Erklärung zu finden, ist nicht leicht, auch nicht unbedingt nötig. Es ist höchstwahrscheinlich als eine Mischung aus verlegener Scheu und vorsichtigem Ausloten, Abtasten der Neuankömmlinge zu deuten. Wobei an dieser Stelle ganz klar gesagt werden muß, daß nordamerikanische Kinder im allgemeinen und bei weitem nicht scheu oder zurückhaltend Erwachsenen oder Fremden gegenüber sind, zumindest nicht so sehr wie europäische Kinder.

Sich in dieser Situation genauso ruhig und unaufdringlich zu verhalten, erscheint der beste Einstieg zu einem guten, kame-

radschaftlichen Jagdunternehmen zu sein. Ein spontanes auf sie Zugehen und langes Händeschütteln würde sie verlegen machen.
Eine höchst erfreuliche Seite dieser Jäger-Führer-Begegnung können wir alljährlich an der rührenden Tatsache feststellen, daß diese Guides von ihren ihnen anvertrauten Gastjägern nach Europa eingeladen werden. Eingeladen in eine Umwelt, die für sie zumindest genauso fremd ist wie die, die ihre Gäste im Urwald vorgefunden haben.

Der indianische Guide stellt ein besonderes Problem dar.
Jeder nicht nur an der Trophäe interessierte Jäger – ist er einmal in dem Land seiner Jugend-(Jagd)-Träume – stellt sich eine Jagd mit einem Indianer nicht nur romantisch, sondern auch aus weidmännischer Sicht vielversprechend vor.
Diese Vorstellung ist auch nicht falsch. Es gibt kaum ein interessanteres jagdliches Erlebnis, als im kanadischen Urwald mit einem Ureinwohner dieses Kontinentes zu jagen. Tatsache ist es, daß ein Indianer um ein Vielfaches besser als wir lauschen, äugen und auch „wittern" kann. Seine jagdlichen Sinne sind um ein Wesentliches feiner und intensiver ausgeprägt als es die unsrigen sind. Seine Orientierung – nicht unwichtig in den endlos erscheinenden kanadischen Weiten – ist die eines lebenden Kompasses, auch dann, wenn keine Sterne mehr zu sehen sind und die Nadel des magnetischen Poles abgebrochen ist. Er liest Fährten mit einem halben Auge hoch oben aus dem Pferdesattel und gibt – wie eine Digitaluhr – Alter der Fährte und Größe des Stückes an. Das sogar dann noch, wenn wir (als 20-Jahres-Jagdscheininhaber) die Fährte kaum ausgemacht haben.
Der indianische Führer weiß das Lagerfeuer die ganze Nacht über in Gang zu halten und bereitet auf primitivste Weise eine Mahlzeit aus einem Stück Wildbret oder Lachs zu, die einem in der Tat das Wasser im Munde zusammenlaufen läßt.
Ein Indianer ist anspruchslos, gutmütig und freundlich-scheu, wenn wir ihn dementsprechend freundlich behandeln.
Warum, so fragt sich inzwischen der neugierig gewordene

Leser, hört man so viel Negatives über indianische Führer? Auch hier gibt es viele Antworten. Wir möchten uns hier mit jagdspezifischen Aspekten begnügen.
Der Alkohol ist es, der aus einem guten, netten Führer im Jagdlager einen völlig haltlosen, armseligen Tropf werden läßt. Dazu gehören keine zwei Flaschen Whisky, sondern lediglich zwei Flaschen des dünnen nordamerikanischen Bieres. Wie alle „Trunkenbolde" reagieren auch Indianer unterschiedlich. Der eine verschläft drei unserer kostbaren Jagdtage, der andere wird agressiv und der nächste ist einfach mitten im „bush" verschwunden. Ihn hat dann das Heimweh (oder der Durst) gepackt, und er sehnt sich nach seinen lieben Kumpanen mit ihrem Flaschenreservoir. Es ist mehr als einmal vorgekommen, daß sich dann „unser" Guide drei Tage später „quer bush" im 120-km-weiten Dorf einfand und dort erst einmal „weil er Durst hatte", sich richtig vollaufen ließ. Dieser Guide ist dann für unsere gesamte Jagdzeit und meist auch noch der des nachfolgenden Jagdgastes nicht mehr zu gebrauchen. Daher gilt für uns, den Guides – insbesondere den indianischen – *keinen* Alkohol ins Camp mitzunehmen. Indianer sind keine Diebe. Eine noch so gut versteckte Flasche edlen Inhaltes finden sie immer und nehmen sie auch meist als selbstverständlichen Akt der Freundschaft an sich. Es liegt einzig und allein an uns, ob wir das Risiko einer verpfuschten Jagdzeit wegen einer oder mehrerer Flaschen in Kauf nehmen wollen. Aufgrund der erhöhten körperlichen Anstrengung ist ein alkoholisierter Abend nach der Jagd und vor der morgigen sowieso nicht zu empfehlen. Diesen lustig feuchten Abend im hunting camp nach dem Ende der 14tägigen Jagd mit dem Indianer zu machen ist noch verwerflicher als sich die eigene Jagd zu verderben, denn der nächste, nachfolgende Jagdgast wäre dadurch der Leidtragende.
Aus den soeben geschilderten Risiken, indianische Führer anzustellen, versuchen viele Outfitter möglichst unabhängig von ihnen zu sein. In den reinen Wildnisgebieten, dort wo Indianer noch als Hauptunterhalt die Jagd und das Fischen betreiben, werden viele Indianer angeheuert. Auch kann es als unbe-

denklich angesehen werden, wenn Outfitter in ihrem Revier wohnen und daher die einzelnen Indianer gut kennen. Das minimiert die Gefahr, einen nicht so verläßlichen Führer zu bekommen.

Wichtig ist es zu wissen, daß wir mit einem Indianer noch behutsamer umgehen müssen, als wir es eingangs schon über unseren „weißen“ Führer gehört haben. Ein Indianer streitet sich nicht mit einem Weißen während der Jagd. Bevor es tatsächlich zu einer auch nur andeutungsweisen Konfrontation mit einem Indianer kommen sollte, ist der weiße Jäger allein in weiter Flur.

Auch hier können wir als allgemeine Verhaltens-Faustregel nur empfehlen, so freundlich wie möglich zu sein, d. h. viel lächeln, „Thank you“ zu sagen. Im Unterschied zum Angelsachsen schüttelt der Indianer gern freundlich die Hände.

Beim Abfassen dieses Kapitels über Guides, Verhaltensweisen und „gute Ratschläge“ sollte nicht schulmeisterlich doziert werden. Vielmehr sollen uns streßgeplagten Zivilisations-Nahkämpfern Tips angeboten werden, um ohne Geld, große Mühe und Aufwand zum Gelingen einer Nordamerika-Jagdreise konstruktiv beizutragen.

Wir vergeben uns absolut nichts im Umgang mit unseren Führern, Köchen, Outfittern und Pferdeburschen, wenn wir freundlich lächelnd und nickend deren schweren Alltag erleichtern. Es kostet keinen Penny mehr als im hektischen Europa „Please“ oder „Thank you“ zu sagen. Dabei ist es nicht etwa ein Extra, was *wir* zu diesem Jagdunternehmen beitragen, es ist lediglich ein Anpassen an eine entspanntere, nette und höflichere Welt, als die es ist, aus der wir für wenige Wochen herausgeschlüpft sind.

Die Jagdausrüstung

Die Auswahl unserer Jagdausrüstung kann erheblich zum Ge- oder Mißlingen einer Jagdreise beitragen.
Als Jäger haben wir bereits eine Grundausrüstung, die wir bei einer Nordwest-Amerika-Jagd durchaus gebrauchen können.
Im Prinzip befinden wir uns im Norden des amerikanischen Kontinentes in klimatischen Breiten, die uns in unseren heimatlichen Wäldern, Bergen und sogar von der Nordsee her vertraut sind. Da auch das Wetter generell das gleiche wie in Mitteleuropa ist, brauchen wir uns hinsichtlich unserer Ausrüstung nicht auf fremdartige Klimate und Wetterbedingungen umzustellen.
Das heißt jedoch nicht, daß wir in allen Fällen mit unserer heimatlichen Jagdausrüstung auskommen, wenn wir durch die nordamerikanische Wildnis pirschen.
Für die Jagdgefilde des nordwest-amerikanischen Kontinentes gibt und kann es keine überall tragbare, einheitliche Jagdbekleidung geben. Auf Europa übertragen hieße das, die Jagdreviere Norditaliens mit denen Finnlands oder die Hochgebirgsreviere Tirols mit denen der Nordseemarsch gleichzusetzen.
Der hier behandelte jagdgeographische Bereich umfaßt flächenmäßig alle soeben angeführten europäischen Länder mit ihren unterschiedlichen Biotopen.
Es wird noch verwirrender: Die Reviere der kanadischen oder alaskanischen Outfitter sind flächenmäßig so groß, daß in ihnen sehr oft völlig unterschiedliche Biotope vorzufinden sind. In einem kanadischen Revier können wir nebeneinander Biotope antreffen wie sie in Finnland, Norditalien, der europäischen Küstenregion, der Lüneburger Heide oder gar Siziliens anzutreffen sind. Es sei hier nochmals wiederholt: Das fast alles in einem einzigen Revier!
Auch die hier in diesem Buch zu beschreibenden Reviere liegen in sehr unterschiedlichen Zonen. Trotzdem sind sie Teil einer

einzigen, für uns interessanten, geographischen Breite: der des nordwest-amerikanischen Jagdparadieses.
Aufgrund dieser Vielfalt der Ausrüstungsanforderungen kann es keine einheitliche Bekleidungs- und Ausrüstungsliste geben. Jedes Revier, jeder Revierteil und jedes darin zu bejagende Stück Wild erfordert die je entsprechende Jagdbekleidung und Ausrüstung.
Die Bighorn-Schafjagd findet in der Regel in einem Biotop statt, das dem der Pyrenäen oder der südlichen Alpen ähnlich ist. Die typischen Elchgebiete ähneln sehr der Landschaft Norwegens und Finnlands, während Caribous die offenen, nördlichen Tundren bevölkern. Hier kommen wir schon zu einer der vielen Ausnahmen. Das südliche Berg-Caribou finden wir in typischen Elchgebieten sowie oberhalb der Baumgrenze des alpinen Hochlandes vor. Die Hirschreviere British Columbias könnten sich für einen flüchtigen Beobachter in Tirol befinden, während Bären überall anzutreffen sind. Eine Ausnahme macht die berühmte Grizzly-Küstenjagd: Wasser/Regen/Wasser, also erhöhte Ansprüche ans Regenzeug.
Noch einmal: Für jeden Großraum, ja für jedes Revier bzw. das jeweils zu bejagende Wild haben wir unsere Ausrüstung anzupassen.
Allgemeinverbindlich kann empfohlen werden: Anstelle von Pullovern sollte eine Weste getragen werden. Im Pullover schwitzt man. Entledigen wir uns seiner, frieren wir. Eine Weste ist oben schnell aufgerissen und wieder geschlossen. Außerdem hat sie noch ein paar Taschen, von denen wir nie genug haben können.
Die *Gummistiefel* sollten sehr gut sein. Daran zu sparen ist töricht. Diese, wie die meisten Gegenstände unser Nordamerika-Ausrüstung können wir zu Hause genausogut weiter tragen. Es ist mit anderen Worten nicht nur einc Anschaffung für die Übersce-Jagdreise.
Mit *Leder ausgestattete Gummistiefel* haben den Nachteil, daß sie, einmal naß geworden, während unserer gesamten Jagdreise nicht mehr trocken werden. Als für kanadische Verhältnisse bester Gummistiefel hat sich der mit Reißverschluß bewährt.

(Der Reißverschluß ist nie ganz wasserdicht!) Der Gummistiefel sollte so groß gekauft werden, so daß eine normale Filzsohle hinein- und über den Fuß ein Roßhaarsocken paßt. Von Sohle und Roßhaarsocken nehmen wir uns zwei Paar zum täglichen Wechseln mit, dann haben wir immer warme und trockene Füße. Der Vorteil dieser Stiefel liegt in der relativen Stabilität, die dem Fuß im Unterschied zu anderen weicheren Gummistiefeln gegeben wird.
Dies ist insofern sehr wichtig, als es durchaus vorkommen kann, daß wir während der gesamten Jagdzeit nicht mehr aus unseren Gummistiefeln herauskommen. Deshalb sollten sich *Anglerstiefel* (Nur-Bein-Stiefel) angeschafft werden. Auch hier lohnt es sich nicht zu sparen, wobei wieder die Franzosen in Preishöhe und Qualität allen anderen Anbietern wegzulaufen scheinen.
Regenzeug, das uns völlig zufriedenstellen kann, ist noch nicht entwickelt worden. Das vielgepriesene *Goretex* soll zwar atmungsfähig sein, ist aber im „bush" sehr empfindlich und kann bald in Fetzen am Leibe hängen. Goretex hat den Vorteil, daß es sehr leicht ist. „Ostfriesennerze" sind gut, wenn wir im Regen stehen und den Wassertropfen zuschauen. Sobald wir uns aber viel bewegen – und das ist nun einmal bei der Nordamerikajagd der Fall – schwitzen wir von innen so sehr, daß zur Außenfeuchtigkeit bald kein Unterschied mehr zu bemerken ist (um anschließend jämmerlich zu frieren). In jedem Fall sollte das Regenzeug zweiteilig sein, um so beweglich wie möglich damit sein zu können. Ein Regen-Poncho ist in den meisten Fällen ungeeignet, könnte aber – wenn er nur eine zusammengedrückte Handvoll darstellt – als Notausrüstung mitgenommen werden.
Lodenzeug ist nur für die Jagden Ende September, Anfang Oktober zu empfehlen. Gleiches gilt für Leder. Wenn erst einmal naß, wird Leder oder Loden während unserer gesamten Jagd nicht mehr trocken. Eine warme Lodenhose sollte allerdings zur Bekleidungsliste gehören.
Lederhosen gehören auf die Oktoberwiesen, aber kaum in den (oft nassen) nordischen Urwald.
An *Unterwäsche* brauchen wir nur zwei bis drei Paar für die

gesamte Jagdzeit. Saubere Unterwäsche, d. h. nicht verschwitzte, während einer 10 bis 14tägigen Jagdzeit zu haben, ist unmöglich. Fast täglich schwitzen wir. Wollten wir uns daher täglich geruchsfein machen, brauchten wir einen ganzen Koffer Unterwäsche extra für unsere Jagdreise. Während eines derartigen Jagdunternehmens riechen alle gleich, so daß keiner des anderen vermeintliche Note erkennen kann. Wollte man sich im Jagdlager dieser Zivilisationsregel unterwerfen, wäre man der Leidtragende, indem man seinem eigenen Geruchssinn die Nähe anderer Jäger zumuten muß. Da wir uns alle an die gleiche (vernünftige) Jagd- und Bush-Regel halten, sind wir alle zufrieden und glücklich ...

Für die Oktoberjagden oder Ende-September-Jagden in Alaska oder im nördlichen Yukon wird warme Unterwäsche empfohlen. Thermounterwäsche ist durchaus angebracht. In jedem Fall sollten wir in unserem Reisegepäck Unterwäsche mit uns führen, die schweißabsaugend ist. Diese Unterwäsche hat noch einen großen Vorteil: Drei komplette Sätze Unterwäsche mit langer Unterhose zusammengedrückt ergeben ein Volumen von zwei nebeneinander gelegten Fäusten und sind sehr leicht. Sie sind einfach ideal für die Bergjagd oder alle anstrengenden Jagden, da wir ein Reserve-Unterhemd sogar in der Hosentasche mitnehmen können, ohne daß es aufgrund des Gewichtes oder Volumens lästig wird.

Socken sollten warm sein; es werden etwa drei Paar benötigt. Diese können im Camp immer wieder getrocknet werden.

Schuhwerk stellt ein sehr individuelles Problem dar.

Ein Paar einfache *Hausschuhe* sollten im Seesack sein, die uns in der Hütte nach strapaziöser Jagd gute Dienste leisten.

Ein *Hut* oder eine *Mütze* sollten wir genauso im Gepäck mit uns führen wie ein Paar *Arbeitshandschuhe*.

An weiteren Ausrüstungsgegenständen gehört als wichtigstes ein gutes, aber leichtes und kleines Glas dazu (etwa 10 × 40). Da die Nachtjagd verboten ist, brauchen wir uns nicht mit den riesigen Gläsern herumzuplagen, denn ... während eines langen Pirsch- oder Reittages fällt jedes Gramm „ins Gewicht".

Ein *Messer* gehört dazu, aber nicht unbedingt das Jagdschwert

des Forstmeisters Frevert. Ein gutes, handliches Jagdmesser, ohne Ausziehkralle, Säge oder Korkenzieher. Noch nicht einmal die aufregend modernen Überlebensmesser, die sich besonders gut auf dem Foto für die Zurückgebliebenen machen. Die Hauptlast der roten Arbeit übernimmt grundsätzlich der Führer, wenn wir es nicht unbedingt selbst machen wollen. Eine kleine *Taschenlampe* sollte mitgenommen werden. Medikamente – ausgenommen der persönlich nötigen – sind kaum erforderlich. Es gibt keine giftigen Schlangen, bösartigen Spinnen, Malaria oder die Tsetsefliege. Keine Cholera und kein Thyphus. Und dann plagen wir uns den ganzen Tag an den Hängen oder im Sumpf, noch nicht einmal einen „Kater" können wir uns erlauben, da es der Jagdtage zu wenige und sie zum anderen zu teuer sind, um sie auf der Pritsche in der Hütte zu verpennen. Trotzdem sind *Kopfschmerztabletten* nicht falsch, denn Zeit- und Wetterumstellungen hinterlassen einige Streßerscheinungen. Alles andere ist meist im Camp vorhanden.
Schlafsäcke gelten als persönliche Wäsche und sind nicht leihbar. Es wird nochmals wiederholt, daß der alte, deutsche Bundeswehrschlafsack oder Material in ähnlicher Qualität für eine Nordwest-Amerika-Jagd nicht ausreicht. Von einem Schlafsack wird verlangt, daß er warm, leicht und nicht zu voluminös ist. Die vom Verkauf angegebenen Temperatur-Belastungsgrade sind meist sehr großzügig auszulegen . . .
Wir können es nicht riskieren wegen 50 oder 100 DM Preisunterschied, uns schlaflos durch die Nächte und die darauffolgenden Jagdtage zu quälen.
Ein großer *Seesack* ist das Behältnis, welches uns als Koffer dient. Koffer sind ein von Outfittern und Busch-Piloten („bush pilot") gleichermaßen äußerst unliebsames Stück Gepäck. Als Faustregel gilt, daß das, was nicht in den Seesack paßt, unnötiges Gepäck ist. Reist man zu zweit könnte ein Koffer mit den „guten Sachen" im Hotel verbleiben und nach der Jagd wieder aufgenommen werden.
Ein kleiner *Rucksack* zur Aufnahme von belegten Broten, der Weste, Handschuhen oder dem extra Hemd kann nie schaden. Am geeignetsten sind die kleinen, zusammenknautschbaren,

leichten Rucksäcke für Sonntagswanderer. Nur ernste Bergsteiger und Jäger, die planen, für mehrere Tage in den Bergen etc. zu bleiben, sollten sich einen „richtigen“ Rucksack mitnehmen.
Der *Waffenkoffer*, ein obligatorisches Stück Gepäck zum sicheren Transport unserer Waffe, muß stabil, robust, aber nicht schön sein (Waffentransport- und Vorschriften siehe unter „Waffen“).
Alle Waffenkoffer werden arg auf den Verladerampen der Flughäfen umhergeworfen und gestoßen! Rücksicht auf „Waffen“ wird nicht genommen!
Keinem von uns erfahrenen oder unerfahrenen Nordamerika-Jägern bleibt es erspart, beim Jagdveranstalter anzufragen, welche Bekleidung er möglichst mitzubringen hat.
Namhafte Jagdausrüster Europas machen es uns leicht, gute und preiswerte Ausrüstung bei großzügiger Auswahl zu treffen.
Große Jagdveranstalter Kanadas sind bei der Beschaffung zweckmäßiger Ausrüstung wie Schlafsäcke, Parkas oder Westen behilflich. Sie können dann im Hotel oder sogar im Jagdcamp für uns bereitliegen. Das erspart uns lästige Schlepperei von Flugplatz zu Flugplatz. Es hat ferner den Vorteil, daß wir voraussetzen können, daß unsere kanadischen Veranstalter bestens informiert sind, was gut, zweckmäßig und billig ist. Diese Gegenstände müssen vorher rechtzeitig bestellt werden.
Die „Ausrüstung“ kann endgültig *nach* der Jagd im Hotel in Vancouver, Achorage oder Edmonton vervollständigt werden. Jedes Hotel dieser Endstation beherbergt eine gute Bar ...

Die Trophäen (Versorgung, Transport)

Eines der wichtigsten Motive für die Jagd, die Belohnung für Geduld, Können, Schweiß und Selbstkasteiung ist eine Trophäe. Daher bedarf sie vor und nach der Jagd besonderer Aufmerksamkeit.
Am Ort der Erlegung sorgen sich die Führer um die unmittelbare (grobe) Trophäenversorgung. Ist genügend Zeit vorhanden, werden Geweih- und Gehörnträger sowie die Pelztiere noch im Jagdlager gründlich gereinigt, d. h. für den Transport zum Präparator oder nach Hause vorbereitet.
Verbleiben die Trophäen bei einem lokalen Präparator, versieht dieser die anfallende Kleinarbeit für lächerlich geringe Aufkosten. In allen „hunting camps" sollte genügend Salz vorhanden sein.

Wollen wir die Trophäe gleich mitnehmen, empfiehlt es sich, diese Reinigung äußerst gründlich vorzunehmen. Bleiben noch Reste an der Trophäe, laufen wir Gefahr, daß uns der heimatliche Zoll aus tiermedizinischen Gründen die „grüne" Trophäe enteignet und vernichtet. Zum anderen kann es passieren, daß infolge der Feuchtigkeit die Decke oder Schwarte Flüssigkeit abgibt. Wird von den Fluggesellschaften dieses Auslaufen beobachtet, verweigert sie die Annahme der Trophäe, d. h. wir haben sie verloren (es besteht dann keine Zeit mehr, andere Vorkehrungen zu treffen).

Elchtrophäen:
Zwei unterschiedliche Handhabungen werden in letzter Zeit beim Elchtrophäentransport beobachtet.

a) Für den sparsamen Jäger, den es nicht stört, zum Zwecke des Transportes die Schaufel/Stangen unmittelbar unter dem

Rosenstock sauber abzuschärfen, bietet sich folgendes Verfahren an:
Handelt es sich um einen Hirsch bis etwa 55 oder 58 Zoll Auslage genügt es, nur eine Stange abzuschärfen und diese so flach wie möglich in die andere Schaufel hineinzulegen. Auf bzw. in diese Schaufel mit Schädel wird dann der Seesack gelegt und alles kunstgerecht zusammengeschnürt. Das vor uns liegende Gebilde sieht zwar unmöglich aus, wird aber von den Fluggesellschaften als Gepäckstück akzeptiert und ohne Aufgeld transportiert.
Vor Antritt der Jagdreise sollten wir uns unseren Gartenschlauch vornehmen und zum Entsetzen der bereits Kummer gewohnten Ehefrau diesen in ca. 20 bis 30 Zentimeter lange Stücke zerschneiden und mit weisem Grinsen in unseren Seesack verstauen.
Die Schlauchenden werden im Revier im heißen Wasser aufgeweicht und schnell auf die spitzen Schaufelenden geschoben. Sie saugen sich sofort daran fest und können nur noch mit großer Gewalt (oder einem Längsschnitt) von den Enden abgenommen werden. Somit sind die spitzen Enden der Trophäe ihrer Gefährlichkeit beraubt. Wird diese Sicherheitsmaßnahme – den Koffern der Mitreisenden zuliebe – nicht getroffen, weigern sich die Fluglinien unser Prachtstück zu befördern.
Zu Hause angekommen, ist heutzutage jeder gute Präparator in der Lage, die *sauber* abgeschärften Geweihenden wieder zusammenzudübeln. Wir müssen dann keinesfalls befürchten, daß uns die linke 11,2-Kilogramm-Schaufel den darunter abgelegten Jagdhund erschlägt.

b) Der Jäger, der seine Trophäe unangetastet wissen möchte, hat zwei Möglichkeiten der Rückführung seiner Mühen. Die meisten Trophäen werden per Sammeltransport nach Frankfurt verfrachtet, welches der weitaus billigere Weg ist. Sind wir bei einem kleinen Outfitter oder der einzige europäische Gast, kann eine teure Einzel- und Individual-Überführung erfolgen, die einer so edlen Trophäe durchaus zusteht. In diesem Fall sollten wir uns klugerweise an eine Trophäenspeditionsfirma wenden, die aufgrund ihrer Erfahrung auf den Flugplätzen mit den so wichtigen Beamten vertrauter reden kann. –

Anschriften der Trophäentransportgesellschaften:

Transworld Cargo
European Office
Manfred Moderer
Mühlheimer Straße 5
D-6800 Mannheim 81

Wolfgang Schenk, Taxidermist
Atelier für Tierpräparation
Häusges Mühle, 5431 Daubach/Germany
Tel. (0 26 02) 2623 · Fax (0 26 02) 172 01

Haarwild:
Etwa die Hälfte der „Pelzjäger“ läßt die Trophäe in Nordamerika zurück. Als einzige Teiltrophäe wird der Schädel und bei kapitalen Bären ein weiteres Requisit gern gleich zu Hause im Kreis der Jagdfreunde vorgeführt (Krallen bleiben an der Decke/Schwarte). Das hat den Vorteil, daß die lokalen Präparatoren aus einer Schneeziege keine Gams, aus dem Wolf keinen Schäferhund oder Schakal machen. Sie kennen einfach ihr Wild wie kein anderer.
Hinsichtlich der Kosten werden die meist niedrigeren kanadischen Präparatoren-Preise durch den nachfolgenden Transport wieder ausgeglichen. Wichtiger noch als die Kostenfrage ist der Umstand, daß bei warmem Wetter innerhalb kurzer Zeit der Haarausfall eintreten kann. Auf keinen Fall darf das Fell in einem Plastikbeutel dicht verpackt transportiert werden. Sollte es nicht sehr trocken und sauber sein, verweigert spätestens der Zoll des Heimatlandes die Einfuhr, wenn nicht schon in Kanada die Zollhunde (und die hinter ihnen stehenden Angestellten der Fluggesellschaft) den Transport verbieten. Das kommt einem Verlust der Trophäe gleich. Selbst wenn die Felle sauber und vorübergehend trocken gemacht würden, fangen sie trotzdem während des Transportes an zu schwitzen.

Alle Wölfe, Cougars und Grizzlybären benötigen zur Einfuhr nach Deutschland eine *Einführungsgenehmigung des Bundesamtes für Ernährung, Landwirtschaft und Forsten*, welche *vor* dem Antritt unserer Jagdreise anzufordern und auszufüllen ist. Die Einfuhrgenehmigung sollte *vor* Antritt der Jagdreise vorliegen. Die Bundesrepublik hat zusätzlich zu den internationalen Vorschriften (Washingtoner Artenschutzabkommen) eigene, erschwerende Bestimmungen erlassen, die es zu beachten gilt (Wer wollte widersprechen, daß wir nicht alles 120prozentig machen ...?)
Zollbeamte sind nicht immer Jäger und kaum Zoologen, die den Unterschied zwischen einem Schwarzbären und einem Grizzly-Bären kennen. Zur Vermeidung langatmiger Fragen, Untersuchungen und Wartezeiten wird empfohlen, gleich auch eine Einfuhrgenehmigung für den Schwarzbär zu besorgen. Diese, im Zusammenhang mit den im Revier ausgestellten, amtlichen Jagddokumenten, dürften keinerlei Schwierigkeiten bei der Einreise verursachen.

Achtung: Auf allen Flugplätzen werden Hunde zur Gepäcküberprüfung aufgrund terroristischer Aktivitäten eingesetzt. Die kanadische Jagdbehörde arbeitet sehr eng mit den Flugplätzen in Amsterdam und vor allem Frankfurt, Düsseldorf und München zusammen. Es lohnt sich nicht, beim Schmuggeln einer illegalen Trophäe erwischt zu werden. Es sind Fälle bekannt, bei denen in Deutschland Strafverfügungen seitens der deutschen Behörde in Höhe von 10.000,– DM wegen einer nicht vorhandenen Einfuhrgenehmigung eines Grizzlybären erlassen wurden. Außerdem ist die Bärendecke eingezogen worden, die bereits das Jagdzimmer zierte.

Alle in Kanada erlegten Wildarten werden noch im Revier automatisch mit den erforderlichen Dokumenten ausgestattet. Wir sollten darauf achten, daß wir mit unserer Trophäe immer folgende Jagddokumente mit uns führen:

1. *„Non resident hunting licence“* (Jagdschein/Karte).

2. *„Non resident species licence“* (individuelle Wildmarke/Karte, auf der die entsprechenden Wildarten sowie Erlegungszeiten und Erlegungsort entwertet sein müssen).

3. *„Report and declaration of guide outfitter“*, welches gleichzeitig unser Exportdokument darstellt. Dieses ausführliche Formular wird in vierfacher Ausfertigung erstellt (Unsere Kopie müssen wir jederzeit vorweisen können).

Da das Dokument (zu 3.) vom Outfitter nach der Jagd ausgefüllt und unterschrieben wird, können beispielsweise nachher keine weiteren Wildarten erlegt und nachgetragen werden.
Die oben aufgeführten drei Jagddokumente des Yukon und B. C. sollten uns in Verbindung mit unserer Einfuhrgenehmigung keinerlei Schwierigkeiten bei der Einfuhr der Trophäen in Europa bereiten.
Wie wir hingegen dem Zollbeamten glaubwürdig machen, daß diese paar Knochen einen Wert von 17,25 DM repräsentieren, bleibt unserer Bauernschläue überlassen.

Beispiel der Präparatorenpreise in B. C. (1989/90):

ganze Präparate	
Luchs	380,00
Vielfraß	350,00 – 380,00
Wiesel	70,00 – 85,00
Eichhörnchen	70,00 – 85,00
Baummarder	120,00 – 150,00
Nerz	120,00 – 150,00
Fuchs	220,00 – 280,00
Wolf	750,00 – 850,00
Berglöwe (Puma)	750,00 – 1.200,00
Bieber	177,00 – 280,00
Bergschaf	1.050,00 – 1.500,00
Schneeziege	1.050,00 – 1.500,00
Schwarzbär	1.800,00 – 2.400,00
Schwarzbär, klein	400,00 – 800,00

Kopfpräparate		
Elch	480,00 –	650,00
Schneeziege	285,00	
Bergschafe	325,00	
Maultierhirsch	285,00	
Caribou	395,00	
Wapiti	650,00	
Schwarzbär	250,00 –	340,00
Grizzlybär	300,00 –	400,00
Wolf	210,00 –	265,00
Berglöwe (Puma)	190,00 –	265,00
Coyote	160,00	
Luchs	160,00	
Vielfraß	160,00	

Felle als Vorlage mit Kopf		
Grizzly pro Fuß	40,00	
Schwarzbär pro Fuß	36,00	
Bärenköpfe (eingearbeitet)	140,00 –	180,00
Schneeziege pro Fuß	36,00	
Kopf eingearbeitet	150,00	
Wolf pro Fuß	36,00	
Kopf eingearbeitet	150,00	
Coyote gerben	90,00 –	120,00
Kopf eingearbeitet	90,00 –	120,00
Fuchs, Rotluchs, Marder, Wolverine (Vielfraß), Luchs	75,00 –	100,00
Kopf eingearbeitet	120,00 –	140,00
Bieber gerben	60,00 –	80,00
Schaf	35,00 –	50,00
Ziegen	35,00 –	50,00

Vögel		
Greife	85,00 –	150,00
Adler mit und ohne Beute	180,00 –	290,00
Eulen	85,00 –	150,00
Fasan	85,00 –	120,00

Enten	50,00 –	125,00
Gänse	135,00 –	160,00
Rauhfußhuhn	90,00	

Alle Preise sind in Kanadischen Dollars angegeben.
7 % kanadische MwSt. sind den Preisen hinzuzurechnen.

Touristisches

Besonders British Columbias bezaubernde Landschaft oder die schier endlos offenen Weiten des Yukon ziehen jährlich Tausende von Touristen an, die das Andere, die unberührte, noch verbliebene Natur suchen. Bei der enormen Größe des Landes gibt es keinen touristischen Massenbetrieb. Kein Gedränge und kaum die üblichen Kioske, wie sie in anderen touristisch favorisierten Ländern üblich sind.
Die allermeisten Jäger beschränken sich auf wenige Tage vor bzw. nach der Jagd, um sich etwas über das Land zu informieren. Dem Jäger, dem etwa bis drei Tage zusätzlich zur Verfügung stehen, wird empfohlen, sich Vancouver als den Ort auszusuchen, den es zu erobern gilt.
Diese Formulierung ist sicherlich nicht richtig, denn in der Regel erobert Vancouver seine Besucher.
Die größte Stadt des kanadischen Westens, Vancouver, wird von Weltenbummlern als eine der schönsten Städte der Welt gepriesen. Dabei ist es weniger die Stadt als solche, sondern ihre bezaubernde Lage, die unmittelbare Umgebung und ihre Menschen. Diese etwa Zwei-Millionenstadt ist sicherlich die bunteste, freundlichste und gelassenste Ansammlung von Rassen und Hautfarben aller Schattierungen innerhalb der westlichen Hemisphäre. Gelassen insofern, als die übliche Großstadthetze auf ein erträgliches Minimum beschränkt bleibt.
Da Vancouver gleichzeitig als Tor zum Pazifik gilt, füllen Besucher- wie Einwanderungsströme des asiatischen Ostens täglich den internationalen Flugplatz. Nicht nur für Asiaten ist Vancouver interessant. Laut Statistik des Einwanderungsministeriums liegt Vancouver an erster Stelle der Einwanderungssuchenden aus dem mitteleuropäischen Raum.
Vancouver bietet dem enthusiastischen Reisejournalisten eine derartig überwältigende Fülle, daß es ihm nicht leicht fallen

wird, sie seinen Lesern zu beschreiben. Am besten läßt sich diese Beschreibung negativ aufziehen, indem aufgeführt wird, was es nicht gibt.
Nun, davon haben wir eine ganze Menge für den auf Lager, der sich nach den Hochgenüssen alter Architektur und alter Kunst sehnt. Eine Reise nach Nordwestamerika deshalb zu unternehmen, haben wir als Fehlinvestition zu bezeichnen. Rom, Salzburg, München sind diesbezüglich wesentlich nähere und sinnvollere Ziele. Alles andere hat Vancouver zu bieten. Der Unternehmungslustige kann beispielsweise im Juni, vom Stadtzentrum aus innerhalb 30 Minuten erreichbar, Segeln, Schwimmen (im Ozean), Surfen, Strandbaden und Augenweide betreiben. „Sie“ kann in den mondänsten Geschäften alles nur mögliche Geld loswerden und sprichwörtlich tagelang die unter- und oberirdischen Schaufensteranlagen ablaufen ... Wir erlauben uns einen schnellen Ausflug (wohlgemerkt innerhalb einer Stunde) auf die Skipiste, während unsere Damen in nimmermüden Erkundungsstunden und -tagen sicher zwischen Geschäften und Wolkenkratzern bummeln können.
Währenddessen können wir noch einmal, wenn es sein muß unter Flutlicht, schnell auf die Skipiste ausweichen. Eine andere Alternative: Wohlgemerkt, das alles nur eine Stunde vom Stadtzentrum entfernt – wir erlauben uns mit unserem Sohn einen Berg-Wildnistreck zu unternehmen. Für die Kritiker unter uns, die diese Information mit leichtem Schmunzeln aufnehmen, sei bemerkt, daß alljährlich Wanderer, Bergsteiger (und solche, die es sein möchten) sich verlaufen, abstürzen oder anderweitig ums Leben kommen – und dies in einer Entfernung von Vancouver, die ein Schuß aus der 8 × 58 erreicht. Während dieses Wildnistrips im „Vancouver Stadtwald“ können wir durchaus mehrere Schwarzbären, Schneeziegen und Hirsche beobachten. Damit unsere liebe Lebensgefährtin bei all diesen „outdoor activities“ nicht zu kurz kommt, bietet sich ein Kompromiß in Form eines Theater-, Opern- oder Schauspielbesuches an.
Zu diesem Zeitpunkt müssen wir wieder in die reale Welt zurückkehren, nämlich dazu, daß wir hier über den Jäger reden wollten, der nur ein oder wenige Tage zur Verfügung hat.

Wir sollten hier die Zeit einteilen in Möglichkeiten bei gutem oder bei schlechtem Wetter (letzteres gibt es in Vancouver genügend).

Bei gutem Wetter:

1. Mit der Seilbahn auf den **Grouse Mountain**. Dieser gut 1.200 Meter über der Stadt liegende Aussichtsberg mit Restaurant bietet neben einem Flugzeugtrip die schönste Sicht über die Millionenstadt. Weitere Beschreibungen sollten wir uns ersparen, denn dieser Seilbahntrip ist ein *Muß* bei gutem Wetter. Per Taxi oder (etwas kompliziert: Bus) sollten wir uns zur Talstation in *North Vancouver*, Capilano Road, fahren lassen.

2. Sind wir schon einmal auf der Nordseite der Stadt und möchten eine sehr gute Sicht über Stadt und Ozean haben sowie noch so nebenbei sehen, wie „man" so in Vancouver wohnt, ist **West Vancouvers** Wohngegend sehenswert. Das beste ist natürlich, einen der (billigen) Leihwagen zu mieten und sich so die Stadt zu erobern. Laut Infrarotbildern – von einer bekannten Zeitschrift in Auftrag gegeben – gibt es in *West Vancouver* mehr Swimmingpools als in Hollywood. Einige der bekannten Namen Hollywoods residieren in Vancouver (und es werden jährlich mehr).

3. Für Besucher, die nur etwas Interesse an Angeln sowie Fischen im allgemeinen und Lachsen im besonderen haben, ist der Besuch bei der **Salmon Hatchery** in *North Vancouver* ein weiteres Muß. Zumal deshalb, weil diese Attraktion (Lachs-Laichanstalt, wissenschaftliches Projekt der *University of British Columbia* und kommerziell genutztes Unternehmen in einem) an der *Capilano Road*, also auf dem Weg zum „Grouse Mountain" liegt (Eintritt kostenfrei!). Dies kann man auch bei schlechtem Wetter besuchen, da über die Hälfte der Anlagen unter Dach sind.

4. Eine Fahrt entlang des Nordufers (auf dem Highway No. 1) in Richtung **Horseshoe Bay** bis ca. zwei Kilometer hinter *Horseshoe Bay* ist gleichfalls lohnend. Bei schönem Wetter bietet diese Fahrt wieder eine herrliche Sicht auf die Stadt, die Halbinsel, auf der die UBC *(University of British Columbia)* liegt, die Fjorde, Inseln und den Ozean. Die Fähre zur Insel *Vancouver Island* fährt dort in kurzen, regelmäßigen Abständen, welches den Anlaß bietet, den Rest des Filmes zu verschießen. Sollte sich während dieses kleinen Abstechers der Magen melden, dürfte eines der guten Fischrestaurants direkt am Wasser (neben der Abfahrt der Fähre) die richtige Adresse sein.

5. Ist das Wetter immer noch einigermaßen gut, sollte auf dem Rückweg über die große *Lions Gate Bridge* (Löwentor-Brücke, ein Geschenk des englischen Biermagnaten Guinnes an Vancouver) der Weg in den **Stanly Park** als nächstes auf unserem Programm stehen. Dieser etwa 20 km^2 große Park liegt auf einer Halbinsel in der Mitte Groß-Vancouvers. Nach unserer Jagd im Norden sind wir alle so fit, daß wir es wagen können, bei schönem Wetter auf dem „Sea Wall" die Halbinsel (fünf Meilen) zu umlaufen. Es lohnt sich! Auf der einen Seite sehen wir Überseedampfer aus China, Rußland, Bremerhafen und Panama, während auf der anderen Seite Parks, Mammutbäume, indianische Totempfähle und unsere lieben Jogger an uns vorbeigleiten. Dieser Spaziergang um und durch den Park ist eine der interessantesten, touristischen Attraktionen, die man sich vorstellen kann. Und bis jetzt kostet sie noch nicht einmal einen Penny.

6. Eine der Hauptattraktionen Vancouvers ist zweifellos der **Zoo** im **Stanly Park**. Es ist in Wirklichkeit nicht der Zoo mit seinen recht wenigen Tieren, sondern die *Walvorführungen*, die uns interessieren. Der Zoobesuch ist kostenfrei, die Walvorführungen sind hingegen relativ teuer. Sie sind jedoch für den Besucher jeden einzelnen Dollar Wert. Wer die Vorführungen in San Diego noch nicht gesehen hat, erlebt hier ein unvergeßliches Erlebnis mit den tonnenschweren Kolossen, die wahre

Meisterwerke der Dressur vorführen. Nach dem Willen der Greenpeace-Organisation soll diese „Tierquälerei" bald unterbunden werden.
Die Hauptattraktionen sind die Eismeer-Beluga-Wale und die „Killer Wale", die sogenannten Mörderwale. Letztere sind heimisches Wild vor der Küste British Columbias, welche wir per angeheuertem Boot in freilebender Natur beobachten können (Zeiten, Preise, Pläne auf Anfrage bei unserem Reiseveranstalter).
Selbst bei schlechtem Wetter sollten wir diese Vorführungen nicht verpassen (einen leeren Film mitnehmen!).
Dieser Zoo liegt mitten im Stanly Park, kann also leicht bei unserem Besuch bzw. unserem Rundgang auf dem *„Sea Wall"* eingeplant werden. Auch den Besuch des Stanly Parks können wir mit einem gepflegten Essen im *„Tea House"*, im südwestlichen Teil des *Sea Walls* abschließen.

7. **China Town** ist sicherlich für den interessant zu besuchen, der weder in China, San Franziskos China Town oder einer fernöstlichen, chinesischen Ansiedlung gewesen ist. Vancouvers *China Town* ist nach San Franzisko der größte, chinesische Stadtbezirk außerhalb Asiens. Eigentümlicherweise haben es weder die deutschsprechenden Einwanderer (etwa 15 %) noch die offiziell als amtliche Zweitsprachengruppe geltenden Franzosen in Kanada fertiggebracht, in ihrer alten Muttersprache Straßenschilder in B. C. aufstellen zu lassen. In China Town ist alles chinesisch: Straßenschilder, Telefonzellen, Geschäftsschilder und natürlich die Menschen. Die Chinesen in B. C. haben nach einer jahrzehntelangen Teilversklavung um die Jahrhundertwende in aller Stille erreicht, wovon Deutsche, Franzosen, Italiener und Griechen träumen: sich eine alte Heimat in der neuen Heimat schaffen.
Den höchsten kulinarischen Genuß können wir in China Town auf unkonventionelle Weise erreichen, in dem wir in einen der zahlreichen Fleischläden gehen und uns eine *Peking Duck* (Peking Ente), vor unseren Augen in handliche Brocken zerhacken lassen. Im richtigen Stimmungsmoment kann der

Verzehr auf der nächstgelegenen Parkbank, wobei wir das Leben und Treiben der chinesischen Händler und Kunden beobachten, zu einem wirklichen Erlebnis werden (größere Anzahl Servietten nicht vergessen!). Im feinsten Münchner Restaurant kann die Peking Ente nicht besser munden!

8. Für den unter uns, der sich für den kulturhistorischen Teil des Gastlandes interessiert, also den indianischen, bietet das **Kulturhistorische Museum der UBC** auf dem Universitätsgelände eine hervorragende Gelegenheit, sich mehr als nur oberflächlich zu bilden. Das dort angesammelte Anschauungsmaterial dürfte die wohl umfangreichste und vollständigste Sammlung indianischer Kultur der pazifischen Nordküste darstellen. Bei der Besichtigung sollten wir immer in Erinnerung behalten, daß diese indianische Kultur noch intakt war, als unser Großvater eingeschult wurde bzw. Kaiser Wilhelms Ruhmeszeit sich ihrem Ende näherte. Zu erreichen ist die „UBC" per Bus oder natürlich am einfachsten per Taxi bzw. Mietwagen. Dieses Universitätsgelände auf der fast eigenen Halbinsel entspricht in Einwohnerzahl einer großen Stadt British Columbias und in der Fläche einer Stadt Österreichs. Hierhin kann man auch bei schlechtem Wetter fahren.

9. Diejenigen unter uns, die noch nicht in den Genuß geraten sind, ein sehr gutes Planetarium gesehen oder besser erlebt zu haben, sollten auf halbem Wege zur „UBC" das **Vancouver Planetarium** besuchen. Auf der Fahrt zur UBC kann man das runde, repräsentative Gebäude am Wasser gut ausmachen. Vor dem Planetarium steht weit sichtlich eine große Krabben-Plastik aus Edelstahl (unverfehlbar). Der Besuch des Planetariums kann gleichfalls einem Tag vorbehalten sein, an dem uns das häufige Vancouver-Regenwetter überrascht.

10. Natürlich interessiert jeden von uns, was es hier zu kaufen gibt, wie teuer es ist und auf welche Weise es angeboten wird. Aus der enormen Fülle des Überangebotes der Konsumgesellschaft seien hier nur einige, wenige Stellen hervorgehoben:

a) Im Stadtzentrum beinhaltet der *Eaton's Tower*, ein schwarzes Glas-Hochhaus alles, was eine mittlere Kleinstadt Europas von Montag bis Sonntagabend benötigt (außer dem Opern- oder Theaterabend). Im untersten Geschoß unterqueren wir die Hauptverkehrsader Vancouvers, die West Georgia Street, um nahtlos in andere shopping centers zu gelangen.

b) Neben dem *Park Royal Hotel* West Vancouvers befindet sich die *„Park Royal Mall"*, ein Shopping Center, von denen es in Vancouver mindestens ein Dutzend ähnlicher Art gibt.

c) Die Jäger, die im *Avalon Hotel* Nord Vancouvers untergebracht sind, können auch zu Fuß (150 Meter nach rechts) in eine der North Vancouver Shopping Malls gehen. Sollte nach der Besichtigung dieser Mall noch genug Energie vorhanden sein, um etwa 1.200 Meter zu Fuß gehen zu können, ist man nicht nur an der Fähre von North Vancouver zu Down Town (Vancouver City), sondern passiert den beliebten, neuen „North Vancouver Market". Bei diesem Spaziergang kommt man an einem der teuersten Grundstücke Vancouvers vorbei. Es zu beschreiben ist nicht schwer, denn es fällt uns sofort aufgrund seiner Unsauberkeit, Unordnung und Verkommenheit auf. Dieses traumhaft schöne, etwa 10 Hektar große „Grundstück" mit einigen, schäbigen Häusern ist indianisches Eigentum und darf gemäß „Reservats-Recht" von interessierten Grundstücks- und Baulöwen nicht angefaßt werden. Selbst die Indianer können es nicht verkaufen.

d) Der **Granville Market** ist ein weiteres, beliebtes Touristen- und Einkaufsparadies. Auf eine Halbinsel im Fraser-Fluß gelegen, ist es ein buntes Gemisch aus Hautfarben und Händlern aller Welt, die vorwiegend Agrar- und Lebensmittel verkaufen. Das, was es nicht auf *Granville Market* an Obst, Gemüse und Exotischem gibt, gibt es auch in dem Rest der Welt nicht. Hier wie in allen Einkaufszentren findet man mehr als genug Restaurants und Schnellimbiß-Stuben aller Art, vor allem frischen Fisch.

Für alle die soeben aufgezählten Beschäftigungs- und Besichtigungsmöglichkeiten benötigen wir nicht mehr als drei Tage. Entsprechend unserer individuellen zeitlichen Möglichkeiten, Wünschen und Ansprüchen können wir Abstriche aus dem vorgenannten Besichtigungsprogramm machen.
Es empfiehlt sich in den meisten Fällen, sich einen Mietwagen zu besorgen. Mietfirmen sind infolge sehr großen Angebotes leicht zu finden. Ein kurzer Anruf von unserer Hotelrezeption genügt, und wir bekommen den Wagen gleich ins Hotel gefahren.
Die Preise für einen Mietwagen liegen wesentlich unter denen Europas, so daß die Entscheidung dafür allein schon deswegen leichter fällt.
Sich in Kanada zu verlaufen oder zu verfahren, stellt insofern kein Problem dar, als die Menschen äußerst freundlich, hilfsbereit und im Großstadtverkehr sogar rücksichtsvoll sind.

Jagd und Urlaub

Sehr oft treten zeitliche Konfliktsituationen bei der Kombination Jagd und Urlaub auf. Die Haupt-Touristenzeit, d. h. das sicherste Wetter etc. herrscht dann vor, wenn die Jagd zu ist (Juni, Juli, August). In den Randzonen der Touristenmonate beginnt die Jagd (Juni: Ende der Bärenjagd im Norden; August: Beginn der Schafjagd im Norden).
Die einzige Ausnahme bildet der wunderschöne *Indian Summer* (Altweibersommer) etwa ab September bis Anfang Oktober. Zu dieser Zeit herrschen Tagestemperaturen von 12 bis 22° Celsius. Nachts fällt die Temperatur sehr oft schon unter den Gefrierpunkt. Hier muß bemerkt werden, daß für so ein Riesenland keine allgemeingültigen Aussagen gemacht werden können. Diese Angaben variieren entsprechend der Höhe über NN bzw. innerhalb des Nord-Süd-Gefälles stark. Auf alle Fälle ist dieses die Jahreszeit, in der ein Naturfreund und Fotograf seine größte Freude haben wird.
Wer seinen Urlaub in Verbindung mit der Jagd im September arrangieren kann, scheint am besten dran zu sein. Lediglich

das lange Herumliegen und Baden wird zu dieser Jahreszeit auf einige, kleine Mutproben beschränkt bleiben.
Die größte Schwierigkeit bereitet die zeitliche Koordination mit den Jagdterminen.
Die wenigsten Outfitter können sich nach unseren Touristik-Urlaubsplänen richten. Erst recht die Elche richten nicht ihre Brunftzeit nach unseren touristischen Wünschen ein. Auch die Lachszüge (wichtig wegen der Grizzly-Jagd) vollziehen sich unbeeindruckt von unseren Wünschen. In jedem Fall müßten wir erst unsere Jagdtermine abklären, die touristischen Unternehmungen sind dann dementsprechend zu planen.
Diese ein, zwei oder gar drei Tage vor bzw. nach der Jagd sind besser nicht im Inneren des Landes (Smithers, Prince George, Ft. Nelson oder Cranbrook etc.) zu verbringen. Die auf der Karte eingezeichneten Städte sind nach europäischen Maßstäben nichts weiter als größere Dörfer mit wenig spektakulären Sehenswürdigkeiten. Sollten wir vier Tage in Vancouver Zeit haben, wäre ein Tagesausflug zur Landeshauptstadt Victoria auf der Insel *Vancouver Island* noch zu empfehlen.

Reiserouten-Vorschläge:

1. Vancouver – Hope – Kamloops – Revelstoke – Golden – Banff-Jasper – Prince George, jetzt auf der „Highway 97" südlich bis Quesnel (Abstecher zur Goldgräberstadt Bakerville) – 100 Mile House – Cache Creek – Hope – Vancouver. Diese Rundreise umfaßt ein bis zwei Wochen und offenbart dem Reisenden viele der typischen Sehenswürdigkeiten des Landes, vor allem den großen Nationalpark Banff-Jasper, und die Fahrt durch den Fraser Canyon.

2. Gleiche Tour wie unter (1.), aber von Prince George aus westlich über Smithers nach Prince Rupert und dann per Fähre *(Inside Passage)* nach Vancouver zurück (14-Tage-Tour).

3. Vancouver – Hope – Fraser Canyon bis Cache Creek, weiter nördlich über „Highway 97", über 100 Mile House – Williams

Vor, aber auch nach dem Schuß gilt es, manche Mühsal zu überwinden.

Jagdhütten im Kanadischen Busch – einfach, aber zweckmäßig gebaut.

Lake, West nach *Bella Coola* und zurück über Prince George und dann die Parktour über *Banff-Jasper* nach Vancouver (14 Tage).

4. Gleiche Tour wie (1.) bis Prince George – Dawson Creek – Ft. Nelson (Alaska Highway) über Watson Lake (Abstecher nach White Horse), zurück über den „Dease Highway" – Dease Lake – Hazelton – Smiters. Danach entweder wieder nach Prince Rupert, um mit der Fähre nach Vancouver zu fahren oder von Smithers weiter über Prince George – Williams Lake – 100 Mile House – Vancouver (3 bis 4 Wochen-Trip).

Das waren die Hauptrouten, die wir auch per Motorhome bewältigen können, obwohl die Hälfte der befahrbaren Straßen Schotterstraßen sind. Natürlich können wir unsere Reiseroute beliebig variieren und interessante Seitenstraßen benutzen. Es ist jedoch wichtig, sich vorher zu erkundigen, ob diese Seitenstrecken mit dem Motorhome befahrbar sind. Mit dem Pkw kommen wir überall im Land hin, wo Straßen eingezeichnet sind. Eine interessante Nebenstrecke ist beispielsweise die nicht bei jedem Wetter befahrbare Strecke von Squamisch über Whistler nach Lilloet. Eine leichter zu befahrende Nebenstrecke sind die von 100 Mile House nach Little Fort (Clear Water) und viele Strecken im südöstlichen Teil British Columbias.
Zur Ausarbeitung aller Strecken, touristischer Informationen und Hinweise sollten wir uns an das

Kanadische Fremdenverkehrsamt
Biebergasse 6–10
6000 Frankfurt/M.
Tel.: (0 69) 28 01 57

wenden, das uns mit einer Fülle von brauchbarem Material versorgt. Wir müssen nicht immer die teuren Motorhomes mieten, um das Land zu entdecken. Es ist für einen Einzelreisenden oder zwei bzw. drei junge Urlauber durchaus möglich, mit einem Mietwagen von Motel zu Motel zu fahren, die es überall im Land reichlich gibt. Vor allem werden nach der Hauptsaison die Motelpreise gesenkt, so daß vom materiellen Standpunkt eine Motorhome-Anmietung nicht billiger kommt. Ein kleiner Camper („Pick Up“ mit Aufsatz) wäre das nächstgünstigere Urlaubsgefährt. Im übrigen sind Doppelzimmer im Verhältnis zum Einzelzimmer kaum teurer. In jedem Fall haben Einzelzimmer zwei große Betten.

Wenn wir einem Vancouver-Kfz-Vermieter sagen, daß wir in den hohen Norden wollen, wird er entweder zufällig keinen Wagen für uns zur Verfügung haben oder einen derben Aufschlag für die Nordstrecken verlangen (Verträge genaustens durchlesen!). Bei Langstrecken-Entfernungen auf den Kraftstoffhaushalt achten! Wenn wir dann im September auf den öffentlichen Straßen, Wegen und Plätzen jedes zweite Fahrzeug mit einer sichtbar aufgehängten und gestellten Waffe herumfahren oder -stehen sehen, dann können wir sicher sein, daß kein Bürgerkrieg ausgebrochen ist, sondern lediglich die Jagdsaison begonnen hat. In den nördlichen Regionen, d. h. ab dem Breitengrad nördlich Hope, sollten wir uns nicht erschrecken, wenn junge Mütter vor dem Gemüseladen aussteigen und quer vor dem „Pick Up“-Rückfenster eine Flinte und eine 30 × 30 oder Winchester 30.06 hängt (neuerdings hat die überaus eifrige Staatsgewalt verfügt, daß derartig dekorierte Fahrzeuge verschlossen sein müssen; der Versicherung wegen ...) Sollten wir eine der Seitenstraßen gemütlich entlangfahren und uns überholt mit einer langen Staubwolke wieder einmal eines der herrlichen Allzweckfahrzeuge, der besagte Pick Up, mit einigen, jungen Burschen, die immer noch die Schulbank drücken und bis an die Zähne bewaffnet sind, werden wir ahnen, daß sie zur Jagd aufgebrochen sind. Ja, sie befinden sich in Wirklichkeit schon auf der Jagd, denn irgendwo auf der langen Piste steht dann auch einmal ein Elch oder Hirsch quer – und wenn er lang genug ausharrt: Weidmanns Heil.

Die Jagdgesetze

Die Jagd ist schon immer gesetzlichen Bestimmungen unterworfen gewesen. Sie wurden nicht immer auf Papier gedruckt oder lautstark deklariert.
Ethik, Anstand, Fairness, Selbstbeherrschung, um nur einiges zu nennen, sollten die Jagd und deren „rules and regulations" bestimmen. Historisch gewachsene, unterschiedliche Ansichten anderer geographischer Breiten, hier der des nordwestamerikanischen Raumes, insbesondere Britisch Kolumbiens, sollen nachfolgend für den aktiven Kanada-Jäger erwähnt werden.
Die vereinfacht und gekürzt wiedergegebenen gesetzlichen Bestimmungen betreffen nur die sich von den allgemeinen Jagdgesetzen und/oder ethischen Vorstellungen der europäischen Jagd unterscheidenden Punkte.

Es ist ungesetzlich und mit Strafe bedroht:
- ohne Genehmigung des Besitzers auf dessen Land zu jagen;
- eine falsche Aussage gegenüber einem Beamten der Jagdbehörde oder einem Polizeibeamten (in Sachen Jagd) zu machen;
- in der „nicht offenen Zeit" (Schonzeit) in der jeweiligen MU zu jagen;
- unter dem Namen einer anderen Person oder deren Lizenz zu jagen;
- ein Stück Wild zu besitzen, dessen Lizenz nicht laut Vorschrift entwertet wurde;
- Elch, Wapiti, Schaf, Schneeziege, Caribou oder Grizzly mit einer Flinte zu bejagen (Jagd auf Wolf, Schwarzbär und die „Deer"-Hirsche ab Kaliber 20 erlaubt);
- außer den „Grouse" auf Federwild mit der Büchse zu jagen;
- auf Zugvögel (Enten, Gänse etc.) mit mehr als einer Flinte zu weidwerken;

- mit einer selbstladenden Waffe zu jagen, die mehr als zwei Schuß im Magazin halten kann;
- Großwild mit Randfeuerpatronen zu bejagen;
- Zugvögel vom Motorboot aus zu bejagen;
- Wild von einem motorgetriebenen Boot oder Fahrzeug aus zu schießen;
- eine geladene Waffe im Fahrzeug (incl. Fahrrad) mitzuführen;
- mit einem Hubschrauber zu jagen, Jäger oder Wild zu transportieren;
- eine Stunde nach Sonnenuntergang oder eine Stunde vor Sonnenaufgang zu jagen;
- Zugvögel (Enten, Gänse etc.) ab einer halben Stunde nach Sonnenuntergang bis eine halbe Stunde vor Sonnenaufgang zu bejagen;
- schwimmendes Wild zu bejagen, es sei denn es ist vorher angeschossen worden;
- Gift in irgendeiner Form zu irgendeinem Zweck zu verwenden;
- (lebendes) Wild ohne Genehmigung zu halten;
- ein per Jagdlizenz erlegtes Pelztier zu verkaufen, ohne vorher die staatliche Gebühr bezahlt zu haben;
- Wildbret ohne Genehmigung zu kaufen oder zu verkaufen;
- eßbares Wildbret nicht zu bergen (Ausnahme: Beutegreifer; von Schaf, Ziege und Caribou ist mindestens eine Keule zu bergen);
- Zugvögel mit Futter anzulocken;
- Bären anzukirren;
- sich als Jagd- oder Fischführer anzubieten oder zu führen, ohne eine „guiding licence“ (Führerlizenz) zu haben;
- Hunde bei der Jagd auf Schaf, Schneeziege und Caribou mitzunehmen; bei der Jagd auf alles andere Schalenwild sind Hunde an der Leine zu führen, die Jagd auf Bären und alle Katzen mit Hunden ist erlaubt.

Die Jagd mit Pfeil und Bogen oder mit Schwarzpulver-Waffen ist erlaubt.

Besondere Aufmerksamkeit ist den Formularen zu widmen (vergl. S. 72/73).

Die Jagdbehörde

Der Sitz der Jagdbehörde für B. C. ist in Victoria, für den Yukon in Whitehorse und für Alaska in Anchorage und Juneau. In B. C. hat jede Region ein eigenes Hauptquartier (Regional Office). Entsprechend der Anzahl der Regionen sind es acht Regional Offices. Beinahe alle größeren Ortschaften haben einen oder mehrere Beamte in einer Außenstelle. Diese haben oft nicht die Befugnis, das Personal oder die technischen Voraussetzungen, um für „Non-Resident-Hunters" (ausländische Jäger) die erforderlichen Wild-Inspektionen vorzunehmen.

In B. C. gibt es etwa hundert „Conservation Officers", wie die Wildhüter offiziell genannt werden, im lokalen Sprachgebrauch kurz COs. Dies sind die früheren „Game Warden", denen Mitte der achtziger Jahre der Umweltschutz als spezifische Aufgabe zusätzlich anvertraut wurde. Diese einhundert Beamten des Außendienstes, in blauer Uniform, seit wenigen Jahren bewaffnet, betreuen eine Fläche die größer ist als die Deutschlands, Hollands, Belgiens und Dänemarks zusammen. Zur Hauptjagdzeit kommen eine Reihe Zivilbeamte und Bundespolizeibeamte (RCMP, die „Mounties") zur Unterstützung dazu. Allein anhand der Zahlen können wir ersehen, daß die den Beamten zur Verfügung stehenden Kontrollmöglichkeiten relativ gering sind. Zumindest scheint es so. Tatsache ist, daß es im Norden des Landes nur wenige Anlaufstellen gibt, in denen alle Jäger sich von der Jagd kommend einfinden:

1. Landeplätze der Wasserflugzeuge;
2. Einmündungen der Waldwege in das Hauptstraßennetz;
3. einer der wenigen Hauptverkehrsachsen des Landes (Straßensperren zur Hauptjagdzeit);
4. Inlandflugplätze;
5. *einen* internationalen Flugplatz im Bundesland.

Auf diesen Verkehrswegen müssen alle Jäger außer Landes. Das wiederum ist relativ leicht zu kontrollieren. Was an illegalen Trophäen nicht schon auf diesem Wege eingezogen worden ist, wird zumindest von den Hunden auf dem Flugplatz in Vancouver, Edmonton, Calgary oder Anchorage abgefangen. Selbst die Hauptpostämter (für den internationalen Verkehr) haben Hunde im Einsatz.
Die Beamten sind höflich, hart und kompromißlos. Flexibilität, selbständiges Denken oder gar entgegenkommendes Verhalten werden ihnen grundsätzlich nicht nachgesagt. Ihr dienstliches Verhältnis zu den ihnen bekannten und vertrauten Outfittern ist korrekt, wobei hier und dort eine gewisse Flexibilität zu beobachten ist. In letzter Zeit sagt man ihnen unter Einheimischen nach, daß sie „strickt by the book" gehen, was unter anderem heißt, daß jeder kleine und lächerliche Fehlgriff von ihnen geandet wird. Dies macht sie in den ländlichen Gemeinden nicht gerade beliebt.

Achtung: Im gesamten nordwestamerikanischen Raum sind manchmal die Jagd- und Schonzeiten in den verschiedenen MUs, Regions und GMUs sehr unterschiedlich. Die Jagdbehörden können bei bestimmten Wildarten, aus unvorhergesehenen Gründen (Überbejagung, wetterbedingte Einflüsse, Seuchen etc.) ohne Vorwarnung die Jagd entschädigungslos sperren. In der Praxis sieht es allerdings so aus, daß diese drakonische Maßnahme äußerst selten und nur in bestimmten Gebietsteilen vorgenommen wird.
In Kanada werden für die Herbstjagden die sogenannten „Hunting and Trapping Regulations Synopsis" erst im Sommer des jeweiligen Jagdjahres veröffentlicht. Outfitter erhalten wenige Wochen oder Monate vor der Veröffentlichung Auszüge dieser Dokumente.
Nach Erfahrung der vorangegangenen Jahrzehnte werden allerdings Jagdzeiten, Jagdgebühren und jagdliche Bestimmungen von Jahr zu Jahr übernommen, so daß Outfitter mit einem sehr hohen Wahrscheinlichkeitsgrad im Vorjahr wissen, wie sie ihre Jagden zu planen haben.

Die jagdbehördlichen Änderungen für Outfitter, Einheimische und „Non-Resident-Hunter“ sind so minimal, daß wir uns wenig Sorgen darüber zu machen brauchen. Sicher können wir über eines sein: Nichts wird billiger!

Den zuständigen Beamten der Jagdbehörde vorzuweisende Trophäen und Wildkörperteile.

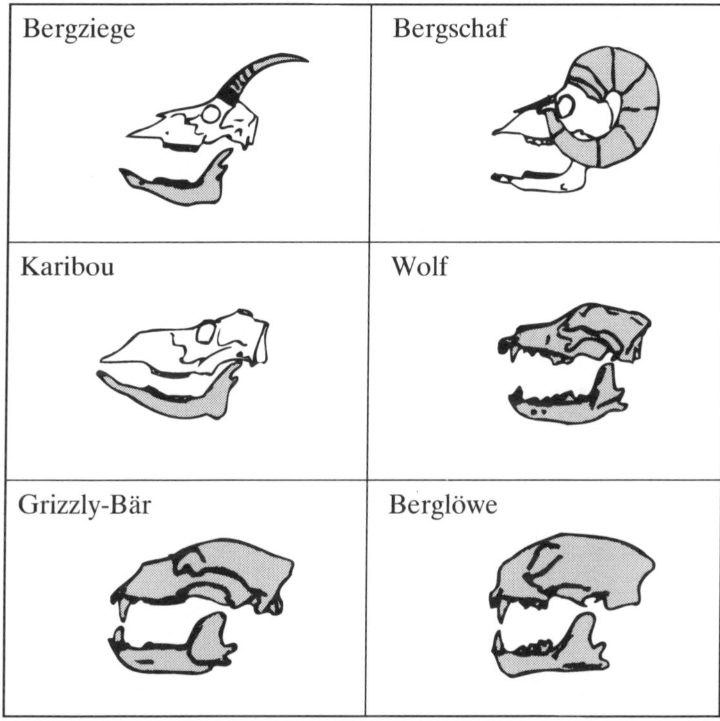

Zusätzlich sind vorzuweisen:
1. Geschlechtsmerkmale des Schalenwildes;
2. Decken des Grizzlybären mit Geschlechtsmerkmalen.

Richtlinien für die Beurteilung erntereifer Bergschafe nach Ministry of Environment and Parks, British Columbia, Canada.

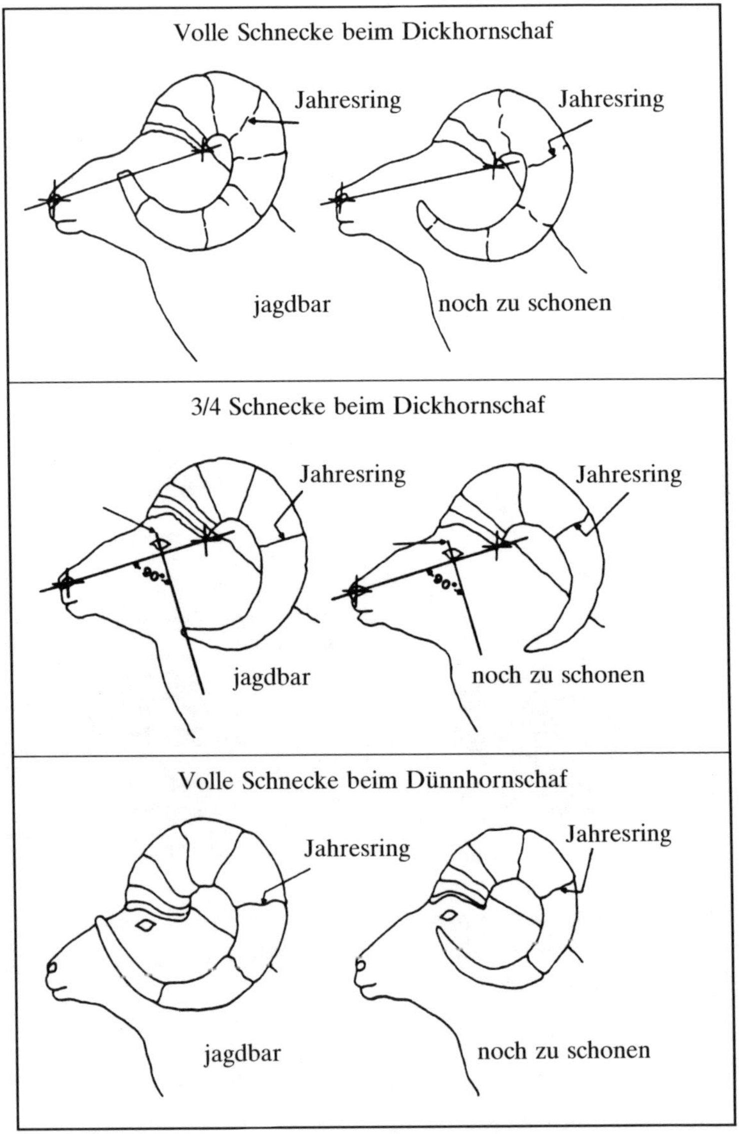

ZWEITER TEIL

Das jagdbare Wild

Der Elch

Der Elch (lat. Alces alces), oder „moose", ist der größte Repräsentant der Hirschfamilie. Die mächtigsten Hirsche, „bulls", erreichen ein Lebendgewicht bis 700 Kilogramm, das Tier, „cow", wiegt einige hundert Kilo weniger.
Elche sind nur auf der nördlichen Halbkugel zu finden. Die mit den mächtigeren Trophäen und dem massigeren Wildkörper sind in den nördlichsten Regionen ihrer Verbreitungsgebiete anzutreffen. Dieses gilt besonders für den nordamerikanischen Kontinent. Alaska, der Yukon, die nordwestlichen Territorien Kanadas und das nördliche Britisch Kolumbien können den größten der drei Unterarten auf dem nordamerikanischen Kontinent vorweisen.
Dieser „Nordelch", in Jägerkreisen häufig als „Alaska-Elch" bezeichnet, wird nirgends in der Welt an Mächtigkeit übertroffen. In der Fachwelt, insbesondere unter den Jägern die nach der größten Trophäe trachten, ist er bekannt als der *Alces alces gigas*.
Seine imposante Erscheinung verschlägt selbst noch so erfahrenen Jägern beim Anblick in freier Wildbahn den Atem. Dieses Urwild äst, auf allen vier Läufen stehend, ganz zwanglos Weiden und Erlenspitzen in 2 bis 3,50 Meter Höhe. In Wintereinständen können wir beobachten, wie wenige Hirsche in ein paar Monaten ganze mit Weiden bewachsene Sumpfwälder in einer Gesamthöhe von vier Metern auf eine einheitliche Höhe bis auf zwei Meter „abäsen". Sie reißen die Spitzen aus vier Meter Höhe so weit herunter bis sie abbrechen, um sie dann „unten" (in ca. zwei Meter Höhe) gemütlich zu verbeißen.
Die Trophäe dieses Urhirsches kann eine Auslage bis über zwei Meter aufweisen. Die Bergung der Trophäe ohne die Zuhilfenahme eines Packpferdes vermag kaum einem europäischen Jäger zugemutet zu werden. Bevor er das Jagdcamp in zwei

oder zwanzig Kilometer Entfernung erreichte, würde die sperrige 50-Kilogramm-Last jeden in die Sumpflöcher gezwungen haben. An dieser Stelle endet bekanntlich unter Elchjägern die Freude an der Jagd. Sie wird ersetzt durch ein umfangreiches Vokabular, welches zu Hause selbst in Jägerkreisen kaum wiedergegeben werden kann.

Ab und zu gibt es passionierte Weidmänner, die sich die Arbeit am erlegten Stück nicht abnehmen lassen wollen. Vergessen sind dann die alten Regeln, daß beim Aufbrechen nicht einmal die Armbanduhr abgenommen oder die Ärmel hochgerollt zu werden brauchen. Der Jäger steht oft knietief im Wasser, ist völlig durchgeschwitzt von der Anstrengung und Aufregung der letzten fünfzehn Minuten. In der glücklichen Aufregung der vorangegangenen Ereignisse und dem gegenwärtigen Enthusiasmus bemerkt er irgendwann plötzlich, daß er fast zur Hälfte in den Wildkörper „eingetaucht" ist, um irgendwo da drinnen den 15-Kilogramm-Motor oder die 30 Kilogramm schwere Leber für die Zwiebeln sicherzustellen. In der Tat, eine Jagdwelt mit anderen Dimensionen. Das Thema „Alces alces gigas" soll noch um einige weitere Fakten bereichert werden.

Entgegen der allgemeinen Vorstellung, daß dieser „Alaska-Elch" nur in Alaska oder eventuell im Yukon anzutreffen ist, muß darauf hingewiesen werden, daß er bis in das mittlere Britisch Kolumbien hinein verbreitet ist. Die reine Form dieses A. a. gigas ist noch in den Breiten um Dease Lake-Ft. St. John zu finden.

Südlich dieses gezogenen Breitengrades, bis etwa zu der Straße Smithers – Prince George, ist er schon mit der angrenzenden, südlicheren Unterart vermischt. Die davor, also südlich gelegene Unterart der Alces-alces-Familie ist der *Alces alces andersoni*.

Der A. a. andersoni ist durchaus kein minderer Elch. Er ist immerhin noch stärker als der größte Skandinavien-Elch. Seine Trophäe hat eine besondere Form und Auslage. Während der A. a. gigas die weiten, offenen Flächen des hohen Nordens bevorzugt, ist das Biotop des A. a. andersoni schon stärker bewaldet. Die weite Auslage seiner Schaufeln würde den Elch im Wald behindern. Infolgedessen sind sie oft im rechten Winkel, nach oben stehend, „angelegt“ (siehe Foto).

Für jeden Naturfreund, Jäger oder stillen Beobachter ist es immer wieder ein faszinierendes Bild, einen kapitalen Elch im Unterholz untertauchen zu sehen. Wie dieses mächtige Tier mit seinem überdimensionalen Kopfschmuck behende, fast lautlos, sich in seiner Umwelt bewegt, hier und dort gelegentlich die Stangen oder Schaufeln am jungen Wuchs schlagend, geisterähnlich verschwindend und ebenso überraschend wieder vor uns auftauchend.

Kein Brechen, kein Krachen des Unterholzes, wie wir es aufgrund der Größe und des Wildgewichtes erwarten.

Diese Behändigkeit, ja fast Behutsamkeit, hört mit dem Beginn der Brunft im September plötzlich auf. Ein gereizter, brunftiger Bulle wird zur Lokomotive, der Schneisen im Gehölz hinterlassend, das Unterholz völlig ignoriert. Dem Brunfthirsch ist kein reißender Gebirgsbach zu schnell, kein See zu breit. Schnurgerade überfliegt er Sümpfe, überquert er offene Flächen ohne jegliche Deckung schnurstraks auf sein Ziel zu. Sei es ein rufender Nebenbuhler, ein flämendes Tier oder die Kampflaute zweier Nebenbuhler. Zu den schönsten Erlebnissen eines Jagdführers gehört es, daß erstaunte Gesicht des Gastjägers zu beobachten, wenn der Führer einen Brunfthirsch aus zwei bis drei Kilometern Entfernung heranruft. Das anfängliche Erstaunen des Gastjägers wandelt sich nach wenigen Minuten in ein ängstliches, nervöses und beständiges Flehen, doch endlich schießen zu dürfen. Denn dieses bis dahin so sehnlich begehrte, kapitale Stück beginnt plötzlich in einem Tempo den Abstand zwischen sich und dem Jäger zu verringern, der zu Bedenken genügend Anlaß gibt. Ein erfahrener Führer weiß die Zeit zu nutzen und bringt ihn in gewünschter Entfernung durch Zurufen zum Stehen und Sichern. Das ist dann der Moment, auf den jeder Jäger sehnsüchtig gewartet hat.

Eine dritte Unterart des nordamerikanischen Elches ist der geringere *Alces alces shiras*.

Er ist in Trophäe und Wildkörper vergleichbar mit seinem skandinavischen Bruder. Sein Verbreitungsgebiet in Kanada liegt

auf dem Breitengrad südlich der Stadt Kamloops, von dem Küstengebirge bis in die hohen Rocky Mountains und nach Süden bis weit in die USA hinein.
In diesen Gebieten wird der Elch – für europäische Gastjäger – lediglich als eine Art „Zugabe“ zu einer gebuchten Kombinationsjagd betrachtet.
Alten ostpreußischen Jägern fällt die Vorstellung schwer, Elche im Gebirge suchen zu müssen. In der Tat ist der Sommereinstand vieler Elche, wenn sie die Möglichkeit dazu haben, im Hochgebirge. Dort sind für sie die Temperaturen angenehmer, sie werden weniger von Insekten belästigt und sicherlich kommt noch dazu: Sie können ihre Umgebung besser kontrollieren. Die lebenswichtigen Weichhölzer (Weiden, Erlen und Sumpfgewächse) finden sie auch in tausend, sogar zweitausend Metern Höhe. Diese dicht bewachsenen Hänge bieten Elchen oft bis zur Brunftzeit Schutz und Einstand. Sie darin zu überraschen, ist sehr schwer.
Die *Brunftzeit* ist nicht einheitlich. Sie richtet sich nach der geographischen Lage. Der „Gigas“ des Nordens beginnt Anfang bis Mitte September mit der Brunft, während der „Andersoni“ etwa eine Woche später anfängt. Die Brunftzeit des „Shiras“ setzt etwa Ende September ein.
Diese Faustregel hat nur dann Gültigkeit, wenn der Wettergott sich nach den allgemeinen Regeln richtet.
In einem so großen und vielschichtigen Land wie es Britisch Kolumbien, der Yukon und Alaska – jedes für sich allein – schon sind, sind Wettervoraussagen sehr schwer abzugeben. In die o. a. Brunftzeit fällt auch die Hochbrunft. Sie ist sehr reizvoll für jeden Jäger, nicht nur wegen der höheren Erfolgschancen. Der Jäger ist in der Lage, mehr Wild zu beobachten, kann sich höchstwahrscheinlich seine Trophäe aussuchen und sicherlich viele reizvolle Jagderlebnisse als Reisegepäck mit nach Hause nehmen.

Da diese jagdlich interessanten Zeiten relativ kurz sind, ist jedem Jäger eine frühe Buchung zu empfehlen, um einen Platz zu erhalten.

„Kapitale Trophäen"
Das Jagdgesetz gibt jedem Jäger einen Elch zum Abschuß frei. Dabei handelt es sich fast ausschließlich um trophäentragende Hirsche. Bis auf einige Ausnahmen schreibt das Gesetz nicht vor, wie diese Trophäe auszusehen hat.
Der Jagdführer bringt den Gastjäger vor einen Elch. Es ist Sache des Jägers seinem Führer kundzutun, daß ihm der vor ihm stehende Hirsch nicht stark genug ist. Den meisten Jägern fehlt die Erfahrung, die Trophäe am lebenden Stück einschätzen zu können. Es ist daher angebracht, dem Führer vorher die Mindestvorstellung anzuvertrauen.
Seit Jägergenerationen ist Alaska als das Traumland der Jagd, insbesondere der Elchjagd bekannt. Ähnliches trifft für den Yukon zu. Es ist bekannt, daß ein Elch bis zur vollen Reife etwa sechs bis acht Jahre benötigt. Ein Tier setzt ein bis zwei Kälber jährlich. Wölfe und Bären sind deren ärgste Feinde und dezimieren den Bestand kontinuierlich.
Der Bestand an Elchen ist in Alaska und dem Yukon zwar relativ hoch, umgerechnet auf den Quadratkilometer allerdings schon sehr gering, geringer als im Nachbarland Britisch Kolumbien. Diesem Faktor wird unter europäischen Gastjägern nicht immer Rechnung getragen. Ein zu hoher Erwartungsstand bringt die Gefahr mit sich, enttäuscht nach Hause zurückzukehren.

Als Faustregel kann Elchjägern im Nordwesten Amerikas folgender Rat gegeben werden: Gehören sie zu den bereits erfolgreichen Elchjägern, die zwar eine oder gar zwei Elchtrophäen besitzen, aber mit einer größeren Trophäe noch unbedingt ins „recordbook" möchten, dann ist das zu empfehlende Jagdgebiet höchstwahrscheinlich Alaska oder der Yukon.
Für die Erlangung einer Spitzentrophäe sollten wir aber mehr als zehn Tage zur Verfügung haben. Sind wir an guten bis sehr guten Trophäen interessiert – gemeint sind damit Trophäen mit einer Auslage um die 60 Zoll (ca. 150 cm) – aber dieses mit einem relativ hohen Wahrscheinlichkeitsgrad, dann ist das nördliche Britisch Kolumbien als Jagdgebiet die bessere Wahl.

Regionale Elch-Informationen

Interessanterweise gab es nicht zu allen Zeiten, in allen Gebieten British Columbias Elche. Erst durch die Holzwirtschaft, kurz nach der Jahrhundertwende, ist dem Elch das für ihn günstigere Biotop geschaffen worden.

Die Indianer der Gebiete um Williams Lake, Anaheim Lake u. a. sprechen teilweise noch in ihrer alten Sprache. Es fehlt ihnen in ihrem Vokabular ein Wort für „Elch“. Sie begnügen sich mit einer Beschreibung, die der für ein Pferd sehr ähnlich ist. Offensichtlich sind sie früher mehr mit Pferden als mit Elchen konfrontiert worden.

Alaska

Der Elch wird in den einzelnen Ländern Nordamerikas ständig wissenschaftlichen Bestandsaufnahmen und allgemeinen Untersuchungen unterzogen. Allein der Jahresreport des *Department of Fish and Game* in Alaska umfaßt 164 Seiten. Für uns ist der Bestand im allgemeinen in Alaska und die Verteilung auf die verschiedenen „GMU“s (Game Management Units) von Bedeutung (GMU-Landkarte siehe Seite 363).

Leider liegt keine Statistik vor, die uns eine Übersicht über die Erfolge von einheimischen im Unterschied zu ausländischen Jägern verdeutlicht. Auch müssen wir darauf hinweisen, daß diese Angaben auf den der Behörde gemeldeten Abschüssen beruhen. Der tatsächliche Abschuß liegt nach Behördenangaben in einigen GMUs höchstwahrscheinlich höher als der gemeldete.

Elchstrecke Alaskas 1985 in den einzelnen MGUs

GMU	Hirsch	Kuh	unbekanntes Geschlecht	Total
1 A	5	–	–	5
1 B	44	–	–	44
1 C	11	5	3	29
1 D	61	–	–	61
5 A	49	–	–	49

Imposant ist er allemal, der größte lebende Cervide.

Süß ist die Last . . .

GMU	Hirsch	Kuh	unbekanntes Geschlecht	Total
5 B	11	–	–	11
6 A	47	8	1	56
6 B	35	39	–	74
6 C	30	–	–	30
7	58	–	–	58
9	159	15	1	175
11	84	–	–	84
12	73	–	–	73
13	904	–	–	904
14 A	340	148	43	531
14 B	218	228	14	460
14 C	131	99	–	230
15 A	351	36	8	395
15 B	114	–	2	116
15 C	238	2	4	244
16 A	184	42	2	228
16 B	362	124	3	489
16 B (Kalgin)	23	33	–	56
17	120	1	6	127
18	63	–	–	63
19 A	99	3	–	102
19 B	110	–	–	110
19 C	102	–	–	102
19 D	120	–	–	120
20 A	282	–	–	282
20 B	329	–	–	329
20 C	217	–	–	217
20 D	105	–	–	105
20 E	31	–	–	31
20 F	25	–	–	25
21 A	135	–	–	135
21 B	77	–	–	77
21 C	15	–	–	15
21 D	136	8	40	184

GMU	Hirsch	Kuh	unbekanntes Geschlecht	Total
21 E	95	–	–	95
22	291	82	32	405
23	129	12	–	141
24	120	–	–	120
25	137	–	–	137
26 A	37	–	–	37
26 B	9	3	–	12
26 C	1	–	–	1
Total				7.374

Der Elch im Yukon bis 1986/87

Im Yukon ist der Elch das begehrteste Stück Wild für den Einheimischen. Der Elchbestand wird auf ca. 35.000 Stück geschätzt. (Wieviel Stück Rehwild oder Rotwild gibt es im Unterschied dazu im „kleinen Deutschland“?)

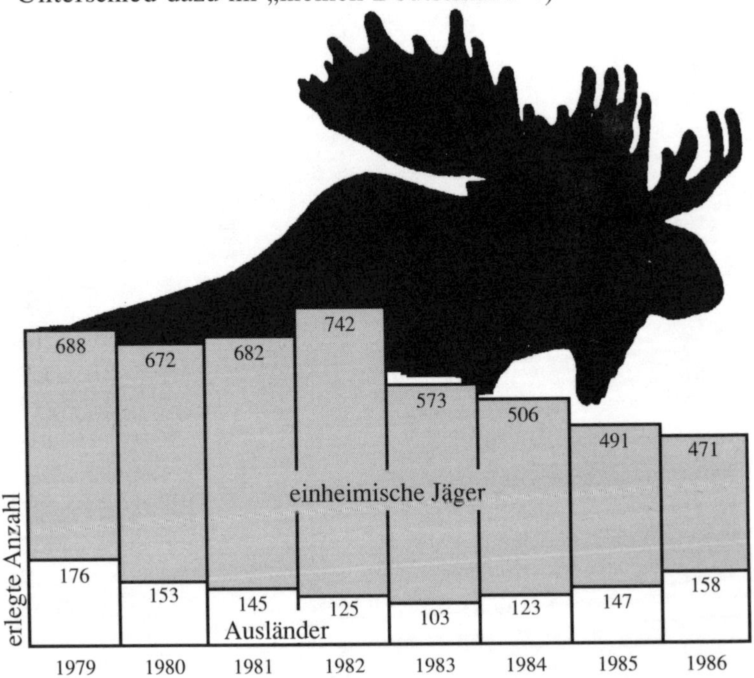

Der Grizzly

Der Grizzlybär ist ein Mitglied der Braunbärenfamilie – Ursus arctos –, er ist in allen Kontinenten der nördlichen Hemisphäre beheimatet.
Auf dem nordamerikanischen Kontinent gibt es von dieser Braunbärenfamilie zwei Unterarten:

1. den *Kodiak Bär* (Ursus arctos middendorff)
2. den *Grizzly/Braun Bär* (Ursus arctos horribilis)

Im US-amerikanischen Sprachgebrauch wird der „Horribilis" Braun- oder Alaskabraunbär genannt, während die Kanadier den selben Bär Grizzly nennen.
Die Kodiakbären sind auf den Kodiakinsel-Komplex beschränkt. Sie sind vom Wildkörper her etwas größer als der Grizzly. Da ihr Vorkommen geographisch sehr beschränkt ist, werden wir uns im folgenden primär mit dem Grizzlybär befassen.
Der Grizzly ist der uneingeschränkte Herrscher der nordamerikanischen Wälder, Sümpfe, Hochplateaus und sogar des Hochgebirges. Bis vor wenigen hundert Jahren terrorisierte er Wildbestände und Eingeborene gleichermaßen von der arktischen Tundra bis in das zentrale Mexiko (siehe dazu Verbreitungskarte Seite 364).
Bei den meisten Indianerstämmen genießt dieser Bär eine mythologische Verehrung. Tatsächlich wird damit zum Ausdruck gebracht, daß er kaum bejagt wurde. Mit Pfeil und Bogen – ohne Gift – war ihm kaum beizukommen. Siedlungen, ganze Stämme wurden von ihrem Lagerfeuer verjagt, wenn es dem Braunen einfiel, mal wieder zu probieren, wie gut die leicht erreichbaren Vorräte mundeten. Man machte ihm einfach Platz, wenn man feststellte, daß er sich durch viel Schreien und Steinewerfen nicht beeindrucken ließ.

Diese tiefsitzende Mischung von Furcht, Respekt und Bewunderung ist bis heute unter der indianischen Bevölkerung deutlich wahrnehmbar. Einer der sicherlich erfahrensten Grizzlyjäger unserer Zeit, der Halbindianer Clayton Mack (Jahrgang 1909) hat hunderte Grizzlys seinen ihm anvertrauten Jägern vorgeführt. Der Autor, eng befreundet mit dieser legendären Persönlichkeit, kann viele unvergeßliche Jagdtouren mit ihm verzeichnen. Claytons gleichnamiger Sohn, in dessen Adern dreiviertel indianisches Blut fließen, hat „kein Interesse“ an der Grizzlyjagd. Auch mit dem jungen Clayton ist der Autor auf Grizzlyjagd in den ergiebigen Bella Coola Fjorden gewesen. Dieses „fehlende Interesse“ ist durch kaum etwas anderes erklärlich als einfach der Angst.
Als Allesfresser verachtet der Grizzly nichts, was ihm einigermaßen verdaulich erscheint.
Erstaunlicherweise können wir diesen wehrhaften Beutegreifer im Frühjahr an den Sonnenhängen „weiden“ sehen, nicht anders als eine Kuh auf der Almwiese. Souverän durchstreift er seine Jagdgründe, die er, zur Abgrenzung gegenüber seinen Nachbarn, durch Krallenmarkierungen an den „Grenzbäumen“ kennzeichnet. Nichts entgeht seiner Aufmerksamkeit, seinem Geruchssinn oder seinem Gehör. Sein Sehvermögen ist nicht so gut wie seine anderen Sinne. Trotzdem nimmt er Bewegungen über viele hundert Meter wahr. Es ist nachgewiesen, daß der Grizzly über mehrere Kilometer Aas oder einen frisch aufgebrochenen Elch wittert. Frischfleisch wird von ihm meistens vergraben, um zu einem späteren Zeitpunkt, vor allem wenn es „reif“ geworden ist, aufgenommen zu werden. Dieser Umstand hat schon vielen Exemplaren der Gattung homo sapiens das Leben gerettet, falls sie die erste Attacke überleben konnten. Die Verletzungen sind in den meisten Fällen sehr erheblich. (Der Autor kennt einen Rancher und eine Indianerin persönlich, die zwar arg zugerichtet, doch dieses Trauma des lebend Begrabenen überstanden haben. Zu diesem Problemkomplex kommen wir später noch einmal zurück.)
Im frühen Sommer ernährt sich der König der Wildnis primär von der Jagd, hauptsächlich von greifbarem Jungwild (Elch,

Hirsch, Schneeziege, Bergschafe, Schwarzbären, Wölfe und seine eigenen Nachfahren, wenn es paßt, frißt er gleich die Mutter dazu).
Im Herbst kann man ihn wieder an den Beerenhängen beobachten, wie er geduldig, aber nicht minder behände seine Pranten und Nägel benutzt, um die verschiedensten Beeren zu pflücken. Er streift meistens die ganzen Büsche ab, Blätter gleich mitnehmend. Stunden und aber Stunden emsige Sammelei, gelegentlich einmal nach einem pfeifenden Murmel schielend, beschäftigt ihn an den bunt schillernden Herbsthängen.
Noch einfacher ist es, Grizzlybären an Lachsflüssen anzutreffen. Diese leichtere, eiweißreiche Nahrungsquelle läßt sich kein Grizzly entgehen.
Der Grizzly ist Einzelgänger und verteidigt mit tödlicher Eifersucht sein relativ großes Jagdrevier. An den lachsführenden Flußmündungen der Pazifikküste und den inländischen Gewässern kann ausnahmsweise beobachtet werden, daß auf engem Raum mehrere Grizzlybären anscheinend verträglich nebeneinander fischen. Der Schein trügt. Einziger Grund dieser Ansammlung ist das überaus reichliche Nahrungsangebot. Der volle Magen dieses sonst relativ aggressiven Beutegreifers allein ermöglicht es Touristen, beispielsweise in den Parks Nordamerikas, Bilder als Erinnerung an die Wildnis mitzunehmen.
Für den Grizzlyjäger der fjordreichen Küste Britisch Kolumbiens und den lachsführenden Flüssen des Inlandes bedeutet das eine wesentlich höhere Erfolgschance. Aufgrund dieser Bärenkonzentration ist es dem Jäger möglich, sich in den meisten Fällen seinen Bär auszusuchen. Das einzige Risiko besteht in den sich manchmal verändernden Lachszugzeiten. Diese können nicht auf lange Sicht vorbestimmt werden, man muß sich auf allgemein bekannte Zeitpläne verlassen (An der Küste von Anfang September bis Mitte Oktober; im Binnenland – je nach Entfernung zur See – Ende September bis Mitte Oktober). Ein weiteres Problem besteht darin, noch einen der meist behördlich festgesetzten Jagdplätze zu erhalten. Die US-Amerikaner sind schneller als Europäer, wenn es darum geht, sich für eine Buchung zu entscheiden.

Schließlich soll noch ein wenig über den Gefährlichkeitsgrad der Grizzlyjagd berichtet werden.

Der Grizzlybär weicht dem Menschen aus, wo er nur kann. Seine ihm anhaftende Launenhaftigkeit gebietet jedoch äußerste Vorsicht. Einige Situationen müssen beachtet werden, bei denen es lebensgefährlich ist, Grizzlybären zu nahe zu kommen.
Es ist nicht einfach – auch mit einer großkalibrigen Waffe – einen angreifenden Grizzly zum Stoppen zu bringen. Hat er erst einmal sein Angriffsziel erkannt und sich bereits in Bewegung gesetzt, besteht höchste Lebensgefahr. Jagdunfälle sind bekannt und amtlich nachgewiesen, bei denen der Bär trotz eines Schusses ins volle Leben den Schützen noch erreichte und lebensgefährlich verletzte. Der Bär hat sein Ziel ausgemacht und konnte vor seinem Verenden seinen Gegner noch vernichten.
Zwei derartige Jagdunfälle hat der erwähnte Clayton Mack sen. am eigenen Leibe erfahren müssen. In beiden Fällen war der Schuß seines Jagdgastes tödlich. In beiden Fällen hat es der Bär noch geschafft, Clayton zu erreichen. Einmal erhielt der indianische Führer einen Prantenhieb, der ihn durch die Luft wirbeln ließ. Er wurde querschnittsgelähmt mit einem Hubschrauber abtransportiert und wieder „hergestellt“. Beim zweiten Mal fiel ihm der verendende Bär in die vorgehaltene Waffe: der rechte Lungenflügel klappte zusammen.
Nicht selten finden Jäger den Grizzly und seinen Erleger – nach vorherigem Kampf – nebeneinander liegend in der Wildnis vor. Das letzte, dem Autor bekannte Ereignis dieser Art, fand im Herbst 1987 statt, bei dem ein Jäger ein Caribou erlegt hatte und sich seiner Beute näherte. Ein bis dahin höchstwahrscheinlich vom Jäger unentdeckter Grizzly beanspruchte gleichfalls die Jagdbeute und griff den Jäger sofort an. Die ausgesandten Suchtrupps fanden Caribou, Grizzly und den überfälligen Jäger tot nebeneinander liegend.
Nachfolgend fünf der gefährlichsten Situationen während der Grizzlyjagd:

1. Man sollte dem Riß des Bären nicht zu nahe kommen. Sehr oft ist dieser jedoch vergraben und erst in letzter Minute von einem Jäger wahrnehmbar. Da ein satter Bär sich meist in der Nähe seiner vergrabenen Beute niedertut, bewacht er diese gleichzeitig. Wenn ein erfahrener Jagdführer auf einen derartigen „Haufen“ (bis 1,50 Meter hoch und ca. 2 bis 3 Meter im Durchmesser) stößt, wird er äußerst nervös reagieren, denn das bedeutet höchste Lebensgefahr. Nur, und das muß ganz besonders hervorgehoben werden, nur ein gutes, langes Schußfeld oder ein hoher starker Baum rechtfertigen ein Verweilen in der Nähe dieser Gefahrenstelle. Der Bär greift mit an Sicherheit grenzender Wahrscheinlichkeit an.

2. Gleich gefährlich ist es, einer führenden „sow“, Bärin, zu nahe zu kommen. Auch sie greift sofort an. Ihre Angriffe sind derartig heftig, daß selbst viel größere „boars“, männliche Bären, die Flucht ergreifen, obwohl sie ständig darauf bedacht sind, einen der höchstwahrscheinlich eigenen Sprößlinge zu reißen.

3. Wenn es sich bei dem Bär um einen alten oder kranken handelt, dem die übliche Nahrungsbeschaffung Schwierigkeiten bereitet, ist der Mensch für ihn immer noch die am leichtesten zu erlangende Beute.

4. Wenn sich der Bär aus irgendwelchen Gründen in die Enge getrieben oder verfolgt fühlt, geht er sehr oft zum Angriff über. Gleiches trifft auf den Bären zu, der überrascht wird. Seine erste Reaktion ist der Angriff.

5. Ein weidwundgeschossener Bär – insbesondere bei der Nachsuche – gilt gleichfalls als besonders gefährlich. Ihm wird nachgesagt, daß er sich totstellt und den Jäger anfällt, wenn dieser sich nähert.

Aus eigener Erfahrung kann ich berichten, daß Grizzlybären „back track“, d. h. in ihren eigenen Trittsiegeln zurückgehen.

Spätestens dann ist es ratsam, immer nach hinten zu sichern. Grizzlybären verfolgen über viele Meilen ihre Verfolger, um entweder sich irgendwann seitlich in das Unterholz zu schlagen oder – wie mehrmals berichtet – von hinten anzugreifen.
Die Jagdlager Nordamerikas sind voll der interessantesten Grizzlystories. Nicht alle sind Jägerlatein, ja noch nicht einmal übertrieben. Zeugnisse hierfür liefern alljährlich vorkommende Unfälle, meist von naiven Touristen in den Nationalparks.
Ein etwas kritischer Gastjäger aus dem fernen Europa wird spätestens dann von der Ungeheuerlichkeit dieses, aus dem Stand bis 50 km/h schnellen und bis 650 Kilogramm schweren Urwildes überzeugt sein, wenn er beobachten kann, wie er einen 600 Kilogramm schweren Elch mit spielender Leichtigkeit in das Unterholz zerrt, wie er aus Wut ein Fieberglaskanu in hunderte Fragmente zerlegt, die teilweise hoch im Baum hängen oder wie er auf der Jagd nach Murmeltieren tonnenschwere Felsbrocken einfach zur Seite rollt.
– Und wie war das noch mit dem „schnell auf den Baum klettern"? – Ja richtig, im allgemeinen kann der Grizzly nicht klettern. Seine bis zu 15 cm langen, dolchähnlichen Krallen vermag er nicht einzuziehen.
Sieht man ihn vertraut am Hang entlangziehen, wird man unweigerlich an einen Walt-Disney-Film erinnert. Behäbig, langsam „rollt" er förmlich so dahin. Doch plötzlich kommt blitzartig Leben in diese Masse aus Muskeln und Knochen. Ein junger Schwarzbär ist von ihm überrascht worden und flüchtet panikartig in einen Baum. Die Bewegungen vollziehen sich so schnell, daß man sie kaum mit dem Auge verfolgen kann. Äste krachen und fliegen durch die Luft. Es ist eindrucksvoll, wie dieser ausgewachsene „boar" mit seiner Prante in fast vier Metern Höhe nach dem Schwarzbär schlägt. Sein massiger Schädel ist in über zwei Metern Höhe durch das Ästegewirr erkennbar. Er springt nicht, nur seine ausgestreckte Körperlänge erlaubt es ihm bis in diese Höhenbereiche tödlich zu sein.
Im *Skeena Revier* (s. S. 233 ff) wurden 1986 drei Grizzlybären von über 2,70 m Körperlänge (gemessen von Schwanz- bis

Nasenspitze) erlegt, wobei einer davon im Buch der Weltrekorde (Boone's Crooked) eingegangen ist.
In den Grizzly-Spezialrevieren um Bella Coola sind Bären dieser Dimension nichts Ungewöhnliches (siehe Foto auf Seite 241).

Frühjahrs- oder Herbstbären?

Beobachten wir den Jagdmarkt, stellen wir fest, daß Anbieter die Bärenjagd entweder im Herbst oder im Frühjahr der „Fellqualität" wegen anpreisen.
Die Herbst- wie auch die Frühjahrs-Bärenjagd haben beide ihre Vorteile.
Eines sollten wir uns immer vor Augen halten: Keiner kann das Wetter vorherprophezeien oder während seiner Jagdzeit beeinflussen. Das Wetter ist ein oft nicht genügend beachteter Faktor, der unsere Jagd beeinflußt.
Die Frühjahrs-Bärenjagd kann logischerweise nur beginnen, wenn die Bären ihre Winterhöhlen verlassen haben. Sie ziehen dann konzentriert auf die wenigen Sonnen-Grashänge, welches die Jagd auf sie ungemein erleichtert. Aus diesen Gründen darf der Jäger, wenn er ein gutes Bärenrevier zur Verfügung hat, mit sehr wahrscheinlichem Jagderfolg rechnen.
Dies wird über den Haufen geworfen, wenn wir unsere Jagd buchen und ausnahmsweise der Winter (wieder einmal) länger als gedacht anhält. Die Bären verlassen ein oder zwei Wochen später ihre Lager, nämlich dann, wenn die ersten, europäischen Gastjäger schon wieder ihre Rucksäcke für den Rückflug gepackt haben.
Oder aber das Frühjahr setzte um Wochen früher ein, so daß die Bären nicht mehr gezwungen sind, die wenigen – meist offenen – Grasflächen aufzusuchen. Sie finden dann genügend Äsung im deckungsreichen Busch, unzugänglich für den Jäger.
Das Fell des Frühjahrsbären ist noch dicht, lang und voll. Es kann an einigen Stellen Lager- und Reibestellen aufweisen.
Nun mag sich das soeben Geschilderte äußerst kritisch, fast abratend anhören. Das Gegenteil ist der Fall. Es soll an dieser

Stelle nur auf die möglichen Beeinträchtigungen und Gefahren hingewiesen werden, die kein Jagdunternehmer, Führer oder Gastjäger beeinflussen kann.
Alles in allem ist die Frühjahrs-Bärenjagd die erfolgversprechendere. Einziger Nachteil ist, daß außer dem Wolf kein anderes Stück Wild „nebenbei" erlegt werden kann.
Die Herbst-Bärenjagd hat, wie soeben festgestellt, den Reiz, daß sie noch mit der Jagd auf andere Wildarten verbunden werden kann. Die Chancen, einen Bär im Herbst zu erlegen, sind nicht so aussichtsreich wie im Frühjahr.
Davon ausgenommen sind die lachsführenden Fjorde und die Flüsse des Landesinneren. Zu diesen lachsführenden Gewässern kommen die Bären in ebenso starker Konzentration wie im Frühjahr zu den wenigen Gras-Sonnenhängen.
Je mehr es auf den Winter zugeht, desto besser wird das Fell der Bären. Wobei die Gefahr des Vorhandenseins von Druckstellen, wie beim Frühjahrsbär oft vorkommend, entfällt.
Die Streitfrage nach dem besseren Bären dürfte damit denen überlassen werden, die nur den einen oder den anderen anzubieten haben . . .

Über die Zukunft der Grizzlyjagd

Der Grizzlybär gilt unter erfahrenen Jägern, jagdlichen Experten und insbesondere amerikanischen Jägern als eine der begehrenswertesten Trophäen überhaupt.
Pseudo- und echte Naturschützer haben schon lange ein schützendes Augenmerk auf diesen König der nördlichen Wildnis gelegt.
Die Reproduktionsrate (jedes zweite Jahr ein bis drei Junge, von denen ein bis zwei überleben) ist so gering, daß wir mit einem wesentlichen Populationszuwachs trotz Schutzmaßnahmen nicht rechnen können. Eine kapitale, reife Trophäe ist der sechs Jahre alte und ältere Bär. Biotopverluste in Nordamerika beschleunigen den Rückgang des Bestandes.
Alle Reviere werden hinsichtlich des Grizzly-Abschusses genauestens beobachtet. Wegen der freiwilligen Beschränkung

bei den Abschüssen durch die einzelnen Outfitter griff die Jagdbehörde nicht ein. Sobald nach Ansicht der Wildbiologen die Toleranzschwelle erreicht worden war, sind „quotas“ auferlegt oder der Abschuß gänzlich gesperrt worden. Wir haben damit zu rechnen, daß die Freigabe von Grizzlyabschüssen mehr und mehr eingeschränkt wird. Sind es nicht wildbiologische Maßnahmen, so werden es die in Nordamerika militanten Greenpeace-Vertreter sein, die es der uns nachfolgenden Jägergeneration sehr schwer machen werden, auf diesen König der Wildnis zu jagen und das trotz eventueller Bestandszunahme.

Aus dieser Sicht möge bitte der Leser die Bemerkungen verstehen, wenn in den nachfolgenden Revierbeschreibungen von „guten Zukunftsaussichten“ die Rede ist. *Kein* Revier Nordamerikas hat mehr eine unbeschränkte Grizzly-Abschußgenehmigung. Den meisten Revieren stehen etwa „sechs Bären in fünf Jahren“ zur Verfügung. Werden im ersten Jagdjahr fünf Bären erlegt, stehen für die folgenden Jahre keine Bären mehr zum Abschuß frei.

Ein anderer Plan sieht vor, ein Punktesystem einzusetzen. Dabei soll jeder Outfitter für seinen Bärenabschuß eine gewisse Punktzahl zuerkannt werden. Die Bären werden gleichfalls nach Punkten bewertet. Erlegt ein Jäger einen alten „boar“ (Eber), gehen dem Outfitter lediglich drei Punkte verloren. Wird eine „sow“ (Sau) geschossen, verliert der Outfitter zehn Punkte seines Kontingentes. Bei beispielsweise einem Abschuß eines jungen, männlichen Bären gehen dem Outfitter fünf Punkte verloren. Dadurch wird erreicht, daß sich die Führer ernsthaft darum bemühen, nur alte, männliche Bären zu erlegen. Haben des Outfitters Führer Pech gehabt oder haben arglos das „shoot“ (schieße) ihrem Gastjäger zugemurmelt, kann es einem Outfitter passieren, daß er bei zwei weiblichen Stücken in einem Jahr sein gesamtes Grizzly-Kontingent für drei oder fünf Jahre aufgebraucht hat.
Es wird erwartet, daß dieses System der Punktebewertung in allernächster Zeit in Kraft treten wird.

Grizzlystatistik Yukon

Der Bestand an Grizzlies im Yukon wird auf 6.000 bis 7.000 Stück geschätzt. Im Durchschnitt sind im Yukon bis 1986/87 85 Grizzlies pro Jahr erlegt worden. Davon entfallen allein an „non resident hunters“ 50 Stück.
Jedes Jahr werden ca. elf „Problem-Grizzlies“ abgeschossen. Diese „Problembären“ kosten den Staat jährlich 63.000 Dollar Krankenhaus- sowie Verwaltungskosten und Sachschaden.

GMU	Jagdliche Abschüsse Alaskas	Abschüsse aus Sicherheitsgründen
1	24	5
4	88	6
5	34	–
6	38	2
7 und 15	7	1
8	156	5
9	199	10
10	6	–
11	8	–
12	13	–
13	117	–
14	8	2
16	24	–
17	20	4
18	16	2
19	34	–
20	57	4
21	6	1
22	28	4
23	39	–
24, 25 und 26	59	3

Grizzly-Abschüsse 1980–1986 in den verschiedenen Zonen des Yukon.

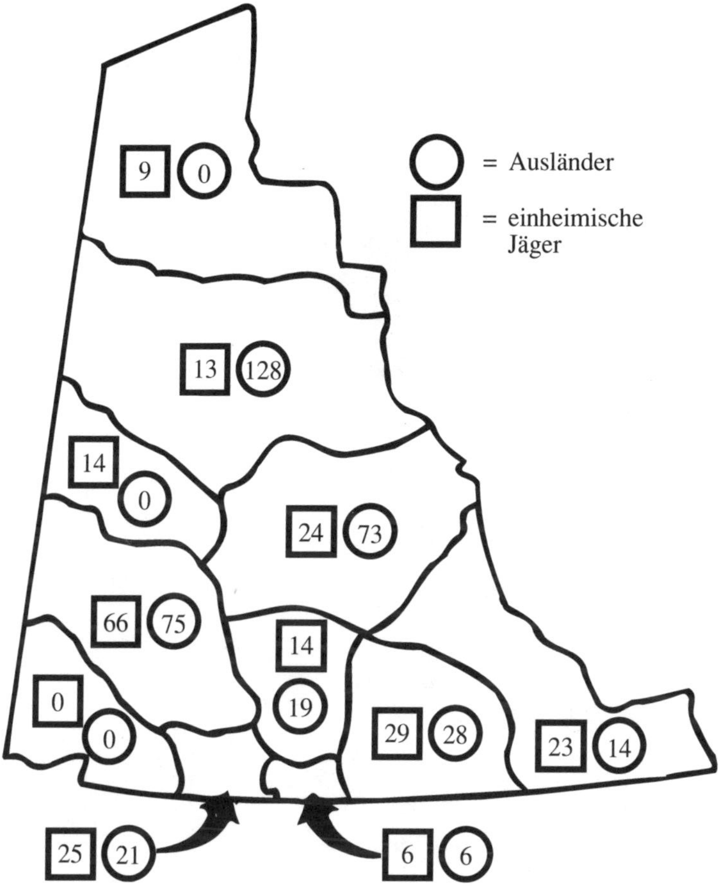

Abschußzahlen im Yukon während verschiedener Jahre.

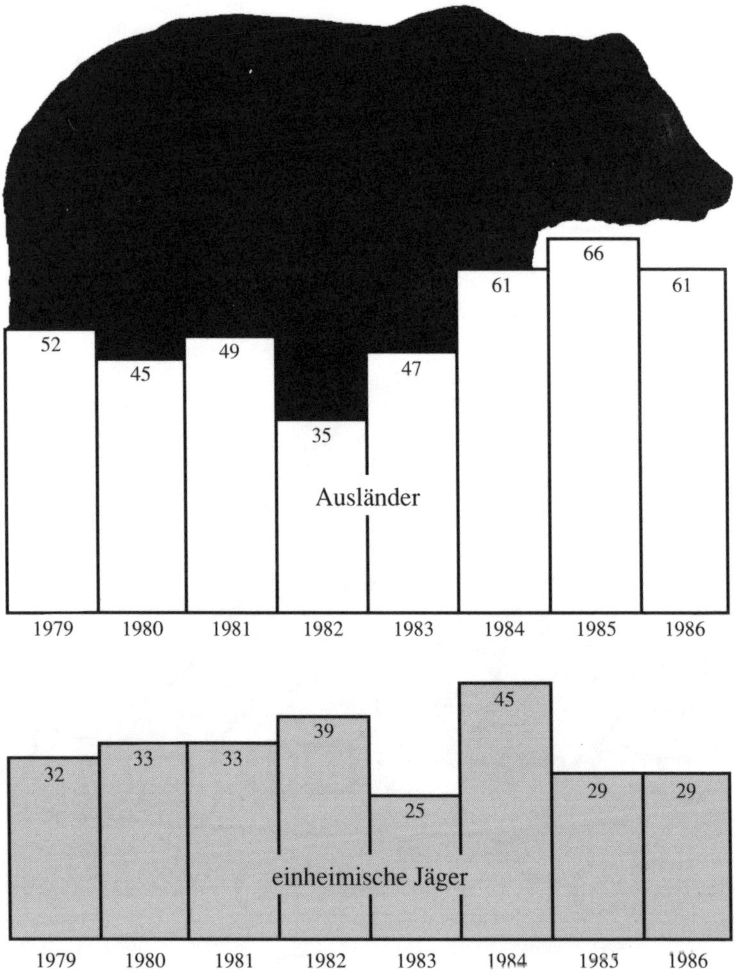

Jäger im Yukon

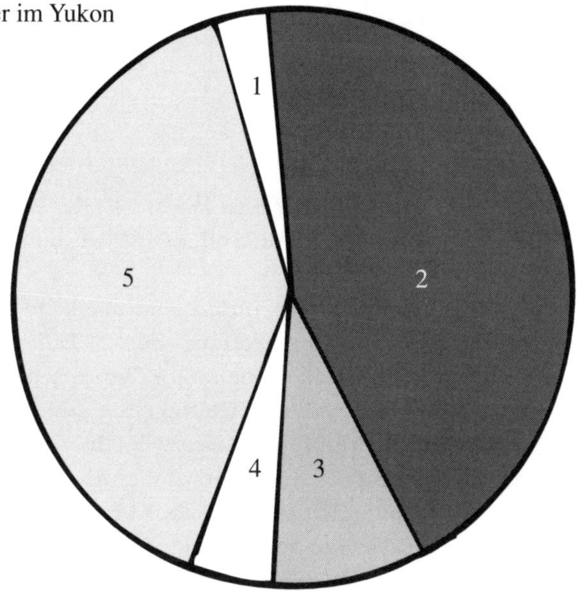

1. Wilddiebe
2. einheimische Jäger
3. Ausländer
4. Eskimos
5. Indianer

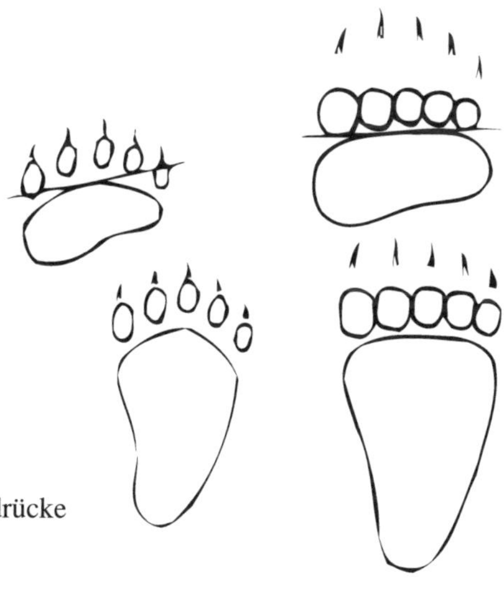

Vergleich der Sohlenabdrücke
von Schwarzbär (links)
und Grizzly (rechts).

Der Schwarzbär

Der Schwarzbär – *lat. Ursus americanus Pallas* – ist der weitverbreitetste aller Bären. Er ist in allen Teilen Nordwestamerikas und darüber hinaus vorzufinden.
Mehr als ein halbes Dutzend Unterarten sind allein im nordwestamerikanischen Raum anzutreffen, deren Einteilung, Abgrenzung untereinander und Benennung Wissenschaftlern große Mühe bereitet und Anlaß zu Streitigkeiten gibt.
Für uns, die Naturfreunde und Jäger, sind zwei Unterarten von Interesse, nämlich der unter Naturschutz stehende weiße *Kermodei* und der sogenannte *„Zimt-Bär"* (über beide später).
Der Schwarzbär ist in der Lage, sich seiner Umwelt weitgehendst anzupassen. Er ist an den Sumpfrändern, im Hochgebirge, im dichten „bush" und zwischen den ersten Häuserreihen einer Großstadt wie Vancouver vorzufinden. Er leert die Mülleimer innerhalb einer kleinen Gemeinde genauso gern wie er aus den Obstgärten die Äpfel stiehlt oder Unheil in den Mais- und Haferfeldern anrichtet. Er fischt liebend gern, besonders wenn es um den Lachs geht, sammelt Beeren wie sein Vetter, der große Grizzly, und äst auch im Frühjahr an den ersten sonnigen Grashängen. Unbeliebt macht sich der Schwarzbär bei Jagdunternehmern. Nicht nur weil er gelegentlich, gleichfalls wie sein größter Feind, der Grizzly, die Jagdhütten vandalierend heimsucht, sondern weil er zu den gefährlichsten Räubern des Jungwildes zählt. Jüngste wildbiologische Studien machen den Schwarzbär für eine starke Dezimierung von frisch gesetztem Jungwild bei Elch, Hirschen, Caribou und sogar Schafen und Ziegen verantwortlich.
Der Schwarzbär ist ein Allesfresser. Immer häufiger sind auf den Mülldeponien der Landgemeinden die „garbage bears", Müllbären, anzutreffen. Sie haben sich schnell an die Nähe der ständig wiederkehrenden Menschen gewöhnt und sind eine

potentielle Lebensgefahr für die Anlieger. Diese Bären werden mit einer Lebendfalle eingefangen und weit in den „bush" hinausgefahren. Nach wenigen Tagen tauchen sie wieder auf. Die Bären werden so dreist, daß sie während des Abladevorganges auf die Lkw-Ladefläche springen und die Menschen vertreiben. In der Landgemeinde des Autors werden jährlich mehr als dreißig Bären auf diese Weise „relocated" (verpflanzt) oder in Wiederholungsfällen abgeschossen. Wenn nachts alle Hunde der Nachbarschaft anschlagen, weiß man, daß sich wieder einmal ein „blacky" zwischen den Häusern verirrt hat.
Das soeben Geschilderte könnte zu der Annahme führen, daß Bären überall leicht anzusprechen sind. Dieser Schein trügt. Der Schwarzbär, der sich hundert Meter hinter der Abfallhalde befindet, ist genauso wild, heimlich und schnell wie sein Bruder im entfernten „bush", der nie die Zivilisation erfahren hat.
Die Ironie des Schicksals will es, daß des öfteren kanadareisende Touristen in wenigen Tagen mehr Bären gesehen haben, als dieses dem verzweifelt sich abplagenden Jäger in zehn Jagdtagen gelang.
Anders verhält es sich bei der *Frühjahrs*-Schwarzbärenjagd. Der Schwarzbär ist wie der Grizzly ein Winterschläfer. Sobald sich das allererste Grün an den Südhängen zeigt, taucht er aus seinem Winterlager auf. Diese ersten Gräser sind fast die einzige Nahrung, die ihm anfangs zur Verfügung steht. Da das Vorkommen dieser offenen Südhänge sehr beschränkt ist (meistens auf Kahlschlägen etc.), braucht man ihn nicht wie während des restlichen Jagdjahres überall zu suchen. Dazu kommt der für den Jäger glückliche Umstand, daß das Gelände weit ein- und meist gut übersichtlich ist. Im Hochgebirge, vor allem in Gebieten, in denen keine Holzwirtschaft betrieben wird, ist der Schwarze leicht in Lawinen- und Geröllhängen auszumachen. Für die Küstenregionen gelten die gleichen Voraussetzungen: Das erste, frische Grün der Schwemmgebiete, gut ein- und übersichtlich, lockt den Bären auf die offenen Flächen.
Daher kann hier zweifelsfrei festgestellt werden, daß die Erfolgschancen bei der Frühjahrsjagd weitaus größer als die bei der Herbstjagd sind.

Auch hier, wie bei der Grizzly-Jagd im Frühjahr, sollte erwähnt werden, daß Druck- oder Reibestellen im Fell vorkommen können.
Einziger Nachteil einer Frühjahrs-Bärenjagd besteht lediglich darin, daß wir zu dieser Jahreszeit nur auf Bären, in einigen Gebieten abgesehen vom Wolf, und nicht auf anderes Wild weidwerken können.
Aufgrund jahrelanger Erfahrungen und Beobachtungen des Gastjägerverhaltens ist es zu empfehlen, sich in der Vielfalt der erwünschten Abschüsse zu beschränken. Eine erfolgreiche Frühjahrs-Bärenjagd mit „nur" zwei oder gar drei Bären wird immer ein unvergeßliches, positives, jagdliches Ereignis darstellen. Bei einer erneuten Jagd, dieses Mal im Herbst, können wir uns dann ohne den oft herrschenden Jagdstreß auf alles andere mögliche Wild konzentrieren und den wesentlich schwerer zu erlegenden Bär im Herbst – wenn Diana es nicht anders will – vergessen.
Der Schwarzbär wird von den kanadischen Landbewohnern kaum ernst genommen. Er wird überall angetroffen, gleich dem Fuchs in Landgemeinden an Elbe, Rhein oder Donau. Den Fuchs in Europa hält man sich aus Angst vor Tollwut vom Leibe (die in Nordwestamerika fast unbekannt ist), den Schwarzbär in Nordamerika nur, weil man seine Gefräßigkeit kennt und seine überdimensionalen Kräfte sowie seine starken Fänge respektiert. Von dem Schwarzbär erwartet und erhofft man, daß er sie nur einsetzt, wenn man dem „blacky", wie er liebevoll genannt wird, versehendlich auf seinen kurzen Schwanz tritt. Außerhalb der Wohnsiedlungen kann man ihm überall begegnen; bei der Garten- oder Feldarbeit, erst recht bei der Holzarbeit, bei Ausritten oder Spaziergängen in Kurorten wie Harrison Hot Springs, Banff, Jasper oder an Stadträndern wie Vancouvers „Grouse Mountain". Man freut sich, ihn zu sehen, klatscht in die Hände oder ruft, und schon ist er wieder so geisterhaft verschwunden, wie er aufgetaucht ist. Was aber, wenn er nicht verschwindet?
Die breite Öffentlichkeit wird über die alljährlich vorkommenden Unfälle wenig unterrichtet. Selbst tödliche Unfälle

werden im Zeitalter von riesigen Massenkarambolagen, Flugzeugabstürzen und Autobomben wenig zur Kenntnis genommen. Wenn man von tödlichen Bär-Attacken redet, stellt man automatisch die Verbindung zu dem unberechenbaren, agressiven Grizzly her. Die lokale Statistik belehrt uns eines besseren. Von den jährlich bis einem Dutzend tödlichen Bär-Attacken stammen annähernd zwei Drittel von Schwarzbären. Erklärlich ist die Tatsache durchaus, denn es gibt unvergleichlich mehr Schwarzbären als Grizzlys, und das dazu noch dicht an bewohnten Gebieten. Interessanterweise sind die gefährlichen Bären nicht die alten und kranken, großen oder starken. Im Jahre 1987 verlor der unmittelbare Nachbar des Autors seinen 24jährigen Sohn. Während der Arbeit auf der Bohrplattform seiner Goldschürffirma wurde er von einem zweijährigen Schwarzbär angenommen. Die Rekonstruktion des verzweifelten Kampfes des „bush"- und bärvertrauten jungen Mannes ergab, daß dieser vom Bär einfach angegangen wurde, da er den Menschen als „jagdbares Wild" angesehen hatte. Nach Eintreffen anderer Mitarbeiter (keiner führte Waffen mit sich „warum auch?" ...), wurden auch sie von dem Schwarzbär angenommen und konnten ihn sich nur deshalb erfolgreich vom Leibe halten, weil sie sich mit der laufenden Kettensäge verteidigten. Der Bär verfolgte die beiden Arbeiter zwei Kilometer, in dem er sie umschlug und ihnen auf deren Flucht entgegen kam.

Die Obduktion des tagsdarauf am halb verzehrten Opfer erlegten Bären ergab keinerlei Anzeichen irgendwelcher Anormalitäten. Es handelte sich um einen Bär, bei dem ein zahlender Gastjäger eventuell den Schuß auf ihn mit der Bemerkung verweigert hätte: „Auf Babys schieße ich nicht!"

Ein anderer, den Autor persönlich berührender Vorfall spielte sich auf seiner Ranch ab, als ein junger Cowboy mit seinem Hund durch ein kleines Gehölz ging und nach den Rindern schauen wollte. Der auf dem Waldweg plötzlich vor ihm stehende kleine Schwarzbär war für den Cowboy weder etwas Neues noch etwas Aufregendes. Wir könnten mit ein wenig Übertreibung sagen: „fast alltäglich".

Da, wie vom Cowboy erwartet, der kleine Bär nicht sofort floh, schaute er sich nach seinem Hirtenhund um. Dieser Bruchteil einer Sekunde reichte für den ca. 40 Meter entfernten Bären aus, um sich ihm in wenigen, blitzschnellen Sätzen zu nähern und ihn zu Boden zu werfen. Ihn am Boden haltend, beschäftigte er sich mit dessen Beinen – für den Cowboy sehr schmerzhaft und äußerst unangenehm. Der auf Fluchtdistanz abwartende Hund näherte sich nun mutig dem mit dem Cowboy beschäftigten Bären und versuchte, ihn von hinten zu kneifen. Der Bär ließ vom Cowboy ab und jagte nun den Hund durch den Wald, so dem Cowboy Zeit verschaffend, um das nächstbeste dünne Bäumchen zu erklettern. Während er – sein Bäumchen schwingend – versuchte, den nächstgrößeren Baum zu erreichen, kreiste der Bär in Sichtnähe um diesen Standort. Sobald der Cowboy den nächstgrößeren Baum erreicht hatte, bemerkte er im Nachbarbaum die Ursache dieses unliebsamen Überfalles: zwei kleine, wenige Kilogramm schwere Bärchen hatten sich vor seinem Erscheinen in den Baum geflüchtet, und die Mutter versuchte, ihre beiden Sprößlinge zu verteidigen.
Einige schmerzhafte Profile hat sich der brave Kuhjunge noch im Baum eindrücken lassen müssen, bevor die kleinen Bären dem Rufen der Mutter folgten und sich abseilten. Das sonst vielleicht idyllische Bild einer sich davonmachenden Bärenfamilie wurde von dem Cowboy mit Erleichterung aufgenommen und er begab sich in das „100 Mile House“-Hospital. Beide Beine waren arg zerbissen, jedoch ohne eine einzige, offene Wunde. Ganz offensichtlich war die Bärin nicht auf Futter aus.
In den beiden obigen Fällen haben wir über „kleine“ Bären berichtet. So ein zweijähriger Schwarzbär wiegt bis 130 Kilogramm. Ein kapitaler „boar“ (Eber) kann ein Gewicht bis 300 Kilogramm erreichen und wird auch von einem jungen Grizzly ernst genommen.
Außer dem Grizzly hat der Schwarzbär keinen natürlichen Feind. Der Grizzly jagt den Schwarzen allerdings, wo er kann. Wenn nicht in panikartiger Flucht, entzieht sich der Schwarzbär dem Grizzly, indem er äußerst schnell einen Baum erklettert. Der Schwarzbär hat einziehbare Krallen, ähnlich einer Katze.

Der Grizzly hingegen kann seine bis 15 cm langen Krallen nicht einziehen, welches ihm das Erklettern von Bäumen unmöglich macht (Ausnahmen sind gleichwohl bekannt).
Auch der Schwarzbär ist Kanibale und versucht, wo er nur kann, seine eigene Aufzucht zu reißen. Die Kämpfe zwischen einer verteidigenden Bärin und einem stärkeren, angreifenden „boar“ sollen derart intensiv sein, daß das gesamte Waldleben erstarrt oder in panikartiger Flucht das Weite sucht, inclusive anderer Bären.
Allerdings fallen Bären auch Wolfsrudeln in mehr oder minder stärkerem Ausmaß zum Opfer, welches aufgrund der Bärenkrallen und Fellreste in Wolfsmägen eindeutig zu beweisen ist.
Die Lebenserwartung eines Schwarzbären liegt bei zwölf bis fünfzehn Jahren, während ein Grizzly bis zwanzig Jahre und älter werden kann.
Der eingangs erwähnte *Kermodei-Bär* ist ein weißer Schwarzbär; er ist kein Albino. Sein Vorkommen ist primär auf die Region um die Ortschaft Terrace an der Pazifikküste Britisch Kolumbiens beschränkt. Seit vielen Jahren steht er unter Naturschutz und wird nicht bejagt. Aus den letzten Jahren liegen Meldungen vor, die von gelegentlichem Auftauchen von weißen Schwarzbären in südlicheren Küstenstreifen Britisch Kolumbiens, vornehmlich um Bella Coola herum, zu berichten wissen. An dieser Stelle sei erwähnt, daß dieser weiße Schwarzbär nur im Terrance-Bereich geschützt ist. Im Jahre 1987 gab es den einzig bekannten, europäischen Gastjäger, der in der überaus glücklichen Lage war, einen weißen Schwarzbären vor die Büchse zu bekommen. Dieser erfolgreiche Weidmann ist der bekannte Tier- und Jagdmaler Hubert Weidinger.
Die zweite, für europäische Gastjäger interessante Schwarzbären-Trophäe ist der sogenannte *Zimtbär*. Bei diesem braunen Schwarzbären handelt es sich lediglich um eine Farbmutation. Unter Wildbiologen wird daher immer noch gestritten, ob es eine zoologische Unterart ist oder nicht. Eine Bärin kann einen „Zimtbär“ und einen „normalen“ Schwarzbären im gleichen Wurf haben. Die Zimtbären treten am häufigsten im südlichen Britisch Kolumbien auf.

Die *Paarungszeit* ist im Juni und Juli. Im Januar/Februar werden die Jungen im Winterlager gesetzt. Sie wiegen bei der Geburt 220 bis 280 Gramm. Nach etwa eineinhalb Jahren werden die Jungen abgeschlagen. Es ist durchaus nicht ungewöhnlich, größere Familienverbände zu beobachten. Allerdings ist der Erzeuger nicht mit von der Partie; er wartet höchstens darauf, sich einen Kleinen zu holen, um ihn zu verspeisen.

Zukünftige Jagdchancen auf Schwarzbären

Der gesamte Nordwesten Amerikas, insbesondere Britisch Kolumbiens, bietet Schwarzbären hinreichend Lebensraum. Der Besatz an Schwarzbären ist fast im ganzen Land, vor allem in Britisch Kolumbien als sehr gut zu bezeichnen.
Fachleute behaupten, daß es heutzutage mehr Schwarzbären gibt als in der Vergangenheit. Die fortschreitende Zivilisation hat ihrem Vorkommen keinen Abbruch geleistet, vielleicht sogar das Gegenteil bewirkt. Die Holzwirtschaft öffnete dieser Bärenart neue Äsungsflächen mit Gräsern und Beeren, von denen sie sich überwiegend ernähren.
Trotz der relativ niedrigen Reproduktionsrate von ein bis drei Bären pro Jahr (ca. 1,3 Bären erreichen das Erwachsenenalter) braucht mit einem ernstzunehmenden Rückgang des Bärenbesatzes nicht gerechnet zu werden. Wenn man bedenkt, daß allein um die Ortschaft Smithers in Britisch Kolumbien laut Schätzung der Jagdbehörde mehr Bären vorzufinden sind, als in ganz Jugoslawien, bleibt sicherlich noch viel herrliche Jagdzeit für Generationen begeisterter Weidmänner.

Schwarzbärstatistik des Yukon bis 1986/87

Der Schwarzbärbestand des Yukon (vorwiegend in den bewaldeten Flußtälern des Südens) wird auf ca. 10.000 Stück geschätzt. Im Durchschnitt erlegen Yukonerer selbst ca. 70 Schwarzbären jährlich, während „non resident hunters“ 16 Bären erbeuten.

Interessantrerweise sind von zehn Bärkonfrontationen sieben zwischen Mensch und Schwarzbär, während lediglich drei zwischen Mensch und Grizzly herrühren.

Schwarzbär-Abschüsse Alaskas 1987/88 in den einzelnen GMUs:

GMU	Jagdliche Abschüsse	Abschüsse aus Sicherheitsgründen
1 A	63	3
1 B	19	–
1 C	84	11
1 D	59	4
2	159	1
3	131	–
5	24	–
6	266	–
7 und 15	237	–
9	6***	–
11	6	–
12	13	–
13	68	–
14	105	2
16	136	–
17	4***	–
20	171	1

*** Vorzeigen bzw. Verplombung der Trophäe nicht erforderlich.

Schwarzbär-Abschüsse 1980–1986 in den verschiedenen Regionen des Yukon.

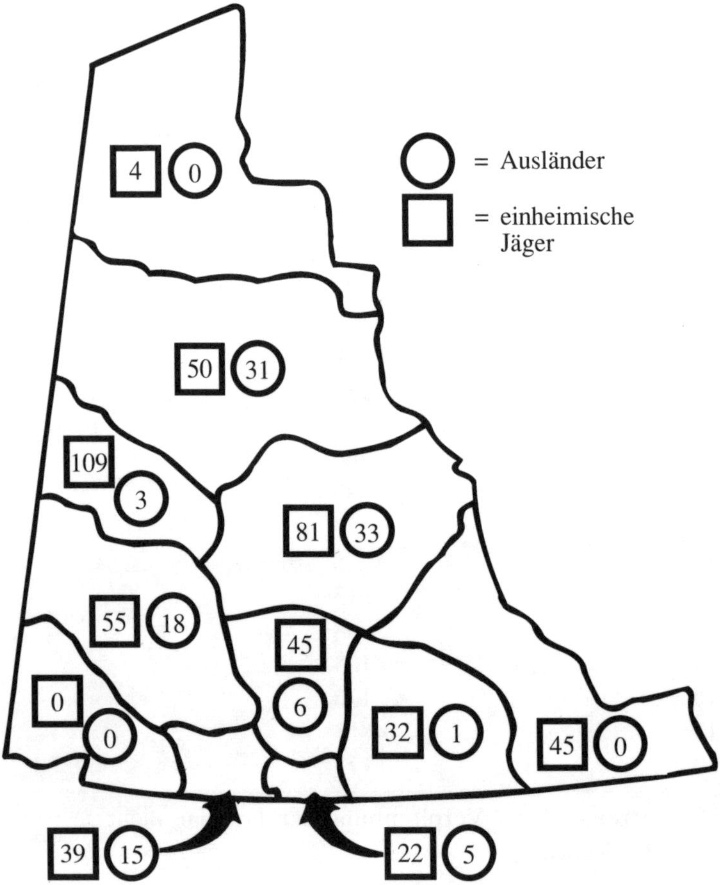

Schwarzbärabschüsse nach Jahren.

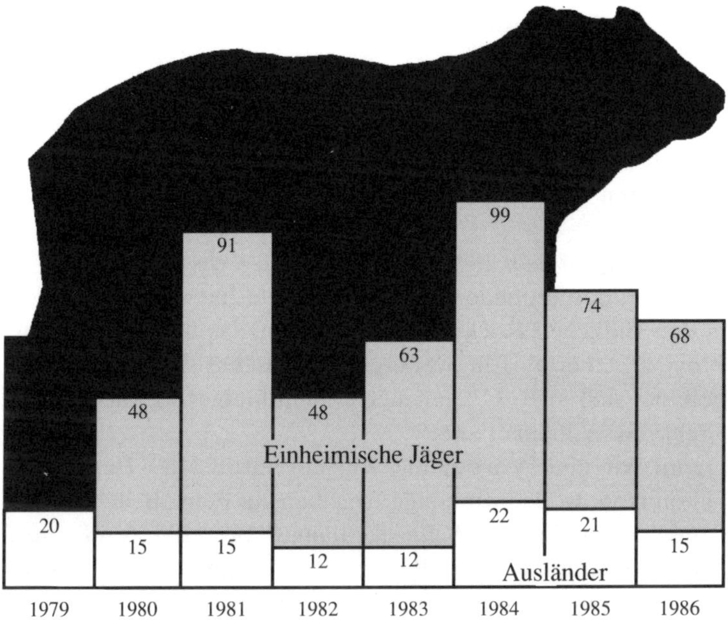

Die Wild- oder Bergschafe

Die Wild-, auch Bergschafe genannt (lat. ovinae), sind mächtige, kapitale Vertreter der Wildschaffamilie Nordamerikas. In Nordamerika unterscheidet man zwischen *Dickhorn-* und *Dünnhorn*-Schafen.

Die Dickhorn-Schafe (engl. big horn sheep) werden in drei Unterarten aufeteilt:

1. *Rocky Mountain Big Horn Sheep* (lat. Ovis canadensis)
Dieses in der Trophäe stärkste Bergschaf hat seine Einstände in den südlichen Rocky Mountains Kanadas bis hinein in die Provinz Alberta. Ein weiteres kanadisches Einstandsgebiet befindet sich in B. C., genauer in dem Gebiet westlich Cache Creek bis Williams Lake.
Damit wir eine Vorstellung von der Größe der Bergschafe bekommen, wollen wir einige Angaben aus dem „B. C. Record Book“ entnehmen: Schneckenlänge bis 125 Zentimeter, Schneckenumfang an der Basis bis 43 Zentimeter und Lebendgewicht bis über 200 Kilogramm, Trophäengewicht bis 17 Kilogramm.

2. *California Bighorn Sheep* (lat. Ovis canadensis californiae) Die größten Vorkommen des California Bighorn Sheep in Nordamerika sind im südlichen Britisch Kolumbien zu finden. Die Gegend westlich Lilloet bietet dem Gastjäger die besten Jagdchancen darauf. Die sehr zurückgegangenen Wildschafherden Kaliforniens werden aus den Beständen British Columbias westlich Williams Lake aufgefüllt, in dem sie per Hubschrauber mit riesigen Fangnetzen eingefangen werden.
Ein erneuter Blick in das „Rekordbuch" verrät uns folgende Daten: Schneckenlänge bis 107 Zentimeter, Schneckenumfang bis 39 Zentimeter und ein Lebendgewicht bis knapp über 200 Kilogramm.

3. Das Dritte der *Bighorn Sheep* ist das *Dessert Sheep* (Wüstenschaf), welches nur in den südwestlichen Staaten der USA anzutreffen ist.

Die Dünnhorn-Schafe (engl. thinhorn sheep) sind gleichfalls in Unterarten gegliedert:

1. *Dall Sheep* (lat. Ovis dalli)
Das weiße Dall Sheep ist ein Schaf des hohen Nordens, vorwiegend Alaskas und des Yukons. Einige Herden sind in der Nordwestecke British Columbias zu finden.

Dieses Bergschaf ist in Trophäe und Wildkörper nicht ganz so mächtig wie seine südlichen Vettern. Seine Trophäen sind ausladender und wirken mitunter größer als die der Dickhorn-

Schafe. Die Schneckenlänge kann bis 105 Zentimeter betragen, während der Schneckenumfang an der Basis bis 36 Zentimeter mißt. Das Dall Sheep kann ein Wildbretgewicht um die 200 Kilogramm aufweisen.

2. *Stone Sheep* (lat. Ovis dalli stonei)
Das Stone Sheep kommt fast ausschließlich in B. C. vor. Es bewohnt die rauhe Bergwelt des nördlichen Britisch Kolumbiens und ist neben dem Dall Sheep das am häufigsten vorkommende Wildschaf. Die Trophäenstärke ist der des Big Horn Sheep ähnlich und wird mit einer maximalen Schneckenlänge von 130 Zentimetern und einem Basisumfang von 37 Zentimetern angegeben. Das Lebendgewicht der Stoneschafe beläuft sich auf maximal 250 Kilogramm.

Obwohl alle oben angegebenen Zahlen aus dem „Rekordbuch" sind, zeigen sie uns zumindest, daß es sich bei diesen Schafen um ein imposantes Hochwild handelt. In der Tat sind sie bei erfahrenen amerikanischen Jägern die begehrteste Beute überhaupt. Und nicht nur Amerikaner haben die herausfordernde Pirsch auf dieses physisch wie psychisch fordernde Wild auf ihre jagdliche Wunschliste geschrieben. Das Weidwerk auf die Bergschafe fordert von einem Jäger alles. Hier wird in erster Linie die Sehkraft des Weidmannes getestet. Dem Schaf wird nachgesagt, daß es bis zu sechsmal weiter und schärfer äugen

kann als der Mensch. Da die Jagd vorwiegend in einer baumlosen, wilden Bergwelt durchgeführt wird, bleibt dem Jäger keine andere Wahl, als vorher lange und gründlich alle Hänge, Bergnischen und Hochplateaus abzuglasen.
Die Bergwelt Nordwestamerikas ist größer als die der Alpen, d. h. sie ist weiter. Die Täler sind breiter, die Massive oft mit quadratkilometergroßen Hochplateaus versehen. Auf den und um die Hochplateaus befinden sich die Einstände der Schafe. Sie äsen die mineralhaltigen Hochgebirgsgräser. Währenddessen beobachten von einer Herde von fünf bis ca. zwanzig Schafen immer einer oder einige – meist junge Widder oder Schafe – sichernd ihr übersichtliches Biotop.
Sind die Schafe über eine Distanz von oft vielen Kilometern angesprochen worden, heißt es meist, sie übersteigen zu versuchen. Wie alles Bergwild sichern auch Schafe hauptsächlich nach unten. Ein erfahrener Führer kann sehr oft an den Geländedeformationen und vorhandenen Wechseln ihre halsbrecherischen „Fluchtwege“ ausmachen und dementsprechend das Anpirschen vorbereiten.
Im allgemeinen wird die Schafjagd per Pferd betrieben. Diese erfahrenen, sicheren Bergpferde undefinierbarer Rasse bringen den Jäger sicheren Hufeisens über so manchen steilen Pfad. Die Hänge sind oft derart, daß der Führer den bedenklich nach unten schauenden Jäger bloß eine eindringliche Empfehlung gibt: „Schaue *nur* nach oben, nie nach unten, wenn du gemütlich im Sattel sitzend unter dir das Pferd keuchen hörst!“ Den Führer sieht der Jäger des öfteren absteigen, sein Spektiv oder gutes Fernglas nehmen und das Gelände weit vor sich absuchen. Auffallend ist dabei, daß immer nur die Nasenspitze des Guides mit einer Hälfte seines Glases um die Felswand ragt. Das ist ein untrügliches Zeichen dafür, daß er weiß, mit welch einem vorsichtigen, scheuen und klugen Wild er es zu tun hat. Für das Abglasen mit einem Spektiv wird sich sehr viel Zeit genommen. Ist dem Führer bekannt, daß „dort auf dem Plateau oft Schafe sind“, wird man ihn auch noch in zwei Stunden am gleichen Fleck mittels des aufgestellten Spektives die Flächen ableuchten sehen. Haben sich die Schafe dann tatsächlich aus

einer Mulde zum Äsen erhoben, steht immer noch nicht fest, ob ein kapitaler Widder unter ihnen ist.
Viel Geduld, Orts- und Sachkenntnisse kennzeichnen einen guten Führer. Für einen Gastjäger ist es bei einer Schafjagd immer ratsam, ausschließlich das zu tun oder zu lassen, was ihm der Führer anrät. Unglückliche Umstände wie das Umschlagen des Windes, die Unzugänglichkeit der Einstände oder das Vergrämen des Wildes machen manchmal eine tagelange, strapaziöse Verfolgung über viele Bergzüge erforderlich. Aus diesem Grund sollte sich der Gastjäger schon von vornherein darauf einstellen, auch einmal einige Nächte in einem kleinen Notzelt eines Außencamps (spike camp) zu verbringen. Die Jagd mit einem erfahrenen Outfitter in einem guten Schafrevier ist nicht nur jungen und sportlichen Jägern vorbehalten. Wie bereits erwähnt, nehmen die braven Pferde dem Jäger die meisten Strapazen ab. Hingegen sollte jeder Weidmann in der Lage sein, sichere Weitschüsse bis 350 Meter mit einem Kaliber ähnlich der 8 × 68 S abzugeben. Da aber immer noch genügend Anstrengungen beim Anpirschen in Höhen bis 2.200 Metern für den Jäger übrig bleiben, wird empfohlen, vor Antritt einer Schafjagd die Kellertreppe täglich, im schnellen Schritt, viele Male zu bewältigen (wenn der Arzt dies erlaubt, schadet das ja auch im allgemeinen nicht!). Das Lebensalter ist bei der Entscheidung, ob man noch eine Schafjagd mitmachen kann oder nicht, nicht der ausschlaggebende Faktor. Der allgemeine Gesundheitszustand entscheidet, ob wir an dem für Nordamerika höchsten jagdlichen Genuß teilhaben dürfen oder nicht. Die imposante Trophäe an der Wand ist nicht nur ein Symbol dessen, „daß ich noch nicht zum alten Eisen gehöre“, sondern insbesondere ein Dokument eines der schönsten und aufregendsten Jagderlebnisse, die ein Jäger der heutigen Zeit in wilder Bergwelt genießen kann.

Die Bergschafjagden sind für die Outfitter sehr kostenaufwendig. Angebot und Nachfrage regeln auch bei dieser Trophäenjagd den Preis. Es ist daher unvermeidlich, daß die Schafjagden zu den teuersten Jagden der Welt gehören.

Ein gut etablierter Schaf-Outfitter hat es nicht nötig, Werbung für seine Schafjagden zu betreiben. Die beschränkt ausgegebenen Jagdplätze sind bei guten Outfittern bereits ein Jahr vorher vergeben. Auch sind wenig Outfitter zu finden, die nach erfolgreicher Jagd die Bonuszahlung verlangen. Bei Schafjagden muß die volle Jagdsumme oft vorher bezahlt werden.
Die Frage, welches Schaf bejagt oder welche der Schafarten zuerst beweidwerkt werden sollte, bleibt dem Jäger überlassen.
Trotz des erhöhten Schwierigkeitsgrades sind Schafjagden in guten Jagdgebieten sehr sicher. Schafjagden können in vielen Gebieten mit der Jagd auf die Schneeziege kombiniert werden.
Schafjäger erfreuen sich in allen Jagdlagern eines priviligierten Standes. Die Jagd auf den „ram", wie der Widder genannt wird, beginnt in den nördlichen Gebieten am 1. August, also vor allen anderen Jagden.
Der besondere Status des „ram" in der nordamerikanischen Jagdwelt bringt einige unangenehme Nebenerscheinungen mit sich, nämlich zum Beispiel, daß er besonders gerne gewildert wird. Offizielle Stellen wissen zu berichten, daß in gewissen US-Kreisen bis 30.000 Dollar für eine gute Trophäe gezahlt werden. Das hat die Jagdbehörde veranlaßt, neben einer verstärkten Kontrolle der Schafeinstände ein spezielles System zu entwickeln: Jede Schaftrophäe wird mit einer Plombe versehen. Diese in das Horn getriebene Plombe kann nicht mehr entfernt werden. Sie ist mit Codezeichen für den Erlegungsort und die -zeit versehen, so daß ihre Herkunft genauestens verfolgbar ist. Anhand von Hornproben kann präzise ermittelt werden, woher das Schaf stammt, um ein „Vertauschen" zu verhindern. Anhand des in jedem Fall auszufüllenden, umfangreichen Abschußformulares bleibt die Geschichte der Trophäe nach der Erlegung somit unter behördlicher Kontrolle.

Zukunftsaussichten für die Wildschafjagd

Aufgrund der soeben geschilderten, intensiven jagdbehördlichen Kontrolle der Schafsjagd ist eine Überbejagung fast ausgeschlossen. Mit der Wildbewirtschaftung der nordamerikanischen Schafe, ihrer Erhaltung, Wiederauffrischung und Pflege

beschäftigen sich – wissenschaftlich, kommerziell und emotional – eine Vielzahl nordamerikanischer Vereine, Gesellschaften und Interessengruppen. Von diesen wird dafür mehr Geld ausgegeben als für alle Wildarten zusammen.
So erfreulich alle diese Bestrebungen sind, ist doch zu befürchten, daß für einen europäischen „Durchschnittsjäger" die Schafjagd bald zu teuer sein wird. Für einen einzigen Schafabschuß kann man sich heutzutage schon zwei gute Kombinationsjagden ohne Schaf leisten. Der Trend geht eher nach oben als nach unten.

Grand Slam
Grand Slam ist die amerikanische Bezeichnung für die „vollständige Sammlung" der nordamerikanischen Widder, d. h. des Dall Sheep, Bighorn Sheep, Stone Sheep und des Dessert Ram. Die „prestige group" erfahrener Nordamerika-Jäger läßt es offen, ob mit dem Bighorn das Rocky Mountain oder das California Bighorn gemeint ist.
Eines ist hingegen sicher, der Erleger hat nicht nur bewiesen, finanziell in der Lage zu sein, eine derartige Jagd zu unternehmen, sondern vor allem waren viel Geduld, physischer und psychischer Einsatz, Schweiß, Nässe und Kälte, mitunter sogar Hunger und Durst der zu zahlende Preis. Mit Sicherheit sind das Attribute, die diese Jagd zu einem ganz besonderen Erlebnis werden lassen.
Viele europäische Weidmänner melden mehr oder weniger starke Bedenken gegenüber der in Nordamerika des öfteren praktizierten Bogenjagd an. Wir wollen uns hier nicht in das Für und Wider dieser Jagdart einlassen. Im Zusammenhang mit der Schafjagd verdienen die amerikanischen Jagdfreunde uneingeschränkte Anerkennung, die den Grand Slam mit Pfeil und Bogen erreicht haben. Sie haben viermal so viel schwitzen, frieren, reiten, klettern und kriechen müssen wie wir mit unseren Präzisions-Kalibern und den zehnfachen Gläsern. Sollten wir diesen Jägern während unserer Jagd im Revier begegnen, können wir sicher sein, daß wir es mit weidgerechten Jägern zu tun haben, die unseren Respekt verdienen, auch

Kapitaler Stone-Widder aus B. C.

Mit der Axt mußte in mühseliger Arbeit der Trail freigehauen werden. Das Durchführen der Pferde gestaltete sich allerdings nicht immer so problemlos.

wenn sie den „Blase“ nicht wie wir von hinten bis vorne auswendig gelernt haben.

Schaf-Verbreitung in Alaska
In Alaska gibt es nur das weiße Dall-Schaf.
Im Jagdjahr 1985/86 waren von den 2.666 Jägern auf Schafe 1.122 Jäger erfolgreich.
Die jagdliche Statistik des *Department of Fish and Game* in Juneau gibt die Schafbestände nicht nach GMUs, sondern nach den Gebirgszügen an, in denen sie vorkommen.

nach Bergregionen	Abschüsse	Anzahl der Jäger	Trophäenlänge in Zoll
Kenai Mountains	25	160	33,4
Chugach Mountains	158	518	34,6
Talkeetna Mountains – Chulitna/Watana Hills	118	372	–
Mentasta – Nutzotin – Nord-Wrangell Mountains	231	435	33,6
Tok Management Area	41	89	36,9
Delta Controlled Use Area	32	98	35,1
Alaska Range West	119	166	34,9
Tanana Hills – White Mountains	10	24	34,9
Alaska Range Ost	136	357	34,2
Brooks Range Ost	229	388	35,0
Brooks Range Ost	23	59	–

British Columbias verschiedene Bergschafe

Schafart	geschätzter Bestand (Anzahl ± 20 %)
Rocky Mountain Dick Horn	2.500
California Dick Horn	3.000
Stone	12.000
Dall	500

B. C.-Schaf-Jagdstatistik
(insgesamt, d. h. für alle drei Schafarten)

Jagdjahr	Erfolgreiche Schafjäger einheimisch	Erfolgreiche Schafjäger ausländisch	Anzahl der Schafjäger einheimisch	Anzahl der Schafjäger ausländisch
1977	203	311	1.047	
1978	219	249	1.151	ohne
1979	216	242	998	Angabe
1980	198	225	1.182	
1981	261	241	1.393	388
1982	189	188	1.218	335
1983	219	180	1.161	291
1984	193	232	1.140	318
1985	221	240	1.121	353
1986	312	255	1.404	359
1987	328	235	ohne Angabe	

Gesamte Schafabschüsse in British Columbia bis 1987
nach Schafarten

Jagdjahr	Stone	Dall	California	Rocky Mountain	Total
1977	421	14	48	31	514
1978	360	14	50	44	468
1979	369	10	48	31	458
1980	328	14	45	36	423
1981	397	6	54	45	502

Jagdjahr	Stone	Dall	California	Rocky Mountain	Total
1982	253	5	69	50	377
1983	267	9	91	32	399
1984	274	10	95	46	425
1985	333	9	72	47	461
1986	415	6	76	70	567
1987	387	8	107	61	563

Bergschafabschüsse im Yukon

Im Yukon wurde bis zum Jahre 1986 die Anzahl der Wildschafe mit ca. 22.000 angegeben. Davon sind ca. 3000 Stone-Schafe oder die Mischform zwischen Stone- und Dall-Schaf, nämlich Fanin-Schafe.

Mit einem Führer jagende „non resident hunters“, also ausländische Jäger und kanadische Jäger aus anderen Bundesländern, sind zwei- bis dreimal so erfolgreich wie die einheimischen „resident hunters“. Die nachfolgende Statistik gibt für die Jagdjahre 1979 bis 1986/87 aufschlußreiche Auskunft.

Anmerkung:

1. Die gegebene Prozentzahl bezieht sich auf das Stone-Schaf (dunkle Färbung).
2. Die amtliche Statistik gibt an, daß im gesamten Yukon 4/5 aller Yukon-Schafe ganz weiß sind. In den Zonen 8 und 10 sind weniger als 10 % rein weiß.
3. Beispiel: 5/12 besagt:
5 erfolgreiche Abschüsse von lizensierten einheimischen Jägern, 12 erfolgreiche Abschüsse von geführten „non resident“-Jägern.
4. Im Unterschied zu „non resident hunters“, die im gesamten Yukon-Territory auf die Jagd geführt werden, jagen „resident hunters“ vorwiegend in der Zone 5 und 7.
(s. Yukons Jagdzoneneinteilung Seite 143).

Abschüsse 1980–1986 in den verschiedenen Zonen des Yukon.

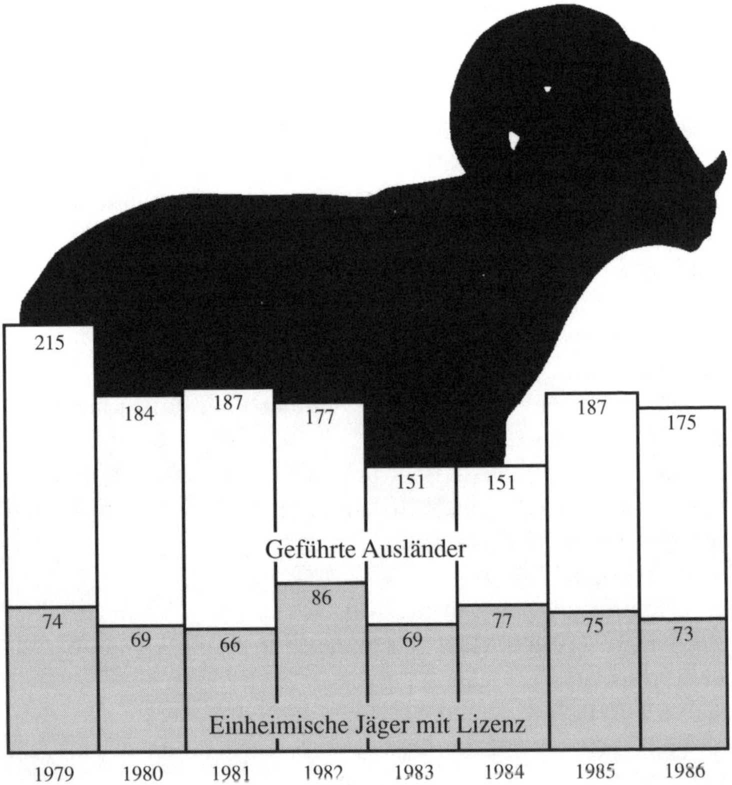

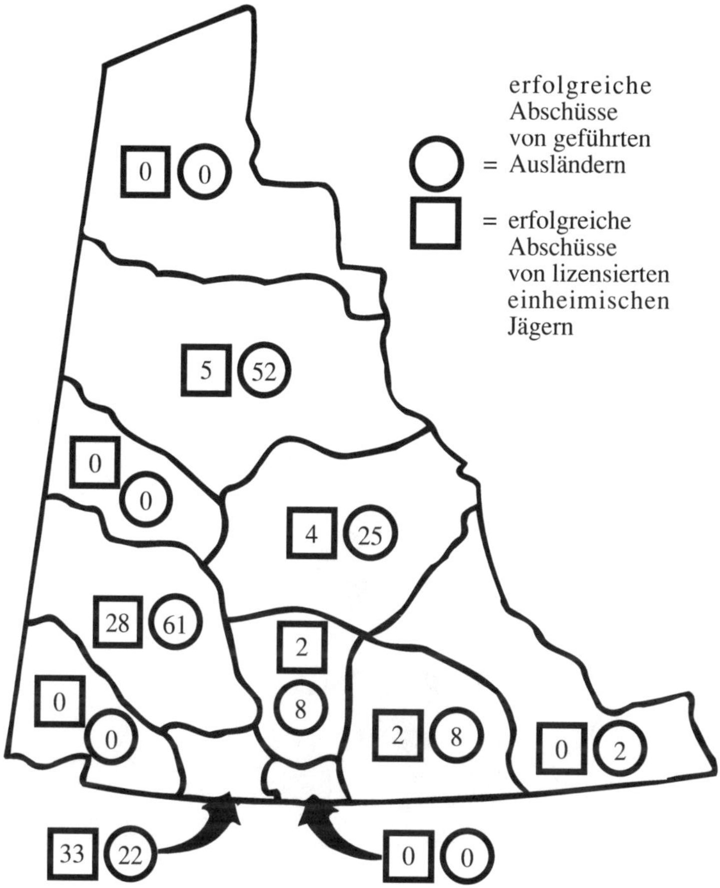
erfolgreiche Abschüsse von geführten Ausländern
= erfolgreiche Abschüsse von lizensierten einheimischen Jägern
0
0
5
52
0
0
4
25
28
61
2
8
0
0
2
8
0
2
33
22
0
0

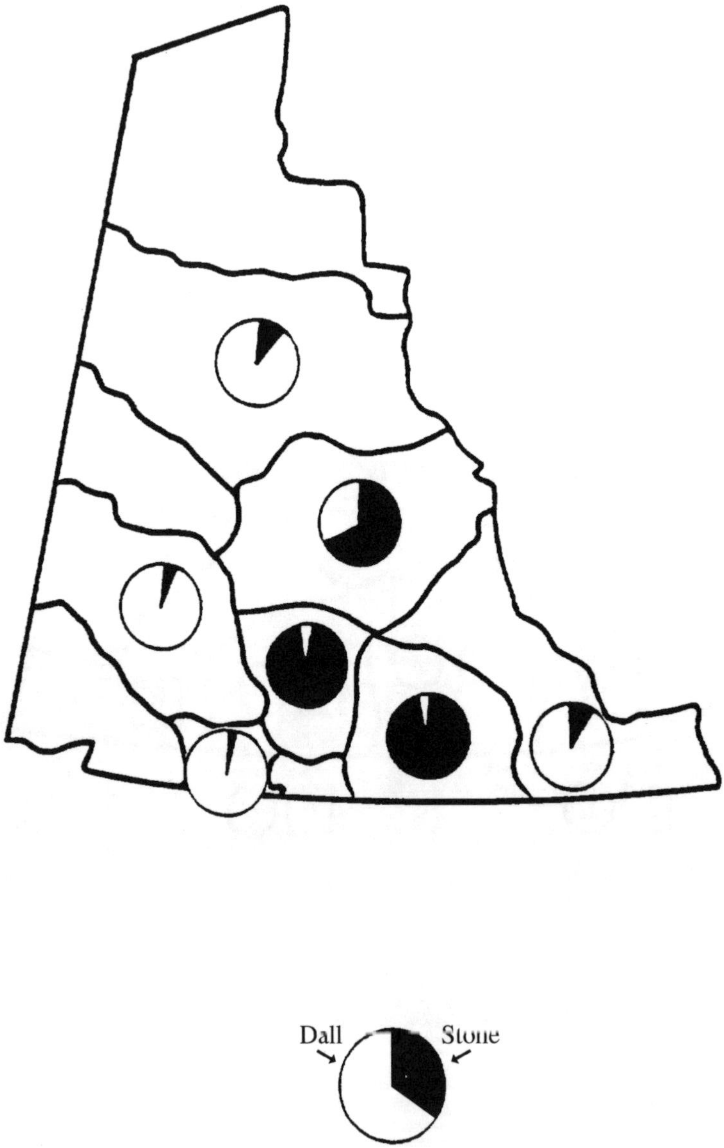
Dall
Stone

Die Schneeziege

Die Schneeziege, engl. „mountain goat“ (lat. Oreamnos americanus) ist eine Bergantilope, die entfernt mit der europäischen Gams verwandt ist.
Wie alles in Nordamerika anzutreffende Wild ist auch die Schneeziege im Wildbret sehr stark. Ein kapitaler Bock („billy“) kann ein Lebendgewicht bis 250 Kilogramm haben. Die Ziege („nanny“) wiegt etwas mehr als die Hälfte. Beide Geschlechter haben Krucken, sehr ähnlich den Gamskrucken. Sie können einen Basisumfang von 15 Zentimeter und eine Länge von 25 Zentimeter erreichen. Die Krucken der Ziegen sind, vergleichbar der Gamsgeis, schwächer. Die Schneeziegen haben im Winter ein sehr langes und sehr dickes Haarkleid, welches sie auf den Berghöhen vor den eisigen Winden schützt. Dieses Haarkleid wird zum Sommer gewechselt. In der Übergangszeit verlieren sie ganze Haarbüschel ihres schneeweißen Felles, welches bis vor wenigen Jahren von den indianischen Squas zum Weben benutzt wurde. In dieser Zeit sieht das Wild ruppig, zottig, einfach unansehlich aus.
Für den Jäger, der die europäische Gams kennt und auf sie gejagt hat, erübrigt sich fast eine Beschreibung. Außer dem optischen Erscheinungsbild ist die Schneeziege in fast allen Punkten mit der Gams vergleichbar, insbesondere in ihrer Verhaltensweise. Sie ist gleichfalls der Gefahr des Steinschlages und den Schwierigkeiten der Futtersuche im Winter ausgesetzt. Ihr Fluchtverhalten und die Äsungsgewohnheiten sind ebenfalls identisch mit denen ihres europäischen Vetters in Österreich, Bayern und der Schweiz. Allerdings gibt es für die „goats“ einige zusätzliche, nach ihrem Leben trachtende Räuber. Schneeziegen werden von Wölfen, Coyoten (Heulwolf), dem Grizzly, dem Schwarzbär, dem Adler, dem Cougar (Berglöwen) und dem Luchs gejagt. Nur durch schnelle Flucht in die gewal-

tigen Felswände der nordamerikanischen Bergwelt können sie sich diesen Beutegreifern entziehen. Trotzdem ist ihre Verlustquote recht hoch, insbesondere bei den Jungtieren bis zum ersten Lebensjahr.

Ein bis drei „kids“, Junge, werden im Mai/Juni gesetzt und beginnen schon nach einer Woche zu äsen. Nach sechs Wochen sind sie bereits „trocken“. Die Brunft findet leider dann statt, wenn Schnee und tiefziehende Wolken die Jäger im November/Dezember hinter die Kamine verschlagen haben.

Schneeziegen können ein Alter bis zu 16 Jahren erreichen. Die bisherigen Erfahrungen lehren uns allerdings, daß das Durchschnittsalter einer Schneeziege kaum über sechs Jahre beträgt. Der Bestand an Schneeziegen hat sich angeblich in den letzten Jahrhunderten bis auf den heutigen Tag wenig verändert. Lediglich der in einigen Gebieten aufgetretene Jagddruck läßt es angebracht erscheinen, „Quots“, Abschußbeschränkungen, aufzuerlegen.

Es ist unter gewissen kanadischen Jägern eine nicht ausgesprochene Ansicht, daß nur „richtige Jäger“ der recht schwierig zu bejagenden Schneeziege nachstellen sollten (die nächste Steigerungsform ist nur noch die Schafjagd). Die Jagd auf dieses reine Bergwild erfordert, noch mehr als die Jagd auf die Gams in den Alpen, Ausdauer und eine gute Lungenkapazität. Die Entfernungen in der nordwestamerikanischen Bergwelt sind weiter. Es mangelt meist an den in den europäischen Alpen üblichen und gemütlichen Bergpfaden. Somit wird die Schneeziegenjagd strapaziöser, abenteuerlicher und damit für viele zivilisationsmüde Bergjäger interessanter. Kein Skilift, abgestützter Bergpfad oder gar handgeschnitzter Wegweiser vermögen den kanadischen Wildnisjäger abzulenken. Der Schneeziegenjäger ist allein auf seinen Führer, vor allem aber auf sich selbst gestellt. Für den Jäger, der die Voraussetzungen für eine Schneeziegenjagd mit sich bringt, kann ein Abschuß fast garantiert werden. Die Chancen, eine gute, alte Trophäe zu erbeuten sind so aussichtsreich, daß er zu Hause einen geeigneten Platz an der Wand freimachen muß. In vielen Fällen kommt es dann dazu, daß eine sich vorher auf dem Ehrenplatz befindende Trophäe dieser relativ kleinen Trophäe weichen muß. Denn kaum ein anderes Stück ist mit so viel Einsatz und Ängsten erlegt worden wie gerade diese Schneeziege.

Der Grund, weswegen in den Angeboten wenig Garantien bei der „goat hunt" ausgesprochen werden, liegt meistens in der berechtigten Befürchtung der Jagdveranstalter, daß der Jäger den Anstrengungen einer Bergjagd nicht gewachsen ist. Jeder Jäger sollte sich selbstkritisch einzuschätzen versuchen. Jagdveranstalter sehen es verständlicherweise nicht gern, wenn Weidmänner die Jagd auf eine Ziege buchen und aus physischen Gründen nicht in der Lage sind, auf den Berg zu klettern. Die Argumentation der Outfitter ist verständlicherweise die, daß es ihre Aufgabe ist, dem Gastjäger das Wild vorzuführen. Das ist ihr Beruf, davon leben sie.

„Aufgabe" des Jägers ist es, das Wild zu treffen und im Falle der Ziege ein wenig klettern zu können. Ein Versagen des Jägers – aus welchen Gründen auch immer – wird psychologisch und „geschäftlich" zu Hause erfahrungsgemäß meistens dem Führer oder dem Jagdveranstalter aufgebürdet.

Sinn dieser negativ erscheinenden Bemerkungen ist es natürlich nicht, den Weidmann zu vergrämen. Jeder Gamsjäger, der zu Hause in der Lage ist, die Gams nicht nur von der Aussichtsbank, der Hüttenveranda oder dem gesäuberten Pirschpfad anzugehen, wird es auch bei der Schneeziegenjagd zu Erfolg bringen. Dem unerfahrenen Gamsjäger wird allerdings empfohlen, sich vor einer Schneeziegenjagd ein wenig zu trimmen, denn jedes zusätzliche Pfund vermittelt in den Bergen den Eindruck, es sei ein Zentner.

Steilschüsse sind bei der Schneeziegenjagd an der Tagesordnung. Bergwild sichert nach unten und muß sehr oft überstiegen werden, so daß man sowohl mit Steilschüssen nach oben als auch nach unten ein wenig vertraut sein sollte. Auch sollte der Jäger mit Weitschüssen (bis 200 Meter) rechnen.

An vielen Trophäenwänden kann man inzwischen die Krucken der Schneeziege auf einem sehr markanten Ehrenplatz entdecken. Mit Recht, denn die Pirsch auf dieses Urwild gehört ohne Frage zu einer der interessantesten Bergjagden. Es gibt

keinen richtigen Weidmann, der den Anblick dieses alten Patriarchen mit seinem kantigen, langen Gesicht hoch oben auf der Zinne vergessen kann. Wie er behende, als schwebe er auf unsichtbaren Treppen, sich dem Auge – und der Waffe – seiner Störenfriede entzieht und nach wenigen Minuten, einige hundert Meter höher und weiter, noch einmal vorsichtig sichernd sich verabschiedet ...
Das Weidwerken auf die Schneeziege kann auch als Kombinationsjagd während der Schafjagd sinnvoll sein. Der Biotop der Schafe ist zumindest in der Nähe der Ziegen, so daß sich der Jäger unmittelbar bei den Einständen der Schneeziege befindet. Britisch Kolumbien weist die stärksten Schneeziegenbestände der Welt auf. Insbesondere das Gebiet im Einzugsbereich des berühmten Lachsflusses *Skeena River* beheimatet fast die Hälfte der nordamerikanischen Bestände.

Zukunftsprognosen

Die Überwachung dieses Wildes ist aufgrund seines weißen Haarkleides sehr einfach. Die Jagdbehörde ist infolge von Luftzählungen und ständigen Kontrollen in der Lage, eine effektive Abschußplanung, besser als bei irgendeinem anderen Wild (entsprechend kanadischer Möglichkeiten), durchzuführen.
Aufgrund des relativ hohen Schwierigkeitsgrades der Bejagung der Schneeziegen und der strengen Überwachung seitens der Jagdbehörde besteht keine Gefahr einer Überbejagung. Einheimische Jäger scheuen die relativ hohen Kosten einer Ziegenjagd, zumal sie die Einstände und Zugänge zu den Bergen kaum kennen. Dies bleibt den Outfittern zu einem großen Teil vorbehalten. Aufgrund der oben angegebenen Fakten kann sich die Jagdbehörde schnell und wirkungsvoll den eventuellen Verlusten durch Winter, Beutegreifer etc. anpassen.
Aus diesen Gründen ist der Schneeziegenbestand des gesamten nordwestamerikanischen Bereiches als langfristig gesichert anzusehen. Mit Schwankungen der Bestände innerhalb eines Jahrzehnts ist natürlich zu rechnen.

Die aufwendige Bejagung wird die Ziegenjagd verteuern, zumal die US-Amerikaner für das Wild, das bei ihnen in den unteren Bundesstaaten fast ausgerottet ist, annähernd jeden Preis zahlen, ähnlich wie beim Grizzly und den Schafen.

Alaska

GMU	Abschüsse
1 A	53
1 B	42
1 C	29
1 D	30
4	49
5	7
6	130
7+15	135
8	55
11	18
13–14	48
	596

Schneeziegenstatistik des Yukon bis 1986/87
Die Mehrzahl der Schneeziegen des Yukon befindet sich in und um den Kluane Park im Südwesten des Yukon. Ihre geschätzte Anzahl beläuft sich lediglich auf ca. 1500 Stück.

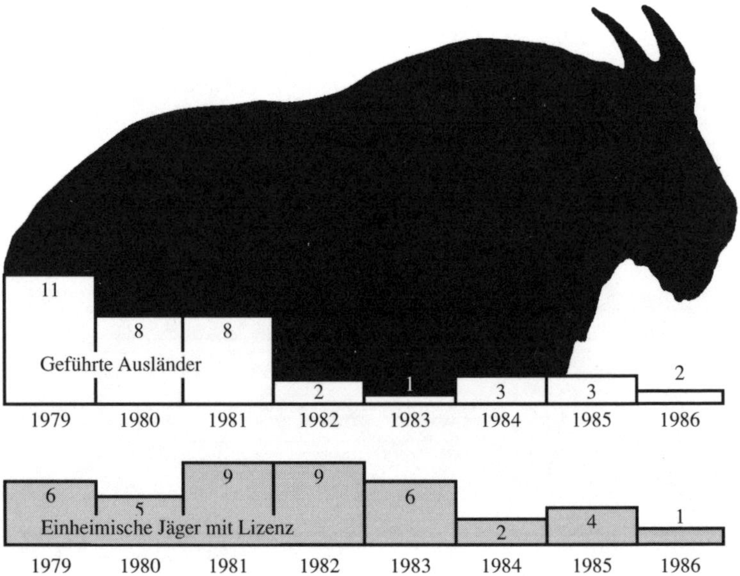

Das Caribou

Das Caribou (lat. Rangifer tarandus) ist der engste Verwandte des nordskandinavischen Rentiers. Während sein skandinavischer Vetter in Herden gehalten und als Haustier gezüchtet wird, handelt es sich bei der asiatischen und der nordamerikanischen Rasse um ein reines Wildtier, um jagdbares Wild.
Mehr noch als irgendein anderes Stück Wild auf der Welt, trägt das Caribou zur Lebenserhaltung seiner jagenden Umwelt bei. Die Existenz ganzer Eskimostämme Kanadas wäre gefährdet, hätten sie nicht die Möglichkeit, den Hauptteil ihres Lebensunterhaltes mittels der Jagd auf das Caribou zu bestreiten.
In Nordamerika gibt es drei Unterarten des Caribous:

1. Das *Barrenground Caribou* (lat. R. t. arcticus) können wir als das Hauptwild des hohen Nordens bezeichnen. Es ist das Wild der Tundren und offenen Buschflächen bzw. der windumheulten, schneeverwehten, schutzlosen Flächen unüberschaubarer Weite. Es lebt in großen Herden in Alaska, dem Yukon und den Nordwest-Territorien Kanadas. Sein Vorkommen in B. C. ist auf die nördlichen Grenzgebiete beschränkt. Die Caribou-Herden scheinen auf ständiger Wanderschaft zwischen den weit auseinander liegenden Winter- und den Sommereinständen zu sein. Wir erinnern uns vielleicht noch an die katastrophalen Berichte aus Kanada Anfang der achtziger Jahre, als die alte Rute der Caribous plötzlich durch einen neu gestauten Fluß unterbrochen wurde. Hunderte von dem als gute Schwimmer bekannten Wild sind jämmerlich ertrunken bzw. in den neu entstandenen Wasserschnellen und gar Wasserfällen ums Leben gekommen.
Das Lebendgewicht eines Barrenground Caribous beträgt ca. 250 Kilogramm. Wer seine kapitale Trophäe (Stangenlänge: 1,50 Meter und mehr) erbeuten möchte, sollte sich mit einem

Führer in das offene, große Alaska oder Yukon Territory zur Jagd begeben.
Das Weidwerken auf das Barrenground Caribou ist nicht zu schwierig, da fast nur per Pferd gepirscht wird. Weil die Caribous äußerst neugierig (und dumm) sind, kann man oft recht dicht, d. h. bis auf 80 Schritt, an sie herankommen, vorausgesetzt, daß die Windrichtung stimmt. Trotzdem sollten wir uns auf Weitschüsse einstellen.

2. Das *Woodland* oder *Osborne Caribou* (lat. R. t. caribou).
Das Woodland – auch Osborne Caribou genannt – bewohnt die offenen Waldlandschaften und Hochebenen des nördlichen B. C. Im Wildbret ist es etwas stärker als die nördlichen Barrenground Caribous, sie wiegen bis 300 Kilogramm (Lebendgewicht). Die Trophäe ist etwas geringer. Immerhin weist ein kapitaler Bulle eine Stangenlänge bis 140 Zentimeter auf.
Das Woodland oder Osborne Caribou lebt in kleinen Herden. Die Brunft findet im Oktober statt, die Kälber werden im Juni gesetzt.

3. Das *Mountain Caribou* (lat. R. t. montana).
Dieses Bergcaribou ist im südlichen B. C. zuhause. Es ist ein Waldcaribou, denn die Bergwelt Mittel- und Süd-Britisch Kolumbiens ist bewaldet, ähnlich den europäischen Alpen und dem Schwarzwald. In Wildbret und Trophäe ist es etwas geringer als ihre nördlichen Verwandten. Kreuzungen aller Unterarten sind in den Grenzgebieten anzutreffen.
Das Caribou ist der einzige Cervide, bei dem die weiblichen Stücke auch Trophäenträger sind. Allerdings sind die Enden und Stangen des weiblichen Stückes kleiner und schwächer als die der Hirsche. Das sicherste Unterscheidungsmerkmal, ob es sich um ein weibliches Stück oder um einen Hirsch (engl. bull) handelt, bietet uns bei dem Hirsch die über den Windfang ragende „Eissprosse“. Diese stark, teils als Schaufel ausgeprägte „Eissprosse“ fehlt den Tieren (engl. cow).
Das Caribou ist, wie bereits erwähnt, äußerst neugierig. Das trägt zur Gefährdung des gesamten Bestandes wesentlich bei.

Caribous lassen, wenn der Wind für den Wolf günstig ist, diesen auf relativ kurze Distanz herankommen, bevor sie die Flucht ergreifen. Gleiches trifft natürlich auch auf einen sich anpirschenden Jäger zu. Es kommt vor, daß das Wild nicht nur stehen bleibt, um zu äugen, sondern es wechselt sogar noch auf den Verfolger zu, um ihn erst einmal gründlich zu inspizieren. Nicht wenige Jäger haben erlebt, daß Caribous plötzlich vor ihnen oder gar in der Nähe ihrer Jagdlager erscheinen. Infolge mangelnden Windes sieht man sie dann einige Male im Stechschritt in 50 Meter Entfernung auf und ab stolzieren, bis sie endlich einsehen, daß nichts weiter als Gefahr von dorther kommen kann. Mitunter machen sie nach einer Flucht von 150 Metern wieder kehrt, um sich zu überzeugen, ob sie auch richtig gehandelt haben.

Nun soll hier durchaus nicht der Eindruck vermittelt werden, daß die Cariboujagd eine Kleinigkeit ist. Die soeben geschilderten Begebenheiten sind zwar recht häufig, doch sollte der Gastjäger in seinen zwölf Jagdtagen nicht darauf warten, ein Caribou derartig gemütlich erlegen zu können. Insbesondere in den bewaldeten Einständen ist das Caribou genauso schwierig zu stellen wie jedes andere heimliche Wild.

Der Bestand an Caribous ist besonders dadurch gefährdet, daß der Lebensraum langsam, aber beständig schwindet. Pipelines, Öl-, Gas-, Kohle- und Erzabbau werden vom Caribou nicht tolleriert. Sie weichen zurück – genauso wie ihre Erzfeinde Wolf und Grizzly.

Insbesondere das Zusammentreffen von Caribou mit Bär bzw. Wolf in der Setzzeit endet oft sehr tragisch. Hat ein Wolf oder Grizzly den versteckten Setzplatz einer Caribouherde ausgemacht, kann in wenigen Minuten die Zukunft der Nachkommenschaft dieser Herde besiegelt sein.

Bei einer Nordamerika-Kombinationsjagd im Norden ist es meistens der Fall, daß Jäger mit dem stolzen Hauptes im Stechschritt ziehenden Caribouhirsch in Berührung kommen. In diesen Fällen ist es ratsam, eine Abschußlizenz mit sich zu führen. Auch gibt es viele Nordamerika-Jäger, die fast alles hier zur Verfügung stehende Wild bejagt und erlegt haben. Ein

Caribouhirsch dürfte die Palette nordamerikanischer Jagderfahrungen gut abrunden.

Zukünftige Jagdchancen auf das Caribou

Wie die Caribous selbst müssen wir auch die zukünftigen Jagdchancen auf sie verschieden beurteilen.

Die Bestände des hohen Nordens (Barrenland Caribou) sind stark abhängig von dem Jagddruck durch Indianer sowie Eskimos und der Öl- und Gassuche. Große Herden wurden zusätzlich durch plötzlich auftretende Seuchen dezimiert.

Unter Berücksichtigung dieser Umstände können wir trotzdem annehmen, daß in nächster Zeit die Caribous des Barrenlands nicht wesentlich gefährdet sind, zumal verschiedene staatliche Stellen (Jagdbehörde, Amt für Indianer- und Eskimofragen) deren Bestände kontinuierlich überwachen.

Ähnlich verhält es sich bei den Mountain/Osborne und den Woodland Caribous. Letztere sind einem wissenschaftlich geleiteten Wiedereinbürgerungsprogramm in der Gegend um Anahime Lake unteworfen. Diese Herden breiten sich Dank behördlicher und jagdlicher Interessengruppen erfreulicherweise aus. Ihre Bejagung ist behördlich stark reguliert und mit „quotas" versehen, die Möglichkeit, Caribous zu bejagen, wird sich dem bisherigen Trend nach weiter verbessern.

Regionale Caribou-Verbreitung

1. *Alaska*

Das Caribou ist das Hauptwild Alaskas.

Nachfolgend werden die von der Behörde gemeldeten Abschüsse und die geschätzten Abschüsse mit dem geschätzten Bestand an Caribous vorgestellt.

Die Angaben sind äußerst ungenau, da eine statistische Erfassung der Stückzahl in den verschiedenen GMUs aufgrund der teils sehr weiten Herdenzüge äußerst schwer ist. Die etwa 24 Herden Alaskas überschreiten jährlich die von Menschenhand geschaffenen Grenzen der einzelnen GMUs und werden nach Herdenzugehörigkeit in statistisch komplizierten Verfahren erfaßt.

Die Schneeziege – stets wachsam.

Zwei kapitale Trophäen – der Lohn für viele Mühen und Entbehrungen.

Geschätzter Bestand	Gemeldeter Abschuß	Geschätzter Abschuß
460.000 bis 541.000	8.877	23.210 bis 23.850

Cariboustatistik des Yukon bis 1986/87

Im Yukon gibt es das Barrenground (ca. 165.000 Stück) und das Woodland- oder Mountain-Caribou (ca. 28.000 Stück).

Barrenground Caribou

Der drastische Anstieg an Abschüssen 1983 lag an der Erlaubnis, in diesem Jahr zwei Stück zu erlegen. Im Jahre 1985 wurde die Jagdzeit verlängert.

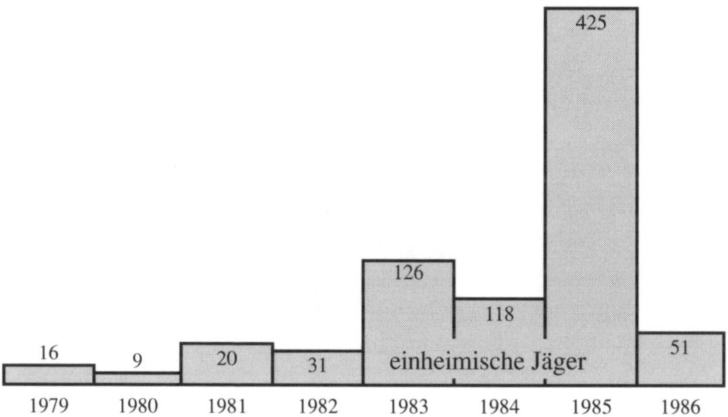

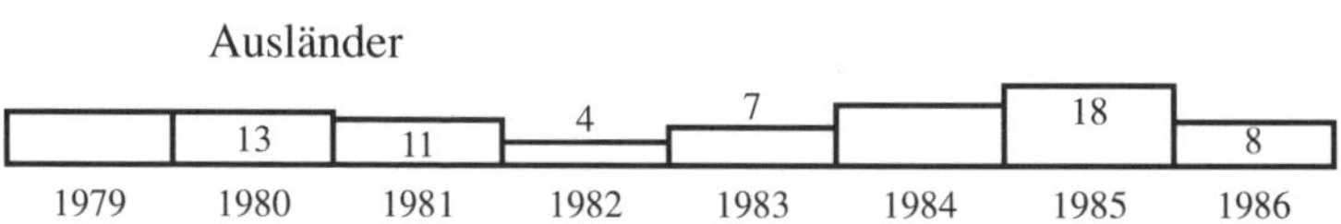

Woodland- oder Mountain-Caribou

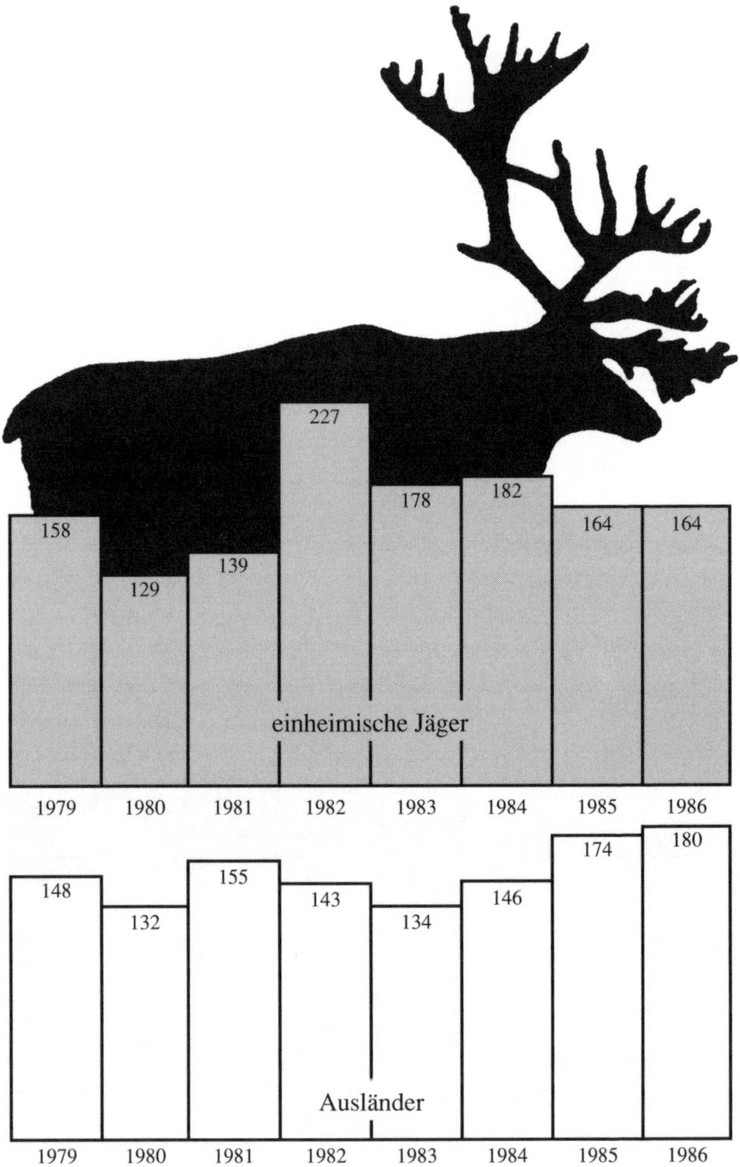

Der Maultier- und der Weißwedelhirsch

Die Maultier- und Weißwedelhirsche sind im englischen Sprachbereich unter dem Sammelbegriff „deer“ zusammengefaßt. Es sind Cerviden wie der europäische Rothirsch.
In Nordamerika gibt es 30 zoologisch verschiedene Weißwedel-Hirscharten und elf verschiedene Maultier-Hirscharten. Diese Vielzahl an unterschiedlichen Deer-Arten sollte uns nicht überraschen, wenn wir berücksichtigen, daß wir es in Nordamerika mit einer Landmasse von der doppelten Größe Europas zu tun haben. Uns interessieren hier nur die in B. C. und Alaska vorkommenden Arten. Der Bestand an Deers im Yukon ist für den Gastjäger von untergeordneter Bedeutung, weshalb nicht weiter darauf eingegangen wird.
Der stärkste Hirsch hinsichtlich Wildbret und Geweihgewicht ist der *Maultierhisch* (auch *Schwarzwedelhirsch*), von den einheimischen Jägern liebevoll „mule“ genannt. Ein „Mule“ ist ein Maultier. Aufgrund der übergroßen Lauscher dieses Hirsches ist der Name Maultierhirsch entstanden.

Von diesem *Maultierhirsch* gibt es in B. C. drei Arten:

1. den *Rocky Mountain Maultierhirsch* (Odocoileus hemionus)
2. den *Columbian Schwarzwedelhirsch* (O. h. columbianus)
3. den *Sitka Schwarzwedelhirsch* (O. h. sitkensis)*

Während die beiden letztgenannten Arten nur in den Küstenregionen des Pazifiks vorkommen, ist der erstgenannte *Rocky Mountain Mule Deer* über das gesamte restliche kanadische

*) 2 und 3 werden auch Küsten-Schwarzwedel genannt.

Bundesland B. C. bis in die nördlichen Regionen verbreitet. Diese stärkste aller Deer-Arten hat auch die gewaltigste Trophäe vorzuweisen (Stangenlänge ca. 60 Zentimeter, Stangenumfang kurz über den Rosenstöcken ca. 20 Zentimeter). Das Lebendgewicht eines Hirsches kann 150 bis 200 Kilogramm betragen.

Virginiahirsch Maultierhirsch Schwarzwedelhirsch

Die Columbian- und Sitka Schwarzwedelhirsche sind in Wildbret und Trophäe um einiges schwächer als der Rocky Mountain „mule". Während der *Columbia Hirsch* im südlichen Teil Britisch Kolumbiens an der Pazifikküste zu Hause ist, finden wir den *Sitka Hirsch* an der Nordküste Britisch Kolumbiens bis hinauf nach Alaska und sogar auf den Kodiak Inseln.
Der *Weißwedelhirsch* (Odocoileus virginianus) oder „white tailed deer" ist lediglich im Südosten Britisch Kolumbiens und an einer Stelle im Nordosten des kanadischen Bundeslandes

beheimatet, spielt demnach eine untergeordnete Rolle für den Jagdgast. In den Ländern ist er auch als der *Virginia Hirsch* bekannt.

Nicht nur die Unterscheidung der verschiedenen Deer-Rassen bereitet gewisse Schwierigkeiten, sondern für den Jäger insbesondere die Zuordnung der Deer-Familie entweder zu den „Hirschen" oder den „Rehen". In der Tat drängt sich der Vergleich zum europäischen Rehwild auf. Der Biotop, die Verhaltens- und die Lebensweisen dieses Deer sind dem bzw. denen des Rehwilds Europas sehr ähnlich. Dazuhin wird im lokalen Sprachgebrauch das männliche Stück „buck", Bock, genannt. Alle anderen Großwildarten der Cerviden (Caribou, Elch, Wapiti) werden als „bull" bezeichnet.

Im Unterschied zum europäischen Hirsch (und dem nordamerikanischen Wapiti) hat sich das Deer an die menschliche Zivilisation angepaßt. Deers kann man, sehr ähnlich dem Rehwild Europas, neben den vorbeirasenden Kraftfahrzeugen an den Mittel- oder Randstreifen der Highways äsen sehen. Man beobachtet sie abends auf Feldern oder Wiesen und gelegentlich, allen Nachbarhunden zum Trotz, innerhalb der großen kanadischen Grundstücke. Wir können uns an dieser Stelle weitere Beschreibungen der Deer ersparen, denn alle europäischen Jäger kennen ihr Rehwild, sowie dessen Lebens- und Verhaltensweisen.

Erfreulicherweise gibt es dieses Deer in B. C. in fast der gleichen Anzahl wie das Reh in Europa.

Wiewohl wir den Maultierhirsch in seiner Verhaltens- und Lebensweise dem Rehwild Europas gleichgestellt haben, wollen wir nicht unberücksichtigt lassen, daß dieses Stück Wild von der Trophäe eher einem Rothirsch als einem Reh ähnlich ist. Im Wildbret ist das Deer sogar stärker als die Mehrzahl der europäischen Rothirsche.

Das Deer ist für den Nordamerikaner das Wild, mit dem er seine Kühltruhe füllt. Es ist gesamtwirtschaftlich von erheblicher Bedeutung, weil es in einigen Gegenden Britisch Kolumbiens Einwohner gibt, die von keinem anderen Fleisch als von Wildbret leben. Im Süden des Landes wird größtenteils Deer

gegessen und im Norden ist der Elch der Hauptlieferant des Wildbrets. Glücklicherweise leben die absolut meisten Menschen des Landes im Süden, so daß der Elch dem Jagdstreß nicht so sehr ausgesetzt ist.
Für einen Jäger, der noch nicht in Kanada bzw. Nordwestamerika zur Jagd war, gibt es kaum eine billigere und interessantere Kombinationsjagd als die auf Schwarzbär und Deer. Im Vergleich zu einer Jagd im Ostblock oder gar Afrika (falls man Afrika damit überhaupt vergleichen kann) ist sie unverhältnismäßig interessanter. Wir können uns bei dieser Jagd auf Hirsch und Bär leicht um einige hundert Jahre in heimatliche Reviere zurückversetzt fühlen, also in eine Zeit, in der Hirsch und Bär noch frei ihre Fährten bei uns zogen. Wir bewegen uns bei dieser Jagd in einer Landschaft und einem Biotop, das uns als Jäger äußerst vertraut ist. Selbst das Wetter ist das gleiche, es ist so, wie wir es bei einer herbstlichen Pirsch in unseren Revieren erwarten. Jeder Jäger, der schon einmal Urlaub in Italien oder zur Jagd in Polen war, wird sich von einem anderen Akzent oder einer anderen Sprache sicherlich nicht abschrecken lassen. Selbst die Distanz (elf Flugstunden) dürfte einen Jäger kaum abhalten, sich diesen Einstiegsgenuß in die Nordamerika-Jagd entgehen zu lassen. Die Deer-Kombinationsjagd als Einstiegsjagd in kanadische Reviere ist risikolos und vor allem, das sei nochmals hervorgehoben, billiger als alle anderen Auslandsjagden und nicht minder interessant.
Für den anspruchsvolleren Jäger kann in den gleichen Revieren dann zusätzlich auch noch auf die Schneeziege und sogar den Grizzly geweidwerkt werden, so daß die jagdliche Palette abgerundet ist.

Jagdliche Zukunftsaussichten auf die Deer
Die Maultier- und Weißwedelhirsche sind äußerst anpassungsfähig und eine Art „Kulturfolger", sehr ähnlich dem Rehwild Europas. Aus diesen Gründen, i. V. m. entsprechender Abschußregelung, brauchen wir uns um den Fortbestand der „Deer"-Familie in B. C. keine Sorgen zu machen. Selbst die Regelung, daß jeder Jäger zwei „Deer" erlegen darf (auf der

Insel Queen Charlotte Island sogar zehn Hirsche) beweist nur, daß es an diesem Wild keinen Mangel gibt.

Regionale „Deer"-Verbreitung

1. *Alaska*

(Karte der einzelnen Jagdbereiche „Game Management Units" oder „GMU" siehe Seite 366)

In Alaska gibt es nur den *Sitka* Schwarzwedelhirsch und das wiederum nur in den südwestlichen Küstenregionen. Hervorzuheben ist die Kodiak Insel, Admiralty-, Baranof- und Chichagof-Inseln.

Folgende Statistik aus der Zeit vor dem schweren Winter 1988/89 steht uns zur Verfügung. Es handelt sich um von der Obersten Jagdbehörde geschätzte Abschüsse der Jagdsaison in 1986:

GMU	Geschätzte Abschüsse
1 A	779
1 B	39
1 C	527
2	3.151
3	166
4	10.396
6	2.000
8	10.000
Gesamt:	ca. 27.000 Stck.

Der Regierungsbericht hebt hervor, daß dieses Wild hauptsächlich von der einheimischen Bevölkerung erlegt wird und dessen Bestand durch die einheimische Jagd in keiner Weise beeinträchtigt wird.

Der Cougar

Der Cougar (Felis concolor) ist die größte Katze der nordwestlichen Hemisphäre.
Bis zur Jahrhundertwende bevölkerte der Cougar den gesamten nordamerikanischen Kontinent vom Norden Britisch Kolumbiens einschließlich des gesamten US-amerikanischen Raumes bis nach Feuerland an der Spitze Südamerikas.
Nach der Kolonisation Amerikas und Kanadas ist sein Lebensraum auf die großen Wälder und Bergregionen Britisch Kolumbiens eingeschränkt worden. Heutzutage ist dieser majestätische, elegante Beutegreifer nur noch in Britisch Kolumbien jagdlich von Interesse. Kleine Bestände existieren in den Rocky Mountains der USA und eine Unterart im Osten Kanadas. Aufgrund der bisher gegebenen Informationen könnte man zu dem Resultat kommen, daß es sich insgesamt um eine im Bestand gefährdete Wildart handelt. Das ist Gott sei Dank nicht der Fall! Für Britisch Kolumbien, und nur für dieses kanadische Bundesland, trifft es sogar zu, daß aufgrund des häufigen Vorkommens von Cougars in einigen Gebieten keine Schonzeiten bestehen. Es sind darüber hinaus pro Jäger zwei Cougars pro Jahr freigegeben.
Diese, für Außenstehende unverständliche, vielleicht sogar verantwortungslos erscheinende Maßnahme hat ihre Gründe: Der Cougar ist so heimlich, daß die meisten einheimischen Jäger in ihrem gesamten Jagdleben noch nicht einmal einen zu Gesicht bekommen haben. Der Cougar ist primär ein Nachtjäger. Die meiste Zeit verbringt er in Bäumen, daher ist er bei normalen Pirschgängen nicht sichtbar. Seine Heimlichkeit, Vorsicht und Klugheit schafften ihm den Nimbus eines Geisterjägers. Mit seinen 90 Kilogramm Lebendgewicht ist er jedoch alles andere als ein Geist. Seine Hauptnahrung liefern die *Deer*-Hirsch-Arten. Aber auch Jungwild sowie Hühner, Mäuse und gelegent-

liche Haushunde oder Katzen bereichern seinen Speisezettel. Er tötet seine Beute, indem er sie – oft aus dem Baum – anspringt und abnickt. Hirsche werden, nachdem sie angeschnitten worden sind, flüchtig abgedeckt. Kleine Wildarten bis zur Größe von mittelgroßen Haushunden nehmen die Berglöwen mit auf den Baum.
In einem amerikanischen Jagdbuch steht richtigerweise: „Eine Cougarspur ohne Hunde zu verfolgen, ist Dummheit. Ein Cougar verfolgt diesen Jäger auf mehreren Meilen, um genau festzustellen, ob dieses zweibeinige Wesen jagdbares Wild ist oder nicht. Der Jäger nimmt seine Gegegenwart nie wahr; aber später, während des Heimweges auf der gleichen Spur, findet er die Cougarfährte, die ihn den Weg zurückbegleitet".
Die Cougarjagd sollte ausschließlich mit Hunden durchgeführt werden. Der kluge Outfitter wird schon aus Eigennutz mehr als zwei Hunde mitnehmen, denn ein Hund ist für einen Cougar kein Gegner. Selbst bei zwei Hunden, vor allem wenn einer davon nicht absolut standfest ist, läuft man Gefahr, sie zu verlieren. Der Cougar holt sich einen nach dem anderen auf den Baum. Haben die Hunde ihn erst einmal auf einem Baum gestellt, ist dem Jäger seine Beute sicher. Für das, was dann kommt, reicht eine kleinkalibrige Waffe, um das herrliche Fell möglichst wenig zu beschädigen.
Die Jagd auf diesen „Mountain Lion" sollte nur bei Schnee erfolgen. Die Erfolgschancen sind im Schnee um ein Vielfaches höher. Die Fährte wird vorher ausgemacht, und man kann, wenn die Umstände es gebieten, die Hunde erst am nächsten Tage darauf ansetzen. Die Arbeit auf der Fährte kann sehr anstrengend sein, denn dieser behende Beutegreifer durchstreift Unterholz, überfliegt reißende Wasser oder windet sich an Felswänden empor, die für andere Vierbeiner, erst recht für Zweibeiner, sehr schwierig zu bewältigen sind. Sobald der Hundeführer aufgrund des Hundeverhaltens erkennt, daß der Cougar nicht mehr weit entfernt ist, werden die Hunde geschnallt. Jetzt heißt es so schnell wie möglich den „hounds", Hetzhunden, zu folgen, um mögliche Hundeverluste zu verhindern und um sich gleichzeitig die Beute zu sichern.

Zweifellos gehört es zu den Höhepunkten eines Jägerlebens, einmal das helle Geläut der Meute im Urwald davoneilen zu hören. „Werden sie bald anhalten und mit der Tonänderung anzeigen, daß sie dieses wehrhafte Stück Wild gestellt haben?" – „Wie weit mag es noch bis dorthin sein, ein, zwei oder drei Kilometer?" – „Werden die Hunde durchhalten, auch wenn wir uns, länger als erwartet, unsere Pferde gewaltsam hinter uns herziehend, durch das Unterholz in ihre Richtung quälen?" – „Wer ist letztlich der Gejagte, der Cougar oder gar unsere Hunde?"
Während dem Jäger diese und andere Fragen durch den Kopf schwirren, versucht er den Pferdekörper zum drittenmal links um den Baum zu leiten, da hinter dem rechten Baum ein Felsblock den weiteren Weg versperrt. „Gott sei Dank hinterlassen wir Spuren im Schnee", denkt der Jäger weiter, „hier würde ich nie wieder allein herausfinden ... Wenn bloß mein Jagdfreund Fritz das hier miterleben würde, der bei meinem Abflug noch sagte: ‚Ach, die Cougarjagd interessiert mich nicht!', er hätte sicherlich großen Spaß daran!".
Welche Gefahr(en) bringt die Jagd auf den Cougar mit sich? Der Cougar ist ein äußerst wehrhaftes Wild. Bei einem Angriff hat ein Mensch wenig Chancen mit diesem 100 Kilogramm schweren, behendem Muskelpaket fertig zu werden. Allein das Gewicht der anfliegenden Großkatze würde einen Menschen höchstwahrscheinlich kampfunfähig machen, ohne daß die Katze ihre scharfen Krallen oder großen und kräftigen Fänge benutzen muß. Erfreulicherweise kommt es zu solchen Unfällen auf der Jagd fast gar nicht. Hingegen sind alljährlich einige Fälle bekannt, daß in Siedlungsnähe vor allem Kinder angefallen werden. In den Jahren 1986 und 1987 sind zwei Kinder durch Cougars verschleppt worden. Die meisten Großkatzenunfälle tragen sich auf der Insel Vancouver Island zu. In fast allen ermittelten Fällen handelt es sich um abnormes Verhalten des Wildes. Es war krankes Wild, denen der Mensch als die leichteste Beute erschien.
Es gibt in Britisch Kolumbien eine Reihe Outfitter, die Cougarjagden mit auf dem Programm haben. Leider sind nur wenige

davon sehr gut und verfügen über langjährige Erfahrungen, so daß sie dieser Großkatze erfolgreich nachstellen können.
Obwohl die Insel *Vancouver Island* zahlenmäßig über mehr Cougars verfügt als irgendeine andere Region des Landes, ist die Bejagung dort nicht unbedingt so erfolgversprechend. Die Insel steht unter dem Einfluß des warmen japanischen Golfstromes, so daß es oft an Schnee mangelt, der für eine Cougarjagd Voraussetzung ist.
Bei einer Cougarjagd sollte gleichzeitig der Luchs und die „bob cat", Wildkatze, mitgebucht werden, wenn Interesse an der Jagd auf diese Katzen besteht.
Es ist empfehlenswert, diese interessante Jagd erst ab Weihnachten zu planen, um sicher zu gehen, daß zur Jagdzeit Schnee liegt. Auch hier haben es US-Amerikaner leichter. Sie rufen vorsichtshalber erst „in der Nachbarschaft" an und versichern sich, daß der Schnee gefallen ist, und buchen dann erst ihren Flug. Diese Praxis ist für europäische Jäger leider schlecht möglich, da Flüge – um Kosten zu sparen – mehrere Wochen vorher gebucht werden müssen.
Die Kosten einer so interessanten Jagd sind relativ niedrig (billiger als der Elchabschuß des Nordens), und der Erfolg ist sehr wahrscheinlich.

Jagdliche Zukunft auf den Cougar: unverändert gut!

Beste Jagdzeiten: Januar bis Februar/März.

Der Wolf

Der Wolf (Canis lupus) ist der Stammvater aller Hunderassen. Er wurde uns als Kleinkind bereits als „der böse Wolf" in den Märchen der Gebrüder Grimm vorgestellt. Dieses Negativimage ist der Wolf bis auf den heutigen Tag nicht losgeworden. Dabei haben die Gebrüder Grimm höchstwahrscheinlich nie einen Wolf zu Gesicht bekommen, denn zu Anfang des letzten Jahrhunderts war er in den deutschen Landen heutiger Grenzen bereits zur Seltenheit geworden. Die Ausrottung des Wolfes in Europa wurde mit deutscher Gründlichkeit systematisch betrieben. Sie läßt sich fast mit der Ausrottung des Bisons in Nordamerika vergleichen. Der Wolf paßte nicht in die sich immer mehr ausbreitende Kulturlandschaft. Da er – bis auf den heutigen Tag – sich sehr gern an Hausvieh labt, war sein Untergang im engen Europa unausweichlich. Er wurde von den Bauern genauso verbissen verfolgt wie ihm der jagende Hochadel nachstellte, da er dem Weidmann seine Beute strittig machte.
Innerhalb der riesigen Weiten Kanadas und Alaskas findet er im Prinzip genügend Lebensraum, um seinen Fortbestand ungestört zu sichern. Wenn, ja wenn nicht die Jäger mit ihren Institutionen wie Jagdverbänden, Jagdbehörden und Jagdunternehmer wären.
Der Wolf in Nordamerika, und nicht nur hier, ist für den Menschen ungefährlich. In der Tat, es gibt laut amtlich kanadischer Statistik seit 1942 nur einen nachweislich tödlichen Wolfsunfall. Diese Zahl mag bezüglich ihrer Genauigkeit angezweifelt werden. Hinsichtlich ihrer Aussagekraft, daß Wölfe dem Menschen gegenüber ungefährlich sind, bestätigt sie jedoch das vorher Gesagte.
Der Wolf ist ein äußerst kluger Jäger, wenn wir unsere menschlichen Maßstäbe bei ihm anwenden wollen. Er ist mit einem

Maximum an jagdlichen Sinnen ausgestattet. Seine Nase übertrifft die des besten Fährtenhundes, seine Kraft die des stärksten Rottweilers. Den gelblichen Lichtern entgeht keine Bewegung in der Wildnis. Dank seiner Lauscher vernimmt er selbst das entfernte Rascheln einer Maus im Laub. In seinem Biotop ist er in der Lage, jedem Windhund davonzueilen.

Aus den soeben aufgeführten Gründen ist es sehr schwer, den Wolf auf herkömmliche Art und Weise zu bejagen. Die erfahrensten Jäger der kanadischen Wildnis zucken die Schultern, wenn es um die Frage der Bejagung des Wolfes geht. Aus Gründen des Kommerzes werden die Fragen der Gastjäger meist positiv beantwortet. In Wahrheit weiß jeder zu gut, daß es Glücksache ist, mehr als bei jedem anderen jagdbaren Wild. Alle Tricks scheinen zu versagen. Im Unterschied zu anderen Beutegreifern nimmt der Wolf nicht so leicht und bedenkenlos einen Köder an. So manches Rind, Pferd und Elchwildbret wurden geopfert, um seiner habhaft zu werden. Die Wölfe bekamen letztlich diese ihnen vorgesetzte leichte Beute – aber erst, nachdem die Jäger mehrere Tage weit weg waren.

Trotzdem werden höchstwahrscheinlich die meisten Wölfe am erlegten Elch angetroffen. Die starke Witterung eines Elchkadavers zieht Wölfe aus mehreren Kilometern Entfernung an. Mit einigem Glück, unter Leitung eines guten Führers, kann dann durchaus mit dem Weidmannsheil auf einen Wolf gerechnet werden. Die Erfahrung mit vielen Gastjägern in Kanada und Alaska lehrt, daß desöfteren die Jäger einen Wolf erlegen, die am wenigsten darauf spekuliert haben.

Dabei wird in den nördlichen Regionen Kanadas von einer Wolfsplage geredet. In den letzten Jahren haben die Wolfsrudel an Stärke erheblich zugenommen und damit den Wildbiologen und Jagdunternehmern gleichermaßen Sorge bereitet. Die zuständige Jagdbehörde hat – aufgrund der Erfahrungen anderer Länder – von einer Vergiftungsaktion Abstand genommen und ist mit Hubschraubern zur „Wolfsjagd" geflogen. Dieses wiederum hat die im Medien-Rummel schwelgenden „Naturschützer" veranlaßt, auf politischem Wege diese einzig amtlich kontrollierbare Wolfsregulierung einzustellen.

Viele Jagdunternehmer versuchen nun verzweifelt, auf eigene Kosten und mit viel Mühe auf ihre Weise den Wolfsbestand zu regulieren.
Spätestens hier könnte ein interessierter Wolfsjäger auf die Idee kommen, den Jagdunternehmern (Outfittern) behilflich zu werden. Im Prinzip haben Outfitter auch nichts dagegen, nur bringt das einige Schwierigkeiten mit sich. Diese, nennen wir es einmal „Wolfssonderjagd" kann nur mittels Einfliegen mit kleinen Maschinen geschehen. Nicht nur die Maschinen haben Skier „untergeschnallt", auch der Jäger muß gut Skilanglaufen oder mit den noch schwierigeren Schneeschuhen vorwärtskommen können. Das Wetter in der Bergwelt macht das Fliegen äußerst gefährlich. Es kann passieren, daß der Jäger plötzlich für ein oder zwei Wochen irgendwo in der Wildnis eingenebelt, eingeschneit oder durch Stürme untengehalten wird. Diese ungewisse zeitliche Dimension kann sich ein europäischer Gastjäger, gebunden an Flugpläne usw., kaum erlauben.
Wölfe richten in nordamerikanischen Jagdrevieren erheblichen Schaden an. Insbesondere sind sie zur Setzzeit im Mai/Juni, wenn die Wölfin mehr Nahrung für ihre Jungen benötigt, eine große Gefahr für fast alle Wildtiere. An erster Stelle ist das Caribou den jagenden Wölfen in ihren „breeding-grounds", Setzplätzen, fast hilflos ausgeliefert. Hat ein Wolf erst einmal den Caribou-breeding-ground ausgemacht, geht oft innerhalb weniger Stunden die gesamte diesjährige Aufzucht an Caribous verloren. Nicht weniger gefährlich ist ein Rudel Wölfe für eine Elchkuh mit Kalb. Die größten Elchverluste kommen im Frühjahr unter den frisch gesetzten Kälbern und natürlich im Hochwinter vor. Den verträumten „Naturschützern" sollte in aller Deutlichkeit klargemacht werden, daß Wölfe nicht nur altes und krankes Wild reißen. Zwei markante Fälle, die sich in den letzten Jahren in B. C. zugetragen haben, werden stellvertretend für viele aufgeführt.
In der Nähe des Spatzizi-Parks wurde ein kleines Wolfsrudel beobachtet, das einem kapitalen, aber noch jungen Elchhirsch nachstellte. Der Elch flüchtete in einen den Wölfen schlecht zugängigen Sumpf. Während der Rest des Rudels geduldig am

Rande wartete, näherten sich zwei Wölfe, von Sumpfinsel zu Sumpfinsel springend, dem Elch. In kürzester Zeit rissen sie dem Elch seinen weichen, stark durchbluteten Äser auf und zogen sich dann zu den anderen Wölfen zurück. Das ganze Rudel verließ die Szenerie, um nach zwei Tagen wieder zurückzukehren. Ohne Gefahr von Verlusten in den eigenen Reihen, ohne große Anstrengung und lebensgefährliche Kämpfe wurde die sehr stark schweißende Fährte des Elches aufgenommen. Sie fanden ihn weniger als einen Kilometer vom Sumpf entfernt ausgeschweißt vor.

Ein anderes Beispiel liefert eine Beobachtung in einem Revier unmittelbar an der Yukongrenze. Ein kleines Rudel Wölfe verfolgte mehrere Elche im hohen, bereits verkrusteten Schnee. Es dauerte nicht lange, bis die Elche vor Erschöpfung stehen blieben und sich nicht mehr bewegen konnten. Die Wölfe begannen in aller Ruhe die saftigen Keulen der Elche anzuschneiden. Obwohl für jeden Wolf mehr als ein Elch zur Verfügung stand, wurden alle Elche, einer nach dem anderen, gerissen.

Ein durchschnittliches Rudel Wölfe zählt fünf bis acht Stück. In diesem Rudel ist meistens nur ein dominantes Paar. Nur dieses Paar sorgt für die Nachzucht (sechs bis sieben Tiere). Die anderen Mitglieder sind die Jungen dieses und des davorliegenden Jahres. Weitere außenstehende Wölfe werden durchaus vom Leitpaar akzeptiert.

Das soziale Gefüge in einem Wolfsrudel hat viele Wissenschaftler zu jahrelangen Studien veranlaßt. Interessant ist die Rangordnung untereinander und gegenüber anderen, außenstehenden Wölfen. Jeder Wolf in einer Gemeinschaft kennt genau seinen Platz innerhalb der Wolfshierarchie. Für den beobachtenden Jäger ist die Schweifhaltung ein sehr sicheres und markantes Zeichen für den Rang eines Wolfes. Sollte ein Jäger in der Lage sein, unvorhergesehen den Leitwolf und zusätzlich gar noch die Leitwölfin zu erlegen, ist der Abschuß weiterer Wölfe fast sicher. Das Rudel erscheint plötzlich hilflos und läuft innerhalb weniger Minuten oder gar Sekunden den Jägern erneut vor die Waffe. Auf diese Weise hat ein deutscher Gast-

jäger innerhalb von wenigen Minuten sechs Wölfe erlegen können. „Und ich wollte gar nicht mal so dringend einen Wolf", gab er nachher fast verlegen zu.
Während der normalen Jagdzeit auf alles nordamerikanische Wild kann man im Norden British Columbias, des Yukon und Alaskas auf den Wolf Weidmannsheil haben. Eine vorsorglich erworbene Abschußlizenz für einen Wolf sollte der Jäger bei sich führen. Jeder Jäger tut gut daran, mit diesem Weidmannsheil nicht stark zu rechnen.
Die beste Zeit für eine Spezial-Wolfsjagd ist Ende Februar/Anfang März, wenn die Ranzzeit einsetzt. Einige Outfitter oder auch Rancher, die in der Wildnis leben, fahren mit Motorschlitten zu den Seen und offenen Flächen und sitzen an „zufällig dort liegenden" Ködern an. An dieser Stelle ist zu erwähnen, daß Ködern in B. C./Yukon grundsätzlich untersagt ist. Bei der Wolfsjagd werden diese sonst sehr streng gehandhabten gesetzlichen Bestimmungen von den zuständigen Beamten ein wenig vernachlässigt.
Einige Outfitter wohnen mit ihrer Familie weit draußen in der Wildnis. Es ist nicht ungewöhnlich, daß sich Wölfe auf die Grundstücke wagen, um ihren verhaßten Feind, den Haushund anzugreifen. Viele Haushunde gehen in den einsamen nördlichen Gebieten auf diese Weise verloren. Auch kommt es vor, daß Hündinnen von Wolfsrüden beschlagen werden. Meistens reißt der Wolfsrüde nach dem Akt die Hündin. Ist das nicht der Fall, werden diese Halbwölfe normal aufgezogen und in das Hofleben mühelos integriert.

Zukünftige Jagdaussichten auf Wölfe

Die riesengroßen unbezähmbaren Länder B. C., Yukon und Alaska bieten Wölfen für lange Zeit hinreichend Lebensraum. Die Nachwuchsfrage regelt sich in Verbindung mit dem Futterangebot. Daran dürfte auf lange Sicht in diesen Natur- und Wildnisgebieten kein Mangel herrschen. Der einheimische Jäger jagt kaum auf den Wolf, weil er als genießbares Wildbret nicht geschätzt wird. Da zusätzlich die Bejagung des Wolfes

sehr schwierig ist, kann davon ausgegangen werden, daß das Weidwerk auf den Wolf noch lange möglich sein wird.
Aufgrund der z. Zt. herrschenden Wolfsplage sind die behördlichen Lizenzen erfreulicherweise billiger geworden, so daß jeder Jäger in der Lage ist, diese zusätzlich, reizvolle jagdliche Möglichkeit auszukosten.

Alaskanische Wolfsbestände
Die jagdbehördliche Statistik Alaska gibt für das Jagdjahr 1985/86 einen geschätzten Wolfsbestand von etwa 4.900 bis 6.200 Wölfen an.
In diesem Jagdjahr betrug der gemeldete Abschuß bzw. Fang 673 Stück, während in Wirklichkeit wohl ca. 780 Wölfe erlegt worden sind.
Diese etwa 5.000 bis 6.500 Wölfe Alaskas sind gemäß Angabe der *Alaska Fish and Game Department* in Juneau in 706 bis 873 verschiedene Wolfsrudel („packs“) verteilt.
Die meisten Wölfe wurden von Trappern erbeutet. Etwa die Hälfte der geschossenen Wölfe ist in den Vorjahren von Jägern erlegt worden, die andere Hälfte von Trappern.

Wolfsstatistik des Yukon

Der Bestand an Wölfen im Yukon wird auf etwa 4.000 bis 5.000 geschätzt. Die meisten der jährlich ca. 70 erlegten Wölfe werden während der Jagd auf anderes Wild „nebenbei“ erbeutet.

Im Durchschnitt werden auf den ca. 300 „Trapplines“ des Yukon jährlich lediglich 111 gefangen/erlegt.

Der rapide Anstieg des „wolf kill“ 1982 ist auf den Konflikt Wolf/Rindvieh in der Whitehorse-Gegend zurückzuführen.

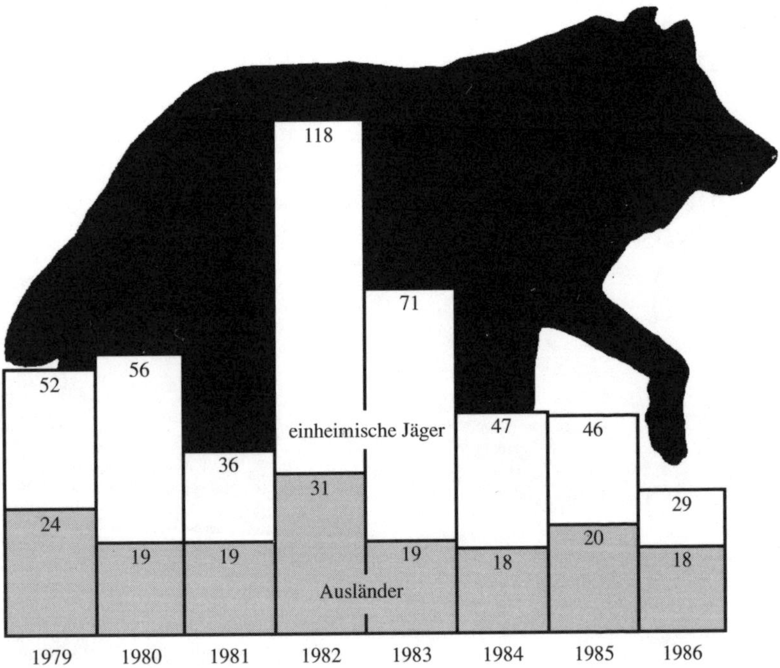

Der Wapiti

Der Wapiti (Cervus canadensis) ist ein enger Verwandter unseres Rothirsches. Der Name *Wapiti* stammt aus dem Indianischen und wird, um Verwechselungen mit dem Elch zu vermeiden, bevorzugt. „Elk“ ist in Nordamerika die gebräuchlichere Bezeichnung für diesen Riesenhirsch. Der Wapiti ist nach dem Elch der größte Cervide der Erde.
Die Hauptverbreitungsgebiete des Wapiti liegen in den USA, insbesondere in den Staaten Colorado, Wyoming, Montana, Washington und Oregon. Die Ausläufer dieser Herden in den Rocky Mountains gehen tief nach B. C. hinein.
Wir unterscheiden zwei Wapitiarten in Nordamerika:

1. *Rocky Mountain-Hirsch* (Cervus canadensis nelsoni)

Die Verbreitungsgebiete dieses Hirsches liegen, wie der Name schon andeutet, in den Rocky Mountains British Columbias und zwar von der US-Grenze bis in den hohen Norden um Ft. St. John (siehe Verbreitungskarte Seite 368).
Wir brauchen uns hier wenig mit dem Biotop, der Verhaltensweise und sogar dem Aussehen befassen. Er ist nämlich unserem europäischen Rothirsch sehr ähnlich. Neben seiner imposanten Größe unterscheidet er sich vom Rothirsch durch seinen pfeifenden Brunftlaut anstelle des imposanten Röhrens. Das Lebendgewicht eines kapitalen Hirsches beläuft sich um die 500 Kilogramm, während seine Trophäe 25 Kilogramm auf die Waage bringen kann. Einer der weiteren, wenigen Unterschiede zu unserem Rothirsch liegt in der Trophäenform. Die reife Wapititrophäe bildet nicht immer die beim Rothirsch übliche Krone. Schließlich fällt dem Wapitijäger auf, daß ein großer, heller Fleck das Hinterteil des Wapitis ziert.
Der Rocky Mountain-Wapiti ist der stärkere der beiden Arten. Sein etwas schwächerer Vetter ist der Roosevelt-Hirsch.

2. *Roosevelt-Hirsch* (Cervus canadensis roosevelt)
Der Roosevelt-Hirsch ist nur auf der B. C. vorgelagerten Insel *Vancouver Island* und in Alaska zu finden. Seine Trophäe ist ein wenig ausladender als die des östlichen Verwandten in den Rockies.
Wir sollten uns durch die obigen Zahlenangaben nicht unbedingt in erwartungsvolle Hochstimmung versetzen lassen. Diese 25-Kilogramm-Hirsche sind so selten zu erlangen, wie wir in einem normalen Rotwildrevier einen 1 A-Hirsch antreffen. Viel Glück, Geduld und höchstwahrscheinlich zwei oder gar drei Jagdreisen sind erforderlich, um so eine Lebens- oder Traumtrophäe zu erjagen. Dessen sollten wir uns bewußt sein, wenn wir die vielen, schönen, farbigen Prospekte und Angebote erhalten. Wenn wir dieses Faktum akzeptieren, können wir keine enttäuschende Wapitijagd haben. Insbesondere deshalb, weil wir die Chance haben, diesen 25-Kilogramm-Trophäenhirsch (oder ein wenig darunter) zu erlegen, ohne daß wir einen einzigen Penny (vom anschließenden Tottrinken einmal abgesehen) auszugeben haben. Selbst ein „normaler" Wapiti kostet nicht mehr als sein Verwandter in Ungarn, Polen oder anderswo. Auf keinen Fall brauchen wir zu befürchten, daß wir bei einer Rekordtrophäe unseren Mercedes als Einlösungspfand im Revier lassen müssen, wie es bei der Hirschjagd in Ungarn vorgekommen sein soll. Darüber hinaus haben wir bei einer Wapitijagd immer die Möglichkeit, den Maultier- oder Weißwedelhirsch, den Schwarzbär, die Schneeziege und mitunter sogar den Grizzly zu bejagen. Auch das Rocky Mountain Dickhorn-Schaf ist im gleichen Revier des Wapiti zu finden.
Wapiti-Verbreitung in B. C. (siehe Karte Seite 368).

Alaska-Wapiti
Der Roosevelt-Elk Alaskas ist nur in der GMU Nr. 8 zu finden, und zwar auf den Raspberry- und Afognak-Inseln. Sein Bestand wird auf etwa 1.100 Stück geschätzt. Im Jahre 1986 wurden 138 Hirsche („bulls") und 62 weibliche Stücke („cows") erlegt.

Der Vielfraß

Der Vielfraß (Gulo gulo) ist ein Mitglied der Marderfamilie. Er ist ihr größter Repräsentant. Die Marderfamilie gehört zu den wichtigsten ökonomischen Faktoren des kanadischen Nordens, insbesondere des Nordwestens. Bis in die heutige Zeit bilden diese hervorragenden Pelzlieferanten den Grundstock eines wichtigen Erwerbszweiges der nördlichen, sonst wirtschaftlich unterentwickelten Regionen Kanadas und Alaskas. Mitglieder der Marderfamilie sind in allen Teilen des Landes vorzufinden. Die Reviere des Vielfraßes sind die einsamen, großen Wälder und Sümpfe sowie das Hochgebirge. Mit anderen Worten, er ist fast überall in B. C., Alaska und dem Yukon anzutreffen. Er meidet die Zivilisation und natürlich den Menschen. Da er vorwiegend Nachtjäger ist, bleibt es nur wenigen Jägern vorbehalten, ihn einmal schußsicher vor die Büchse zu bekommen.
Der Mythos, ein äußerst aggressives und starkes Wild mit kurzen Läufen und enormer Beißkraft zu sein, eilt ihm weit voraus. Vielfraß und Trapper scheinen untereinander eine Haßliebe eingegangen zu sein. Beliebt sind sie wegen ihrer hervorragenden Pelzqualität. Vielfraßfelle frieren nicht. Sie werden bevorzugt für Parka-Kaputzenumrandungen verwandt. Hiermit hört die „Liebe“ aber auf.
Es gibt wohl kaum einen „oldtime trapper“, der nicht schon einmal den Besuch eines Vielfraßes in der Trapperhütte gehabt hat. Nur ein Mensch, der das schon einmal erlebt und gesehen hat, kann sich eine derartige Verwüstung der Inneneinrichtung und Lagervorräte vorstellen. Es bleibt nichts, aber auch gar nichts aufeinander liegen. Keine Tüte, kein Sack oder gar Dose bleiben verschont. Deren Inhalt wird – wenn nicht gefressen – in alle Winde verstreut. Leder und Bekleidungsstücke werden zerrissen, selbst der eiserne Yukonofen muß sich Mißhand-

lungen gefallen lassen. Alles ist dann mit einem weißen Mantel, dem Mehl, überzogen und leicht versüßt – durch den einstmals in Gläsern oder Dosen gefüllten Zucker.
Damit aber nicht genug des „guten Verhältnisses“ zwischen Vielfraß und dem ihn jagenden Trapper. Der Fallensteller hat bekanntlich durch den Wald seinen Pfad, die sogenannte „trappline“. Genau diese scheint auch der Vielfraß zu haben. Das hat zur Folge, daß der Trapper bei seinem etwa dreitägigen Rundgang zwecks Falleninspektion feststellt, daß sein begehrtes Beutetier ihm um einige Stunden voraus sein muß, denn alle fängigen Fallen wurden vom Vielfraß vorher „inspiziert“. Daraus resultiert, daß seine mühselige, harte Arbeit von einigen Tagen umsonst war.
Von all dem Geschehen „hinter den Kulissen“ sieht natürlich ein Gastjäger nichts. Er kann sich nur freuen, wenn er einmal diesen heimlichen „Räuber“ zu sehen bekommt.
Sollte der Schuß auf den Vielfraß nicht sofort tödlich sein, ist allerhöchste Vorsicht geboten. Der Vielfraß ist als sein eigenes Leben mißachtender Angreifer bekannt. Seine Aggressivität, so wird von einigen buscherfahrenen Jägern berichtet, läßt unter Umständen sogar den König der Wildnis, den Grizzly, ausweichen, wenn er auf einen „wolverine kill“ kommt. Der Wolverine ist nicht sonderlich schnell oder elegant. Seine, der Hyäne Afrikas vergleichbar starken und kräftigen Kieferknochen scheinen alle Wildarten zu respektieren. Ihm wird nachgesagt, daß er mit einem Biß ein Bein oder einen Arm zersplittern kann.
Alle Mitglieder der Marderfamilie dürfen nur von lizensierten Trappern erlegt oder gefangen werden. Ausgenommen von dieser Regelung sind das Stinktier und der Vielfraß. Beide können während der normalen Jagdzeit ohne extra Abschußlizenz erlegt werden (es gibt *sehr* wenig Jäger, die sich ein relativ interessantes Stinktier als Trophäe mit nach Hause nehmen, obwohl ihr Fell sich im Jagdzimmer gut ausmacht . . .)

Vielfraßstatistik des Yukon
Der Vielfraß ist im gesamten Yukon-Territorium beheimatet. Die von Trappern gefangene Anzahl wird mit ca. 110 Stück pro Jahr angegeben.

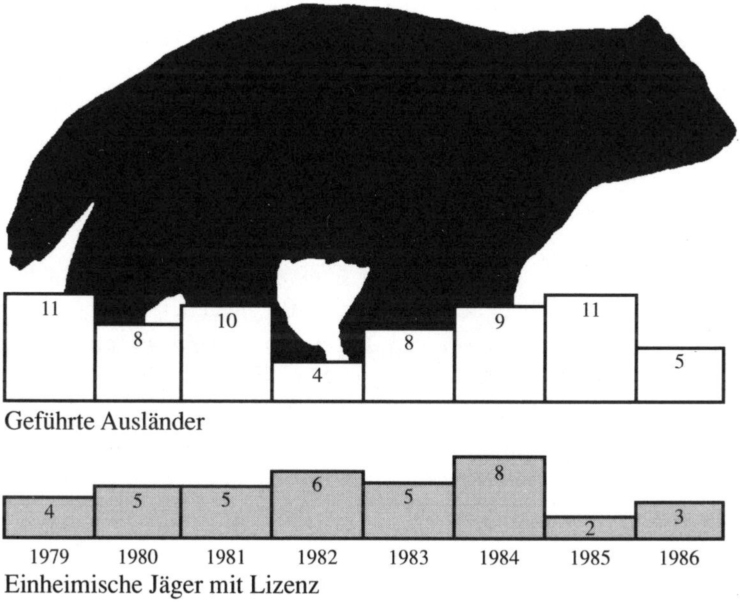

Luchs, Wildkatze, Coyote

Luchs (Lynx lynx canadensis)

Der Luchs sollte ein uns vertrautes Stück Wild sein, bewohnte er doch den größten Teil unserer europäischen Wälder.

In den nordwestamerikanischen Revieren ist er in annähernd unverminderter Anzahl vorhanden. Das heißt nicht, daß wir ihn selbst bei mehreren langen Kanada-Jagdreisen jemals zu Gesicht bekommen. Er ist ein heimlicher, dazu noch nächtlicher Jäger, ausgestattet mit Sinnen, die es ihm ermöglichen, sich dem Menschen gegenüber fast unsichtbar zu machen. Wer von uns macht sich schon die Mühe und prüft jeden Baum bis in die Krone, wenn er durch den Urwald pirscht. Das ist ein fast unmögliches Unterfangen, zumal es aussichtslos wäre. Selbst einen 100 Kilogramm schweren Cougar können wir kaum in einem Baum ausmachen, so sehr paßt er sich in Farbe und eleganter Körperform seiner luftigen Umwelt an. Einen Luchs im Urwald in einem Baum zu entdecken, ohne genau zu wissen, daß er dort oben ist, ist annähernd unmöglich.

Nur Hunde können uns beim Aufspüren dieser großen Katze behilflich sein. Aus diesem Grund werden Luchs-Jagden nur im Winter mit der Meute angeboten. Selbst das ist nicht einfach, da der Luchs im Vergleich zum Cougar wenig Witterung hinterläßt. Luchsjagden werden vorwiegend in Verbindung mit der winterlichen Cougarjagd als ein mögliches, zusätzliches Erlebnis angeboten. Das gleiche gilt für die „bob cat“.

Wildkatze (Lynx rufus)

Die „bob cat“ ist nicht ganz so groß wie der Luchs, aber mindestens doppelt so groß wie Peter, unser dicker Hauskater.

Auch die Wildkatze ist in großen Teilen British Columbias vertreten.

Verhaltensweise, Bejagung und Biotop, alles ist sehr ähnlich wie beim Luchs, und wir brauchen daher hier nicht weiter darauf einzugehen.

Coyote oder Heulwolf (Canis latrans)
Der Coyote liegt in Größe und Aussehen zwischen Wolf und Fuchs. Er wirkt langläufiger als der Fuchs, hat aber eine Lunte wie dieser. Der Coyote gilt als Kulturfolger, während der Wolf so weit es ihm möglich ist, den Menschen meidet. Von vielen Jägern wurde der Coyote in den wenig zu verbleibenden Schußsekunden fälschlicherweise als ein Wolf angesprochen.
Wir finden diesen ebenfalls klugen und vorsichtigen Räuber oft in der Nähe der Rinder-Ranches. Dort wartet er darauf, daß die frisch gesetzten Kälber einmal für kurze Zeit allein sind. Wenn das nicht klappt, begnügt er sich auch mit der Nachgeburt. Er stellt natürlich auch allem Wild nach, wenn er es in hilflosen Situationen erbeuten kann.
Der unter uns, der mit ein wenig mehr Zeit per Kfz durch das Land fährt, kann den Coyoten während des Tages neben der vielbefahrenen Highway auf der angrenzenden Wiese wie einen Fuchs mäuseln sehen. Leider weiß auch der Coyote, daß sein Fell ab September gefragt ist, so daß er es vorzieht, zu der Zeit der rauchenden Twentytwos (22er) lieber den Mäusen im Unterholz nachzustellen. Auch in Kanada kümmern sich bis September Wildgänse, Coyoten, Enten, die verschiedenen Deer-Arten und sogar Elche wenig um den Highway-Verkehr. Nach dem ersten Probeschuß in der Nachbarschaft bleiben die offenen Stellen allein den Hereford-Kühen und den Pferden überlassen. Für den Coyoten wie für den Luchs und die Wildkatze brauchen wir keine extra Wildmarken zu erwerben. Sie können während einer Kombinationsjagd mitbejagt werden.
Wo die einzelnen Arten anzutreffen sind, sollten wir aus dem anliegenden Kartenmaterial entnehmen.

Koyotenstatistik des Yukon

Der Coyote ist nicht unbedingt im Yukon zu Hause, obwohl er heutzutage schon um Dawson City vorkommt. Im Süden des Yukon ist er geringfügig vorhanden.

Einheimische erlegen im Jahresdurchschnitt ca. 46 Coyoten, während „non residents" deren Bälge ganz selten mit nach Hause nehmen. Selbst Trapper „ernten" lediglich ca. 150 Stück pro Jahr.

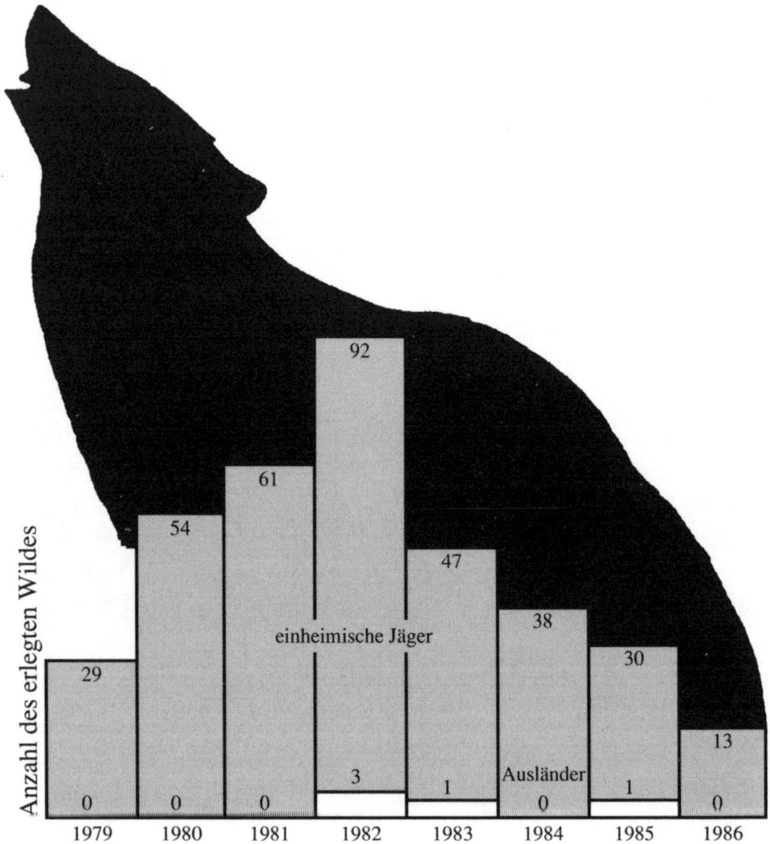

Niederwild

Die Jagd auf Niederwild wird innerhalb der zur Verfügung stehenden Jagdtage in Kanada und Alaska „nebenbei" betrieben. Die zur Verfügung stehende Jagdzeit ist meist zu kurz, als daß die Jäger durch zusätzliche Geräusch- und Geruchsverbreitung ihr „Großwild" zu vergrämen riskieren. Trotzdem kann die Jagd auf Niederwild – vor allem nach erfolgter Erlegung des ersehnten Hochwildes – eine äußerst reizvolle, vorher kaum erwartete, jagdliche Beschäftigung sein.

Die Niederwildjagd in Nordwestamerika sollten wir in zwei Kategorien einteilen:

1. Die Jagd auf alle Zugvögel (vorwiegend Enten und Gänse).
Prinzipiell kann gesagt werden, daß in allen nordwestamerikanischen Revieren eine Vielzahl von Flüssen, Seen und Tümpeln aller Art und Größe anzutreffen sind. Auch sind die meisten Reviere mit einer Menge kleinerer, bis quadratkilometergroßer Sümpfe und Moore (engl. swamps) durchsetzt. In fast allen Revieren gibt es zumindest einen großen See, an dem dann gleichzeitig das Hauptjagdlager errichtet ist. Aufgrund dessen sollte man meinen, viel Wasserwild anzutreffen. Das ist leider, im Verhältnis zu europäischen Wasser- und Moorflächen, nicht der Fall. Sicherlich sind auf allen Gewässern Enten und auf einigen Gänse.
Wenn Diana es will, daß nach Süden ziehende Gänse sich gerade „unseren See" als ihren Lande- und Ausruheplatz auserkoren haben, kommt in so manch einen „Großwildjäger" plötzlich zusätzliches Leben. Der Jäger wird spätestens beim zweiten erfolglosen Versuch eingesehen haben, daß die Jagd auf Gänse zumindest genauso schwierig, wenn nicht noch schwieriger ist als die Jagd auf den Elch oder den Bär.

Allein in B. C. gibt es mehr als zwanzig verschiedene, jagdbare Entenarten. Dazu kommen noch viele geschützte Enten.
Die alldominierende Kanadagans – im Herbst zu tausenden in den Prärien einfallend – ist im Westen Kanadas mit sechs unterschiedlichen Arten vertreten. Dazu kommen noch mehrere Schneegänsearten, die Brantgans und die sogenannte „Roß-Gans".
Der Grund, weswegen wir die Niederwildjagd in zwei Kategorien eingeteilt haben, ist rechtlicher Natur. Die Jagd auf Zugvögel erfordert in Kanada den Erwerb einer gesonderten Zugvogellizenz. Diese ist nur in den bundeseigenen Postämtern erhältlich, da Zugvögel unter bundesjuristische Hoheit fallen (alles andere Wild fällt unter die Landesgesetzgebung).

2. Huhn, Karnickel, Fuchs, Rabe, Waschbär, Fasan, Schnepfe und Taube.

Es gibt keine Jagd auf das begehrte Großwild, bei der ein Jäger nicht auf die vielen Berg- und Steinhühner stößt. Man sollte vielleicht sagen „tritt". Diese *Sumpf-, Stein-, Wüsten-, Schnee-* oder *Berghühner* sind über die gesamten nordwestamerikanischen Jagdgebiete verteilt. Wir begegnen ihnen auf den arktischen Flächen Alaskas, des Yukon sowie in den Regenwäldern der undurchdringlichen, südlichen Küstenregionen British Columbias.
Dieses Hühnerwild – abgesehen von einigen ortsnahen Teilen – kennt den Mensch nicht als Jäger bzw. Gefahr. Es bleibt schimpfend sitzen, bis wir bis auf ca. acht bis zwölf Meter herangekommen sind, um dann, zwanzig Meter weiter, auf einem Ast aufzubaumen. Die Hühnerjagd kann demnach recht „urig" oder im Pfadfinderstil, nämlich mit der Steinschleuder, erfolgreich betrieben werden. Auf diese Weise erspart sich der Jäger das Herumschleppen eines Kleinkalibers. Vor allem wirkt der sonst lästige Knall nicht störend bei einer Hochwildjagd. Das Wildbret ist eine sehr willkommene Bereicherung des mitunter eintönigen Elchmenüs. Es ist allerdings ratsam, *vor* Antritt der Kanada-Jagdreise viele Probeschüsse und Zielübungen zu machen . . .

Auch Füchse können, wenn sie in den verschiedenen Gebieten offen sind, überall ohne Extrakosten bejagt werden. Lizenzen sind dafür nicht erforderlich.

Schnepfen sind relativ oft anzutreffen. Der europäische Gastjäger dürfte sich in den Augen eines kanadischen Führers bei der Schnepfenjagd in etwa das Image zulegen, das bei mitteleuropäischen Jägern stare- und buchfinkenfangende Südländer besitzen. Die wenigsten kanadischen Jäger wissen überhaupt, daß Schnepfen eine kulinarische wie jagdliche Delikatesse sein können.

Hingegen finden wir den *Raben* auf der Liste des abschußwürdigen Federwildes Nordwestamerikas.

Waschbär, *Stinktier* und *Coyote* (Heulwolf) haben in ihren Verbreitungsgebieten wenig Abschußbeschränkungen.

Das *Stachelschwein* ist in der „hunting regulation" noch nicht einmal erwähnt (von allen Hundeführern ist es zum allgegenwärtigen Feind erklärt worden).

Interessanterweise benötigen ausländische Jäger zur Jagd auf Niederwild keinen einheimischen Jagdführer. Der ausländische Jäger muß sich für die Jagd auf Niederwild bei dem *„Government Agent"* einen Jagdschein erstehen, der gleichzeitig auch als Waffenschein gültig ist.
An dieser Stelle muß ganz deutlich eine *Warnung* ausgesprochen werden: Alljährlich glauben „kluge" Jäger sich im tiefen „bush" einem Bär oder Elch gegenüber „verteidigen" zu müssen. Was bis Anfang der achtziger Jahre bedingt machbar, manchmal geduldet und höflich übersehen wurde, ist heute nicht mehr möglich. Die Chance, einen Elch, Bär oder anderes Wild außer Landes, ja das Wild sogar unbemerkt aus dem „bush" zu bekommen, muß als äußerst gering angesehen werden. Die Bevölkerung ist durch die amtlichen Medien zur Mithilfe gegen derartige Wilderei angehalten und leistet diese auch.

Genau wie wir in Europa einen amerikanischen Touristen zwischen den Sommergästen heraus erkennen, werden europäische Jäger in Nordamerika erkannt. Auch wenn sich dieser Jäger noch so sehr mit Cowboy-Hut und Jeans verkleidet. Außerdem ist der Weg zum Flugplatz lang, die Kontrolle relativ einfach und die Möglichkeit groß, seine Waffe zu verlieren, sein Flugzeug (gewaltsam) zu verpassen und eine mehrere tausend Dollar hohe Geldstrafe mit späterem Einreiseverbot zu erhalten.

Jeder bewaffnete Europäer, der sich ohne den meist bekannten Führer in Jagdgebieten aufhält, wird von der Bevölkerung unmerklich, aber sicher beobachtet.

Niederwild: Ja, – aber auch *nur* Niederwildjagd!

Jedem passionierten Weidmann, der eine Urlaubsreise in das herrliche Land macht, ist zu empfehlen, eine Flinte mitzubringen, falls der Reisepartner nichts gegen einige Stunden in den Sümpfen, an den Seerändern oder im Hochgebirge hat. Es wird abgeraten, einen Drilling im Reisegepäck zu führen. Mit diesem hier als deutsche Wunderwaffe angesehenen Prachtstück läuft man unmittelbar Gefahr, als Wilderer zu gelten. Der meist angeführte Sicherheitsaspekt gegenüber wehrhaftem Wild wird nicht geglaubt – und ist auch nicht nötig (gleiches gilt für Bockbüchsflinten). Sollten dem europäischen Niederwildjäger ernsthafte Bedenken aus Sicherheitsgründen kommen, wird die Mitnahme von Flintenlaufgeschossen empfohlen. Diese werden von kontrollierenden Beamten als Sicherheitsfaktor anerkannt. Auf *keinen* Fall dürfen Faustfeuerwaffen mitgebracht werden.

Die Jagd auf Niederwild beginnt in den meisten Territorien des Landes Mitte/Anfang September.

Gemeldete Gänse- und Entenabschüsse Kanadas 1990/91

	Enten	Kanada-gänse	Andere Gänse	Wasser-tiere gesamt
Neufundland	92.000	8.000	200	100.300
Prinz Edward-Insel	20.300	22.900	1.900	45.100
Neu Schottland	103.600	6.700	200	110.400
Neu Braunschweig	70.000	8.800	700	79.400
Quebec	457.000	57.400	61.000	575.800
Ontario	684.700	95.900	7.200	787.800
Manitoba	111.900	65.600	61.600	239.100
Saskatchwan	115.900	102.500	59.200	277.600
Alberta	231.700	125.900	30.500	388.100
Britsch Kolumbien	95.700	14.700	800	111.200
Nordwesten	4.700	800	700	6.100
Yukon	500	400	–	1.000
Kanada	1 988.400	509.500	223.989	2 721.900

Der Moschusochse

Der Moschusochse (Oribos moschatus)
Der Moschusochse ist das Urwild des arktischen Nordens. Seine Anzahl ist sehr gering, gemessen an anderem jagdbaren Wild. Aus diesem Grund ist deren Bejagung in *Alaska* an ein Verlosungsverfahren gebunden. Jäger, die auf diesen etwa ponygroßen Ochsen weidwerken wollen, müßen sich ein Jahr vorher anmelden, so daß der Outfitter den Namen des Jägers zur Auslosung eingeben kann.
In folgenden Gebieten Alaskas wird der „muskox" bejagt. Gleichzeitig wird die geschätzte Anzahl und die Anzahl der erlegten Stücke angegeben:

	Geschätzte	Erlegte Stücke		
GMU	Anzahl	m	w	insgesamt
18 (Nunivak Insel)	500 – 550	28	42	70
18 (Nelson Insel)	287	9	15	24
22 (Seward Halbinsel)	271	–	–	–
23 Kotzebue Meerenge	?	–	–	–
26 B, 26 C	476	3	–	3

Angaben des *Alaska Department of Fish an Game*, Juneau 1987.

Nähere Auskunft erteilt der jeweilige Outfitter.

Da kann man sich nur mit den glücklichen Jägern freuen.

Der Cougar – eine heimliche, nur bei Schnee erfolgreich zu bejagende Großkatze.

DRITTER TEIL

Jagdrevier-Beschreibung

Die drei Jagdgebiete

1. Alaska

Gesamtfläche:	1.5 Mill. Quadratkilometer (= ca. doppelte Größe von Deutschland und Frankreich zusammen). 35 % des Landes bewaldet; im Gebirge folgen auf Nadelwälder Weiden- und Birkengebüsch, darüber Höhentundra, die ca. ein Drittel des Landes ausmacht, 70 % des Landes liegt im Bereich polaren Dauerfrostbodens.
Einwohner:	500.000 (1985)
Hauptstadt:	Juneau – 14.000 Einwohner
Größte Stadt:	Anchorage – 227.000 Einwohner
Längster Fluß:	Yukon – 3.700 Kilometer
Höchster Berg:	Mount McKinley – 6.100 Meter
Klima:	Im Landesinnern trocken und kalt; an West- und Südküste regnerisch.
Wirtschaft:	Fischfang, Holzwirtschaft, Erdöl/Gas, Kohle und Gold.

2. Yukon

Gesamtfläche:	ca. 500.000 Quadratkilometer Ausgedehnte Waldbestände mit vorherrschendem Fichtenanteil besonders im Süden und Südosten.
Einwohner:	ca. 25.000
Hauptstadt:	Whitehorse
Längster Fluß:	Yukon River – 2.500 Kilometer
Höchster Berg:	Mount Logan – 5.950 Meter
Klima:	Im Südwesten Temperaturen niedriger als im Landesinneren, Nordwinde verursachen absolute Extremtemperaturen (von + 20°C bis zu – 62 °C)
Wirtschaft:	Vorwiegend Bergbau (Gold, Silber, Blei-, Zink- und Kupfererze.) und Jagd.

3. British Columbia

Gesamtfläche:	ca. 1 Mill. Quadratkilometer (= fast dreimal so groß wie die Bundesrepublik) Neben Nadelwäldern Mischwälder mit Schwarzpappeln und Zedern, 95 % der Landesfläche ist Bergland
Einwohner:	2.87 Mill. (= fast soviel wie Berlin)
Hauptstadt:	Victoria – 64.000 Einwohner
Größte Stadt:	Vancouver – ca. 1 Mill. Einwohner
Längster Fluß:	Fraser River – 1.370 Kilometer
Höchster Berg:	Mount Robson – 3.954 Meter
Klima:	Im Küstenbereich relativ ausgeglichen mit hohen Niederschlägen – nach Osten abnehmend, trocken
Wirtschaft:	Papierherstellung, Holzwirtschaft, Bergbau (Kupfer, Zink und Blei), Erdgas- und Erdölfelder nördlich des Peace-River.

A

Tesslin-Revier

In diesem Revier sind folgende jagdbare Wildarten – aufgeführt nach der Häufigkeit ihres Vorkommens – vorhanden:

Stone- und Fanin-Schaf
Elch (Alces alces gigas)
Caribou
Grizzlybär
Schwarzbär
Wolf und Vielfraß

Die Jagdmöglichkeiten auf Elch und Schaf sind gleich gut.

Geographische und topographische Revierbeschreibung
Das Revier ist ca. 6.500 Quadratkilometer groß. Es ist ein reines Wildnisrevier, d. h. es gibt keine Straße und keinen Weg dort hinein. Das Revier liegt unmittelbar an der Yukongrenze, der *Alaska Highway* bildet die nördliche Reviergrenze. Der „Tesslin Lake" liegt im westlichen Teil des Revieres.
Der Jäger befindet sich in einem typischen Yukon bzw. Nord-B. C.-Wildnisrevier. Langgestreckte, kahle Gebirgsmassive – oft unterbrochen von Nadelkrüppelhölzern – kennzeichnen diese grandiose Landschaft. Das ganze Landschaftsbild ist auch durch die ständig wiederkehrenden Moore und Sümpfe geprägt. In den höher gelegenen Regionen (meist große Plateaus) herrschen die Moore vor, während in den niederen Lagen Weiden- und erlendurchwachsenen Sümpfe, das Idealbiotop des Elches,

zu finden sind. Am Fuße der Berge bieten schwer zugängige Nadelholzwälder allem Wild hinreichend Deckung.
Die über das Gesamtlandschaftsbild herausragenden, schroffen, sturmzerzausten Gebirgsmassive beherbergen die Bergschafe. An den Hängen wiederum sind die Schneeziegen zu finden. Das Revier ist ohne den Einsatz von Wasserflugzeug und Pferden nicht zu bejagen.

Klima, Wetter, Biotop

Das allgemeine Klima ist das des Yukon oder Alaskas: trokkenes, absolutes Binnenlandklima. Die Sommer sind heiß und moskitoverseucht, die Winter grimmig kalt und glasklar. Die interessanteste Jahreszeit, der Herbst, ist glücklicherweise auch die schönste Zeit des Jahres – nicht nur für den Jäger. In dieser Jahreszeit sind die Moskitos bereits ausgetrocknet (oder nachts erfroren), und wir können die angenehmen Tagestemperaturen von 8 bis 15 ° Celsius genießen. Die Nächte sind dann schon frostklar (bis 10 ° Celsius) und tagsüber beherrscht vorwiegend blauer Himmel das Tagesgeschehen.
Leider muß man auch hier mit der Laune des Wettergottes rechnen und auf alles nur erdenkliche Wetter gefaßt sein. Der Schneesturm im September oder Oktober ist genauso möglich wie eine Hitzewelle die mit Tagestemperaturen bis 22 ° Celsius während der Jagdzeit dem Jäger – und dem Wild – viel zu schaffen macht.
Für den unerfahrenen Nordamerika-Reisenden sollte jedoch besonders hervorgehoben werden, daß aufgrund der äußerst geringen Luftfeuchtigkeit Kälte und Wärme wesentlich angenehmer empfunden werden. Hohe Temperaturen sind nicht so drückend wie in Europa, während tiefe Kältetemperaturen bei weitem nicht so spürbar sind wie in Deutschland, Österreich oder der Schweiz.

Der Outfitter und die Reviergeschichte

Das Revier befindet sich fast zwei Jahrzehnte im Besitz des derzeitigen Outfitters, der mit seiner fünfköpfigen Familie ganz-

jährig in der Wildnis lebt. Seine Pferde überwintern im 1.000 Kilometer entfernten Alberta, da der Heutransport für die langen Wintermonate zu kostspielig werden würde.
Die Outfitter-Familie ist tiefreligiös. Für den ausländischen, oft unsicheren Gast ist das die beste Garantie für Ehrlichkeit und Offenheit. Der Outfitter verzichtet lieber auf einen Jagdgast, als daß er ihm Jägerlatein als Fakten zu „verkaufen" versucht. Das ist eine Eigenschaft, die heute leider im internationalen Jagdgeschäft sehr selten anzutreffen ist. Aus Respekt gegenüber dieser Einstellung sollten kein Alkohol oder „unterhaltsame Lektüre" in das Camp mitgenommen werden.
Damit der Gastjäger nicht allzusehr vergrämt wird bei soviel ungewohnter Anständigkeit, sei ihm versichert, daß er hier weder belästigt noch missioniert werden wird. Besonders zu empfehlen ist dieses Revier für den Aufenthalt mit einer nichtjagenden Begleitperson.
Verteilt über die Revierfläche liegen feste Hütten oder, wenn erforderlich, Zelt-Camps, je nach gewünschter Wildart. Alle Hütten sind, gemessen an österreichischem Standard, primitiv. Sie erfüllen den Zweck der schützenden Unterkunft, sie sind trocken und warm, und wir schlafen auf Holzpritschen (mit Schaumstoffunterlage).

Elch

Der Elch ist in diesem Revier der „Alces alces gigas", der sogenannte Alaska-Elch. Er ist überall in diesem urigen, endlos erscheinenden Biotop zu finden. Am sichersten und einfachsten ist die Jagd per Pferd. Vom Pferderücken aus können wir die mannshohen Weide- und Erlenbüsche zufriedenstellend überschauen. Ist der Elch einmal ausgemacht und angesprochen, werden die Pferde angebunden und das Stück pirschend angegangen.
Elche, Bären und fast alles andere Großwild benötigen sechs bis acht Jahre, um die volle Reife zu erlangen. Aus diesem Grund findet man in nordamerikanischen Revieren, vor allem denen Alaskas, sehr oft wenige alte, reife Trophäen. Dieses trifft besonders auf die Reviere zu, die über viele Jahre einen

„guten Ruf“ hatten, insbesondere jedoch für die jagdlichen Territorien, die von europäischen Buchungsagenturen konstant mit Jägern versorgt werden. Bei diesem Revier handelt es sich um eines derjenigen mit diesem sogenannten „guten Ruf“. Der Unterschied zu anderen Revieren besteht darin, daß der Outfitter sich eine Selbstbeschränkung auferlegt hat. Konkret heißt dies, daß er in diesem riesigen Revier jährlich bis maximal zwanzig Jäger annimmt. Auf diese Art wird eine Überbejagung verhindert und der Jäger hat die Chance, alte Trophäen zu erlangen. Trophäen, die in Auslage, Gewicht und Form denen Alaskas nichts oder nur minimal nachstehen. Etwas, was noch wichtiger für einen weitangereisten und viel Geld zahlenden Jäger ist: Die Chancen, auf einen guten Elch zu Schuß zu kommen, sind größer als in Alaska und an manchen Stellen des Yukon.

Schafe

Den Hauptbestandteil der Schafpopulation bilden die *„Stone Sheep“*. Aufgrund der unmittelbaren Nähe Alaskas, vor allem aber des Yukon, haben sie sich mit dem nördlichen *„Dall Sheep“* gekreuzt. Dieses Mischschaf, das sogenannte *„Fanin Sheep“* bildet etwa ein Viertel der Schafbestände dieses Revieres.

Die Jagd ist sehr hart und erfordert stundenlanges Reiten und anschließendes strapaziöses Pirschen. Jeder Jäger sollte sich zuerst und dann den Outfitter fragen, ob er in der Lage ist, diese Strapazen mitzumachen. Viele „reife Weidmänner“ (das könnte so kurz über die 60 Lenze sein) haben erfolgreich (gesund und lebend) diese Jagd hinter sich gebracht.

Das Revier hatte 1991 acht Schafe frei. Die Erfolgschancen sind recht gut, wenn der Jäger vorher Weitschüsse hinreichend geübt hat. Mitunter sind Weitschüsse bis 350 Meter erforderlich – der Autor hat bereits mehrmals in diesem Revier den „ghost ram“ (Geisterwidder) von ca. 45 Zoll (115 Zentimeter) mächtigen Schnecken vor die Büchse zu bekommen versucht. Selbst der Outfitter weiß nicht mehr so recht, ob er diese Lebenstrophäe nicht als „Werbemittel“ behalten soll. Andererseits reizen die Angebote der Amerikaner mit ihren schier unbegreiflich hohen Angeboten. Ob doch nicht bald die Wölfe die Rekorde brechen? –

Grizzlybär
Der Grizzlybärenbesatz ist wie der aller nördlichen Inlandreviere als durschnittlich gut zu bewerten (Ein Prachtexemplar aus diesem Revier ist auf den europäischen Jagdmessen auf dem Stand der B. C.-Berufsjägervereinigung zu bewundern). Der Grizzly sollte bei einer Elch-, Caribou- oder auch Schafjagd als ein „zusätzliches“ Stück Wild betrachtet werden. Hat der Gastjäger die knapp über 500 Dollar kostende Abschußlizenz in der Tasche, ist er um eine jagdliche Erfolgschance reicher. Ist die besagte Lizenz vor Jagdantritt nicht in seinem Besitz, kann er sie weder nacherwerben noch bei einem plötzlichen Vorkommen dieses Wild erlegen.

Schwarzbär
Die Konditionen, die beim Grizzlybär in diesem Revier angesprochen wurden, gelten auch für den Schwarzbären. Der angenehme Unterschied liegt in der wesentlich billigeren Abschußlizenz. Eine erfolgreiche Schwarzbärenerlegung kann mit einer 50/50-Chance angesetzt werden.

Schneeziege
Dieser weiße Geist nordwestamerikanischer Bergwelt ist in vielen Ecken dieses Revieres anzutreffen. Eine Schafjagd kann und sollte durchaus mit einer Ziegenjagd verbunden werden. Beide Wildarten bevorzugen das Hochgebirge, so daß keine langen, zusätzlichen Wege für die Ziegenjagd erforderlich sind. Bei einer zehn- bis fünfzehntägigen Jagd auf alles andere Wild, ausgenommen des Schafes, sollte auch eine Ziege auf der jagdlichen Wunschliste zu finden sein, da die Erfolgschancen nicht die schlechtesten sind. Nach unserer Ansicht ist es für jeden Gamsjäger, der sich in diesen Breiten aufhält, ein *Muß*, diesem nächsten Verwandten der europäischen Gams nachzusteigen. Für eine Schneeziegenjagd speziell in das Revier zu gehen, kann

nicht empfohlen werden, da es sicherere Reviere gibt (siehe dazu das *„Skeena Revier“*).

Caribou

Das „Woodland“ oder Osborne Caribou – Rangifer tarandus caribou – ist in diesem Revier vertreten. Der Jäger hat die Chance, es zu erbeuten. Die Jagd darauf wird meistens mit der Elchjagd – und den anderen Wildarten – kombiniert. Das Caribou ist in den meisten Revierteilen in geringer Anzahl anzutreffen. Eine „Nur-Caribou“-Jagd wird in diesem Revier insofern nicht empfohlen, weil es bessere (Yukon-Reviere) dafür gibt.

Wolf

Wölfe sind ebenfalls in allen Teilen des Revieres zu finden. Sie während der üblichen 10- bis 15-Tage-Jagd anzutreffen, bleibt nur glücklichen Weidmännern vorbehalten. Jagdbehörde und Outfitter sprechen von einer Wolfsplage in diesen Regionen. Der Autor hat während der Ranzzeit im Februar/März zehn Tage lang mit zwei weiteren Weidmännern alles nur Erdenkliche versucht (u. a. ein halbes Rind geopfert), um erfolgreich zu sein. Ergebnis: Zwei von uns Dreien durften lediglich einen hochflüchtigen Wolf auf ca. 300 Meter beschießen. Der dritte Jäger hat noch nicht einmal einen Wolf zu Gesicht bekommen. Dabei waren nachweislich ca. ein Dutzend Wölfe um uns herum. Ein anderer Elchjäger, der an Wölfen nicht sonderlich interessiert war, brachte innerhalb von zehn Minuten fünf zur Strecke (Schwierigkeiten bereiteten nur die Lizenzfragen . . .) Auf alle Fälle sollte jeder Jäger vorher eine Wolfslizenz erwerben, bevor er das Revier betritt.

Im Winter holt sich der Isegrimm in diesem Revier sogar die Hunde des Outfitters aus dem Hauptcamp. Die Vettern werden herausgelockt und vom Rest des Rudels ihres Rückweges abgeschnitten. Der Outfitter findet noch nicht einmal irgendwelche Reste seines Hundes wieder.
Einem Gastjäger jedoch einen sicheren Wolfsabschuß zu ver-

sprechen, würde kein seriöser Jagdunternehmer, gleichgültig wo im Lande, riskieren.

Jagdzeiten

Schafe:	Mitte August bis Mitte September.
Elche:	Ende August (noch im Bast!) bis Ende Oktober. Beste Zeit: Mitte/Ende September bis Ende Oktober.
Bären:	Bis Anfang/Mitte Oktober.
Wölfe:	Immer.
Caribou:	wie Elche.
Schneeziegen:	wie Schafe.

Transfer

Wir haben unseren Flug bis Whitehorse (Yukon) via Edmonton und Ft. St. John durchzubuchen. Sollte während dieses Kanada-Jagdaufenthaltes auch ein Vancouver-Besuch eingeplant werden, so ist die Endstation des internationalen Fluges nicht Edmonton, sondern Vancouver. Von Vancouver aus fliegen Maschinen direkt nach Whitehorse. Dieser Umweg ist etwas teurer und zeitraubender, für den Jagd-„Touristen" allerdings interessanter.

In Whitehorse wird der Jäger vom Flugplatz durch den Outfitter bzw. seinen Abholdienst in Empfang genommen. In stundenlanger Schotterpisten-Fahrt geht es auf dem Alaska Highway in das Hauptcamp. Für einige hundert Dollar kann sich der anspruchsvollere Jäger von Whitehorse mit einem privaten Wasserflugzeug gleich in das Hauptcamp fliegen lassen. Diese Arrangements sollten aber vorher mit dem Outfitter abgesprochen sein, um unnötiges Warten am Flugplatz zu verhindern. Dieses unmittelbare sich Einfliegenlassen wird besonders günstig, wenn drei und mehr Jäger zusammen ankommen, da diese Maschinen nach „Flugzeug" und nicht pro Person zu bezahlen sind. Auf diese Weise ersparen wir uns die lästigen

Stunden auf der Schotterpiste. Das Abholen durch den Outfitter von Whitehorse ist die billigere Art des letzten Transfers.

Buchungen

Schafjagden sollten mindestens ein Jahr vor der geplanten Jagdzeit gebucht werden. Für alle anderen Jagden wird eine Buchung bis Januar des jeweiligen Jagdjahres empfohlen.

Buchungen werden nur von der Berufsjägervereinigung (siehe Seite 20) angenommen, deren Mitglied der Outfitter seit fast fünfzehn Jahren ist.

Dieses Revier wurde beim B. C.-Reviertest der Zeitschrift „Jäger – Zeitschrift für das Jagdrevier" 1989 besonders gut hinsichtlich des Elchbestandes und dessen guter Trophäen bewertet (auch dazu ein Exemplar zu besichtigen auf den Dortmunder, Wiener, Münchener und Ulmer Jagdmessen auf dem Stand der B. C. Berufsjäger-Buchungsgemeinschaft).

Letzte Meldung:

Soeben sind Verhandlungen begonnen worden mit dem Ziel, das Revier jungen Schweizer Jägern zu überstellen.

Zu erwartende Änderungen:

Saubere, besser geführte Camps; europäisch verläßlicherer Service. Die Führer bleiben dieselben.

B

Hope-Princeton-Lilloet-Revier

In dem nachfolgend beschriebenen Revier sind folgende Wildarten bejagbar. Die Reihenfolge der Aufzählung verdeutlicht die Chancen auf das jeweilige Wild:

Schwarzbär
Maultierhirsch
Cougar (Berglöwe)
Schneeziege
California Bighorn-Schaf
Grizzlybär
Wapiti
Elch

Lage des Reviers
Die Fläche des Revieres reicht bis zu den Süd-Britisch-Kolumbischen Ortschaften *Hope, Princeton* und *Lilloet.* In europäische Dimensionen übertragen, hieße das in etwa: München – Salzburg – Innsbruck und weit darüber hinaus.
Das Revier ist kein reines Wildnisrevier, so wie es der Jäger aus dem Norden des Landes gewohnt ist. Es wird von zwei asphaltierten Hauptverkehrsadern durchschnitten. Alle anderen Verkehrswege sind Schotterwege oder Straßen, die primär für die Holzabfuhr bestimmt sind. Die herbstlichen Jagdgebiete liegen alle abseits dieser Straßen. Sie sind allerdings leicht auf den Holzabfuhrwegen erreichbar. Die aktive Jagd findet weit entfernt von diesen letzten Wahrzeichen der Zivilisation statt. Diese Jagdgebiete liegen teilweise so unzugänglich

im Hochgebirge und den wilden, alpinen Tälern, daß viele bis zum heutigen Tage kaum bejagt werden. Der im Norden des Landes übliche Einsatz von Wasserflugzeugen ist in diesem Revier nicht möglich. Der Weg in die (bejagbaren) Revierteile ist nur per Pferd oder pirschend zu bewältigen.

Wetter, Klima und Biotop
Obwohl der Hauptteil des Revieres im Küstengebirge Britisch Kolumbiens liegt (mit Ausnahme des Princeton Zipfels), weist das Revier zwei grundverschiedene Klima- und Wetterzonen in der Nord-Süd-Richtung auf. Der südliche Teil des Revieres liegt im milden, aber feuchten, sogenannten „nördlichen Regenwald“-Bereich. Dichte, grüne, alpine Wälder herrschen hier vor. Der nördliche Teil – in Richtung Lilloet – ist der Beginn der Trockenzone, deren Höhepunkt in Liloet-Lytton erreicht wird. Diese beiden Ortschaften erinnern in ihrem Klima und Wetter sehr stark an die Pyrenäen oder die jugoslawischen Bergregionen.

Der Outfitter und sein Revier
Der Outfitter ist Old Timer in seinem Beruf. Unter Amerikanern gilt er als einer der erfolgreichsten Cougar- und Schwarzbärjagd-Experten. Seit vielen Jahren führt er eine Hundemeute von manchmal mehr als zwanzig Hetzhunden. Er hat ca. hundert Pferde, die er im Sommer für Packtouren in die Berge benutzt. Aufgrund von Zukauf und Anpachtung angrenzender Revierteile ist sein Revier zu einem der größten des südlichen Landesteiles herangewachsen.
Das Erscheinungsbild des Outfitters ist eher furchterregend als vertrauenserweckend. Der einarmige, mit einem Eisenhaken-Armersatz versehene Outfitter könnte gut in einem Piratenfilm als Charakterdarsteller Verwendung finden. Die Organisations- und Jagdführertalente dieses äußerlich rauh erscheinenden Kolosses überzeugen uns bald davon, daß wir uns einem gutmütigen, professionellen Berufsjäger anvertraut haben, der sein Bestes gibt, um seinen Gästen zu Erfolg und Zufriedenheit zu verhelfen. Seine dänische, etwas deutschsprechende Frau wird

für die meisten Jäger die erste Kontaktperson sein, da sie die Gastjäger meist persönlich am Flugplatz in Vancouver abholt. Die Jagd wird als Familienbetrieb geführt, zu dem auch noch eine Abschleppfirma gehört.
Jäger sind oft über die niedrigen Preise seiner Jagd verwirrt. Der Grund dafür liegt in der Tatsache, daß er keine Wasserflugzeuge einzusetzen braucht, sondern bis zu den Ausgangspunkten per Lkw fahren kann. Pferde im landwirtschaftlich fruchtbaren Süden des Landes zu halten, ist weitaus günstiger als das bei Outfittern des hohen Nordens der Fall sein kann.
Diese Kanadajagd sollte vor allem den Gastjägern als erstes empfohlen werden, die „klein anfangen“ wollen oder nicht den Geldbeutel haben, gleich mit einer teuren Schafjagd zu beginnen.

Schwarzbären

Über fünfzehn Jahre ist der Outfitter im deutschsprechenden Raum für seine sicheren Frühjahrs-Schwarzbärjagden bekannt. Innerhalb von fünf Jagdtagen ist es dem Jäger möglich, zwei Bären ohne großen Aufwand an Kosten und körperlichem Einsatz zu strecken. Es ist nicht ungewöhnlich, daß ein Gastjäger während einer zehntägigen Bärenjagd bis vierzig Bären zählen und viele davon hätte erlegen können. In jedem Fall kann er sich einen kapitalen Schwarzbären heraussuchen.
Aufgrund des für den Outfitter geringen Kostenaufwandes können diese professionellen Frühjahrs-Schwarzbärjagden äußerst preiswert angeboten werden. Wer „nur“ mit einem oder zwei Bären zufrieden ist und keine Rekordansprüche stellen möchte, kommt sicher mit einer äußerst billigen Fünf-Tage-Jagd aus. Für einen Kanadajagd-Anfänger eine herrliche Gelegenheit, ohne viel Zeit, Kosten und Aufwand erst einmal „hineinzuriechen“. Die Jagd erfolgt an den Lawinenhängen oder, wenn es sein muß, dicht beim Dorf, um die hungrigen, langhaarigen Langschläfer beim „Stehlen“ zu stören.
Die Herbstjagd findet in den Bergen statt. Sie wird meistens mit einer Jagd auf eine oder mehrere andere Wildarten verbunden, da der Bär im Herbst nicht mehr so leicht zu erlegen

ist wie im Frühjahr (größeres Futterangebot und mehr Deckung). Alle bei dem Outfitter zu bejagenden Wildarten eignen sich zur Kombinationsjagd auf den Bär. Die Herbstjagd findet per Pferd statt, während im Frühjahr primär gepirscht wird. Auch die Herbstjagd ist für uns alle in diesem Revier erschwinglich, vor allem für diejenigen unter uns, die gewohnheitsmäßig „einmal schnell nach Polen zur Bockjagd" bzw. Ungarn oder Jugoslawien reisen. Das Wildangebot ist hier vielfältiger, etwas aufregender, interessanter, die Erfolgschancen zumindest genauso gut.

Maultier- und Weißwedelhirsch
Der Jäger reitet mit seinem Führer die Almwiesen, Hänge und Täler ab und pirscht sich dann zu gegebener Zeit an, die Pferde vorher zurücklassend. Die Erfolgschancen sind sehr gut. Auch weist das Revier gute, alte Trophäen auf. Die Jagden werden auf zehn Tage festgesetzt, sind relativ billig und werden meistens mit dem Weidwerken auf andere Wildarten verbunden. Es ist möglich, zwei Stück im Jahr zu erlegen. Trophäen von Maultierhirschen, die an Geweihgewicht einem Rothirsch wenig nachstehen, sind in diesem Bereich nicht selten.
Auch hier gilt wieder die Feststellung, daß eine derartig vielseitige, aufregende Jagd viel billiger ist als die Wochenendjagd in Polen, Ungarn oder Jugoslawien. Im Unterschied zu Afrika wird sich beispielsweise der europäische Jäger in diesem Revier durchaus wie zu Hause fühlen können. Er ist in gewohnt heimatlicher Landschaft, dem gleichen Biotop, dem gleichen Klima und in zwei bis drei Stunden am internationalen Flugplatz, auf dem Weg nach Frankfurt.

Cougar (Berglöwe)
Der Cougar, ein für europäische Jäger etwas exotisches Wild, hat neben dem Schwarzbär- und Hirschbestand diesem Revier seinen weit über die Grenzen bekannten, guten Namen gegeben. Diese Großkatze kommt sehr häufig in dem Revier vor (wegen des sehr guten Hirschbesatzes!).
Obwohl auf der Insel „Vancouver Island" der Besatz zahlen-

mäßig stärker ist, sind die Chancen für eine erfolgreiche Jagd in diesem Revier größer. Einer der Gründe dafür ist der fehlende Schnee dieser dem Golfstrom ausgesetzten Insel. Eine Cougar-Jagd ohne Hundemeute und ohne Schnee gilt als unprofessionell. In dem hier vorgestellten Revier kommt es dagegen ab Dezember zu heftigen Schneefällen, außerdem besitzt der Outfitter eine große Meute. Ein weiterer Faktor spricht für den Inland-Cougar: Er ist grundsätzlich stärker als der der Insel. Die Lebenstrophäe des Autors (Inland-Cougar) wog knapp über 100 Kilogramm, während der Insel-Cougar kaum über 80 Kilogramm Lebendgewicht kommt.

Als „Zugabe" zu einer Cougarjagd wird meistens die Jagd auf die Wildkatze und den Luchs angeboten. Die beiden kleineren Katzen sind schwieriger zu bejagen, da sie weniger Duftstoffe (für die Hundemeute) hinterlassen.

Schneeziegen
Im Jahre 1987/88 hatte das Revier ein gutes halbes Dutzend Schneeziegen frei. Wie bei allen Schneeziegen-Jagden muß der Jäger in guter körperlicher Verfassung sein. Ist das gewährleistet, kann er damit rechnen, eine Trophäe mit nach Hause zu bringen.
Bis zum Fuß des Berges übernimmt das Pferd die Schinderei, danach bleibt es uns überlassen, zu beweisen, ob wir in der Lage sind, uns eine derartig interessante Trophäe zu erarbeiten. Analog zu den anderen jagdbaren Wildarten dieses Revieres sollten wir eine Kombinationsjagd in Erwägung ziehen. Auf dem Weg zu den Schneeziegen können wir dem Schwarzbär, dem Grizzlybär oder dem Maultierhirsch begegnen.

California Bighorn-Schaf
Im westlichen Teil des Revieres ist das California Bighorn-Schaf vertreten. Der Teil des Revieres, in dem die Schafe vorkommen, ist 1988 vom Outfitter dazu erworben worden. Da uns wenige Erfahrungen vorliegen, sollten wir bei Interesse für eine Bighorn-Jagd erst bei der Berufsjäger-Buchungsgemein-

schaft anfragen, welche neuen Erkenntnisse bezüglich dieser äußerst begehrten Trophäenjagd vorliegen.

Grizzlybär
Die Grizzlydichte in diesem Revier ist nicht so hoch wie im Norden des Landes oder insbesondere an der Fjordküste. Trotzdem kann dem Gastjäger angeraten werden, vorsichtshalber eine Grizzlylizenz mitzuführen. Die einzige Überlegung sollte die relativ hohe Lizenzgebühr von 500 Dollar sein, denn nichts ist ärgerlicher, als einen Grizzly vor der Büchse zu haben und ihn nicht erlegen zu dürfen. Die Chancen, einen Grizzlybär zu erlegen, das sollte an dieser Stelle noch einmal verdeutlicht werden, ist recht gering. Ausnahme: Im Frühjahr, wo in Verbindung mit einer Schwarzbärenjagd die Chancen auf Grizzly um einiges besser sind. Es dürfen nur wenige Grizzlybären geschossen werden.

Wapiti
Im östlichen Teil des Revieres beginnen die Wapiti-Hirsch-Einstände. Die Wapitis sind nicht so häufig wie in den Rocky Mountains und auch nicht so kapital. Aber . . . es sind Wapities, die wie anderes Wild in diesem Revier ohne Extrakosten und -aufwand bejagt werden können. Auch hierbei gilt: Wer gewillt ist, eine Wapiti-Lizenz (150 Dollar) zu erwerben, kann nicht falsch liegen.
Wapiti-Lizenzen werden in diesem Revier in Verbindung mit einer Schwarzbär-, Maultierhirsch- oder auch Ziegenjagd gelöst.

Elch
Die in diesem Revier vorkommende Elchgattung ist der „Alces alces shiras“. Er ist nicht viel stärker als der sogenannte „Schwedenelch“. In diesen südlichen Bereichen kommt er auch nicht so häufig vor wie seine größeren Vettern im Norden. Daher sollte die Jagd auf den Elch auch nur als ein zusätzliches Erlebnis betrachtet werden. Es wird abgeraten, wegen der Elchjagd in das Revier zu gehen. Hingegen kann es jagdlich beson-

Immer wieder anders zeigt sich die Natur dem Jäger.

Der Autor mit kapitalem Stone-Widder.

Abnormes Geweih eines alten Maultierhirsches.

ders reizvoll für den von Diana besonders bedachten Jäger sein, die Möglichkeit zu haben, alle „zusätzlichen" Wildarten zu bejagen und mit viel Glück . . . An den wenigen hundert Dollar von vorher einzulösenden Abschuß-Lizenzen sollte es dann auch nicht scheitern. Nur müßten wir dafür mehr als nur zehn Tage Jagdzeit reservieren.

Transfer

Für den aus Europa kommenden Gastjäger ist Vancouver der Endflughafen. Für 100 Dollar wird der Jäger vom Flughafen abgeholt und gleich in das Revier gefahren bzw. in das Hauptcamp, welches der Wohnsitz des Outfitters ist. Bei zwei und mehr Jägern ist die Abholung vom Vancouver Airport kostenlos.

Damit sind alle Transferkosten und sogar Hotelübernachtungen in Vancouver hinfällig. Der Jäger spart die mehreren Hundert-Dollar-Inlandflüge in die nördlichen Reviere.

Die ganz Sparsamen könnten mit dem Greyhoundbus für ca. 30 Dollar bis *Hope* fahren und werden dann in Hope vom Outfitter kostenlos in das Hauptcamp gefahren.

Jagdzeiten

Frühjahrsbären:	Mitte April bis Ende Mai.
Großkatzen:	Dezember bis Anfang April.
Alles andere Wild (außer Katzen):	Mitte September bis Ende Oktober.

Alles in allem ist das ein Nordamerika-Einstiegsjagdrevier. Vielseitig und interessant und sehr preisgünstig. Interessanter und billiger als eine gleichwertig anzusetzende Jagd in Osteuropa oder gar Afrika.

Buchungen

Die Buchungen sollten im Januar des gleichen Jahres oder früher getätigt werden. Die meisten bis dahin noch nicht vergebenen Jagdplätze werden von dem Outfitter während der Jagdkonferenz in Las Vegas im Frühjahr vergeben. Bei dieser internationalen „hunting show“ in den USA oder direkt durch die Berufsjägervereinigung (siehe Seite 20) können Jagden in das Revier gebucht werden.

C

Revier im Ft. Nelson-Gebiet

Der sogenannte „Alaska-Elch“ (Alces alces gigas) ist neben Grizzly und Schwarzbär die am sichersten zu erlangende Trophäe dieses nordkanadischen Revieres. Zudem besteht die Möglichkeit, „nebenbei“ auf den Weißwedelhirsch und natürlich den Wolf, der dort sehr zahlreich vertreten ist, zu weidwerken.

Revierlage, Geographie, Topographie und Biotop
Dicht an der Yukon-Grenze gelegen, spiegelt das Revier auch den Charakter der Yukon-Landschaft wieder. Selbst für den unerfahrenen Jäger offenbart sich der Biotop sofort als ein ideales Elchgebiet. Riesige, endlos scheinende, spärlich bewaldete Sumpfflächen lassen des Elchjägers Herz höher schlagen. „Wenn nicht hier, wo sonst?“, drängt sich dem Elchjäger als Frage auf. Das alles innerhalb eines Gebietes von ca. 130 × 150 Kilometer!!!
Ein Drittel dieses Revieres wird durch einige mittelgebirgsähnliche Höhen unterbrochen. Der Rest des Jagdgebietes ist flaches Sumpfland. Weiden, Erlen, Pappeln und einige Nadelhölzer bilden die Deckung des Wildes. Der Alaska-Highway durchschneidet für etwa 100 Kilometer die westliche Seite des Revieres. Das gesamte nordöstliche Gebiet Britisch Kolumbiens (etwa der Fläche Österreichs und der Schweiz entsprechend) ist mit sogenannten „seismic lines“ durchzogen. Das sind schnurgerade, meilenlange Schneisen, die für seismologische Zwecke von den Geologen kreuz und quer durch den nördlichen Urwald gezogen wurden. Auf diesen Schneisen werden ihre Meßinstrumente und Kabel verlegt. Nach erfolgloser Messung überläßt man dem Urwald wieder die Herrschaft.

Südlich dieses Revieres können wir einige der gelungenen Messungen in Form von Bohrtürmen erkennen (Gebiet um Fort St. John).
Für uns bieten sich diese Schneisen an, um sie bei der Pirsch zu benutzen. Sei es per Pferd, teilweise zu Fuß oder mit dem sogenannten „ATV“, dem *All Terrain Vehicle*, einem Allrad mit großen, weichen Rädern. Alle diese Transportmittel werden erfolgreich in diesem Revier eingesetzt.
Besonders auf den „seismic lines“ können wir mitunter über Kilometer hinweg ein Stück Wild ansprechen.

Wetter, Klima
Dieses Revier wird durch trockenes Binnenlandklima geprägt. Und das trotz der vielen sumpfreichen Flächen. Lange, kalte Winter und kurze, trockene, heiße Sommer bestimmen das Wetterbild. Nicht immer können wir diese allgemein zutreffende Aussage für die Jagdzeit auf Bär im Frühjahr oder im Herbst machen. In diesen Übergangszeiten müssen wir auf jedes Wetter gefaßt sein. Dominierend zur Herbstjagd Anfang September bis Anfang Oktober sind trockene Tage mit 15 ° Celsius und trockene Frostnächte bis –10 ° Celsius. Das Wort *trocken* ist dann irreführend, wenn man am frühen Morgen zur Pirsch ausreitet, läuft oder mit dem ATV fährt und dabei im Sattel oder Kfz-Sitz bis über die Knie naß wird. Tagsüber werden wir mit dem verfliegenden Frost oder Rauhreif schnell trocken und genießen in vollen Zügen den berühmten „indian summer“ mit all seiner Farbenpracht.

Reviergeschichte
Der Outfitter besitzt das Revier seit mehreren Jahren. Er war und ist noch immer im Ölgeschäft, das ihn aufgrund des Abfalls der Ölpreise veranlaßte, im Jahre 1987 das Revier zum ersten mal Gastjägern zu öffnen. Drei alte Blockhütten sind im Revier an Seen verteilt vorhanden. Zur Jagdsaison 1988 ist eine große Hauptloge in der Nähe des „Prophet River“ erstellt worden.
Für die kommenden Jahre beabsichtigt der relativ junge Outfitter nicht mehr als zwanzig Jagdgäste anzunehmen, obwohl

ein Potential von mehr als der doppelten Anzahl Jäger bei ihm jagen könnten, ohne sich auch nur im entferntesten gegenseitig zu stören.
In der Hauptsaison werden auch Indianer als Führer eingesetzt. In jeder Beziehung ist es ein jungfräuliches Revier für den, der Wert auf alte Trophäen legt.
Von dem relativ jungen Outfitter können wir nicht erwarten, daß er uns mit einem geschliffenen „Weidmanns Heil" begrüßt. Die Feinheiten europäischer Jagdtradition wird er sicherlich als einen zusätzlichen Bonus für uns, die anspruchsvollen Jäger, bald dazu liefern können.
Im Jahre 1989/90 hat der Outfitter das Revier seines südlich gelegenen Kollegen aufgekauft. Damit ist dieses Revier eines der größten des Landes geworden. Zudem sind in dem Revier nun folgende zusätzliche Wildarten: Stone Sheep und vor allem mehr Wapitis und Caribous.

Elch

Das ist die Heimat des „großen" Elches, des Alaska-Elches (Alces alces gigas). Alte Trophäen von mehr als 60 Zoll (über 1,50 Meter Auslage) sind in diesem Revier zu erwarten. Gastjäger können damit rechnen, in den ersten Tagen einen guten Elch zu sehen. Um jedoch allen Jägern gleichgute Chancen auf eine reife Trophäe zu ermöglichen, werden „Nur-Elch"-Jagden trotzdem auf zehn Tage festgesetzt.
Viele von uns stehen unter Zeitdruck, und es fehlt uns nur noch ein guter Elch. In diesem Revier können wir es riskieren für eine kapitale Trophäe weniger als zehn Tage anzusetzen (unter voller Bezahlung). Zu empfehlen ist allerdings eine Kombinationsjagd auf Elch und Bären für einen Zeitraum von vierzehn Tagen. Bei dieser 14-Tage-Jagd können wir fest mit einem guten Elch rechnen, und es besteht auch eine sehr gute Chance, zumindest einen Bären (Grizzly oder Schwarzbär) als Beute mit nach Hause zu nehmen.
Während einer Jagd vom 15. bis 25. Oktober 1988/89 konnten deutsche Jäger während zehn Tagen dreißig Schaufler ansprechen, obwohl sie überraschenderweise nach sechs Jagdtagen

von heftigen Schneestürmen sprichwörtlich aus dem Revier getrieben wurden. Diese Jagd hat verständlicherweise wenig mit einer Hochsitz-Jagd im heimatlichen Revier gemeinsam. Sie bringt gerade deshalb dem unter uns Freude am Weidwerk, der einmal eine „richtige Elchjagd“ erleben möchte.

Grizzly
Infolge der relativen Unberührtheit des Jagdrevieres dürfen gute, alte Trophäen erwartet werden. Das Vorkommen des großen Braunen ist nicht das der lachsreichen Küstengewässer. Für ein „interior territory“ zählt es jedoch zu der obersten Erwartungsklasse. Für eine Elch-Grizzly-Kombinationsjagd zählt das Revier zu der obersten Kategorie des Landes. Der Schwarzbär wird in diese Bewertung einbezogen.

Schwarzbär
Für den Erfolg der Schwarzbärenjagd treffen ähnliche Bewertungskategorien wie für den Grizzly zu. Die Chancen, einen Schwarzbären zu strecken sind allerdings größer als bei seinem Erbfeind, den Grizzlybären.

Wolf
Wie in *allen* nordamerikanischen Revieren ist die Bejagung des Wolfes Glückssache, wenn sie weidgerecht durchgeführt wird. „Man bejagt ihn nicht, man stößt vielmehr auf ihn oder er auf den Jäger“, ist sach- und wahrheitsgetreu im Buch *Jagd in Kanada und Alaska* geschrieben worden. Das Revier hat viele Wölfe, mehr als es dem Outfitter lieb ist . . .
Auf alle Fälle sollte ein Jäger eine Wolflizenz mit sich führen.

Wapiti
Dieser hinter dem Elch größte Cervide ist in dem Revier in geringer Anzahl vertreten. Der Outfitter bietet daher die Jagd auf dieses edle Wild nicht sonderlich an, weil die Erfolgschancen zu gering sind (Stand von 1989).
In den letzten Jahren wurde allerdings eine kontinuierliche Zunahme des Bestandes festgestellt. Sollte sich dieser Trend

über die nächstfolgenden Jahre hinaus verstärken, wird auch die kommerzielle Bejagung in Erwägung gezogen. Bei Anfragen sollte das Thema von uns angesprochen werden, wenn wir an einer zusätzlichen Bereicherung unserer Jagd interessiert sind.
Im Jahre 1989 liefen Verhandlungen über die Reviererweiterung. Im Gespräch war der Erwerb von zusätzlichen Revierteilen, in denen der Wapiti bejagbar ist (zusammen mit dem Caribou und der „mountain goat“). Aus Sicherheitsgründen sollte in jedem Fall bei der Berufsjäger-Organisation nachgefragt werden.

Caribou
Das Caribou kommt in diesem Revier lediglich als Wechselwild vor und wird nicht bejagt (siehe dazu jedoch vorangegangene Bemerkungen über einen zusätzlichen Reviererwerb – ab 1. 10. freigegeben).

Jagdweise
In diesem Revier wird primär vom Pferderücken aus gepirscht. Wir überwinden leicht und trockenen Fußes die unendlichen Sümpfe. Reitend haben wir zusätzlich viel bessere Möglichkeiten, das Wild auszumachen. Ist ein Stück Wild angesprochen worden, werden die Pferde angebunden zurückgelassen, und wir pirschen uns an.
Die zweite Möglichkeit sich innerhalb des Revieres fortzubewegen ist, wie eingangs bereits erwähnt, die per „ATV“ (all terrain vehicle). Das sind für Sümpfe und unwirtliches Gelände bestens geeignete Fahrzeuge. Sie gibt es mit vier, aber auch sechs oder acht Rädern. Alle Räder werden einzeln angetrieben. Die Reifen sind weich und groß, so daß solch ein Fahrgerät durch Dick und Dünn geht. Deren Beliebtheit und besondere Vorteile lernen wir erst dann verstehen, wenn wir schon einmal ein 60-Kilogramm-Haupt mit Trophäe über Meilen durch den Urwald gezerrt haben. Von der Bergung des Wildbretes ganz zu schweigen. Der Einsatz dieser Fahrzeuge ist besonders vorteilhaft in diesem Revier mit den alten oder

auch neuen seismographischen Schneisen, die einem erlauben, das Gelände über viele Kilometer zu erkunden.
Aufgrund des durch das Revier führenden *Alaska Highways* und der durch das Revier verlaufenden seismographischen Schneisen ist es auch einheimischen Jägern möglich, darin zu jagen. Dem ortsunkundigen Jäger sei verraten, daß dies bei der Reviergröße und der Entfernung zu den Ballungsgebieten (Vancouver ca. 1.800 Kilometer) kaum spürbar ist. Selbst die Stadt Fort Nelson hat lediglich 6.000 Einwohner. Die nächstgelegene „Stadt", Ft. St. John, liegt ca. 500 Kilometer weiter südlich und ist auch nicht viel größer als Ft. Nelson. Dazwischen liegt kein einziges Dorf, nur einige Häuser mit einer Tankstelle.

Transfer
Der aus Europa einfliegende Jäger bucht in seiner Heimatgemeinde seinen internationalen Flug gleich durch bis Fort Nelson. Der Flug geht bis Edmonton. Dort wird auf eine Inlandmaschine umgestiegen, die über Ft. St. John fliegt.
In Fort Nelson werden wir vom Outfitter unentgeltlich vom Flugplatz abgeholt und in das Revier gefahren. Sollte aus irgendwelchen Gründen der Abholdienst des Outfitters nicht pünktlich sein, steht dem Gastjäger unentgeltlich ein Hotelbus auf dem Flugplatz zur Verfügung. Es wird allerdings empfohlen, einen oder zwei Tage vor Jagdbeginn in Ft. Nelson zu sein, sich dort im Hotel auszuruhen, gegebenenfalls Ausrüstungsgegenstände einzukaufen, um dann am nächsten Tag ins Revier zu fahren.
Sollte ein Einflug in einen der Seen geplant worden sein (wird vorher abgesprochen), ist von uns der Einflug von ca. dreißig Minuten zu zahlen. Da ein Jäger selten allein einfliegt, handelt es sich beim Ein- und Ausflug um Minimalbeträge.

Wollen wir Kanada Besucher gleichzeitig die herrliche Stadt Vancouver erleben, muß entsprechend vorher die Flugroute via Vancouver beim Reisebüro ausgearbeitet werden. Flüge bis Vancouver und dann von dort nach Ft. Nelson sind möglich, kosten aber entsprechend der längeren Flugzeit mehr.

Jagdzeiten

Frühjahrs-Bärenjagd:	Mai bis Mitte Juni.
Herbst-Bärenjagd:	Ende August – Ende Oktober.
Beste Zeit für die Jagd auf den Elch:	September (vom 1. bis 15. Oktober ist die Jagd auf den Elch gesperrt). Ab 15. Oktober *sehr* erfolgreiche Jagd, doch wir müssen mit dem Wintereinbruch rechnen!

Beste Zeit für Bären: Immer.

Buchungen

1. direkt über den Outfitter:

Bougie Mnt. Outfitters
Box 30, Ft. Nelson B. C.
VOC 1 RO, Canada
Tel.: (001-604-774) 64 57

oder

2. über die B. C. Berufsjäger-Vereinigung:

Großwild Berufsjäger-Buchungsgemeinschaft
(offizielle kanadische Bezeichnung:
Intra Terra Big Game Hunting Ass. Ltd.)
Comp. 80, 108 Rec. Ranch
B.C., Kanada VOK 2 ZO
Telefon: 001-604-791-5787
Fax: 001-604-395-2233

Buchungen für die besten, dem jeweiligen Wild entsprechenden Jagdzeiten sollten ein Jahr vorher getätigt worden sein.

Zukunftsaussichten:
Für die nächsten Jagdjahre versprechen wir uns eine sich ständig verbessernde jagdliche Tendenz. Vieles wird davon abhängen, wie der junge Outfitter mit seinen deutschsprechenden Jägern auskommen wird. Der Outfitter ist jung und willens, sich auf seine Jagdgäste einzustellen. Gelingt ihm das, dürfte dieses Revier zu den bevorzugten Jagdgebieten des Nordostens B.C.s gehören. Ein Revier, welches nicht durch den sonst vorwiegend amerikanischen Jagdtourismus verdorben ist.

Letzte Meldung:
Der Outfitter hat im Jagdjahr 1990/91 organisatorisch versagt. Es hat den Anschein, daß er sein Interesse am Jagdmanagement verloren hat und sein Revier wieder verkaufen will. Es wird empfohlen, in jedem Fall vorher bei der Berufsjäger-Buchungsgemeinschaft anzufragen.
Ein gleichwertig gutes, wenn nicht besseres Revier steht in dieser Gegend zur Verfügung.

D

Yukon-Revier

Nach den jagdlichen Chancen vorkommende Wildarten:

Elch
Dall/Stone oder Fanin Schaf
Caribou
Grizzly
Schwarzbär
Wolf

Während der vielen und umfangreichen Nachforschungen und Überprüfungen zu diesem Werk ist mir ein aktueller Jägerbericht in die Hände gefallen. Dieser Jagd- und Situationsbericht eines österreichischen Weidmannes ist so umfassend und anschaulich, daß ich es nicht versäumen möchte, ihn in voller Länge wiederzugeben. In Anbetracht des systematischen Aufbau dieses Jagdreiseführers ist das ungewöhnlich. Genauso ungewöhnlich ist die Jagd in diesem Revier, so daß ich leichten Herzens aus unserem Schema ausbrechen kann.
Die hier vorgestellte Jagdgelegenheit findet in dem einzigen Revier statt, welches ausschließlich von Indianern geleitet und „bewirtschaftet" wird. Das heißt, der Outfitter und die Führer sind „status indians", reinrassige Indianer.
Nachfolgend hier der Bericht unseres Jagdkollegen Wolfdietrich Lenz:

Erfahrungsbasis
Ich habe selbst von Mitte September bis Anfang Oktober 1988 dort gejagt und Caribou, Elch und Wolf erlegt. Eine Gruppe

von Freunden, die ich sehr gut kenne, war die erste Hälfte September 1987 dort und aus derselben Gruppe ein Mann nochmals August/September 1989.

Das Gebiet liegt nordöstlich von Whitehorse. Es ist durch den Tesslin River nach Westen begrenzt. Den Schwerpunkt bildet das Gebirgsmassiv des Big Salmon Range.
Bei allen Vorbehalten hinsichtlich der Vegetation läßt sich der Big Salmon Range von den mir bekannten Gegenden am ehesten mit den Niederen Tauern in der Steiermark vergleichen. Die Gipfel sind 1.800 bis 2.100 Meter hoch, die Pässe oft nur wenige hundert Meter darunter. Die Waldgrenze liegt bei 1.300 bis 1.500 Metern. Base camps habe ich von 1.000 Meter (Loon Lakes) bis 1.400 Meter (Mendocina River) Seehöhe erlebt. Es sind nur Bäche, keine gefährlichen Flüsse zu überqueren. Aber selbst Hochtäler sind manchmal total versumpft. Dort hat der Outfitter markierte Reitpfade durchgelegt oder diese Abschnitte müssen umgangen werden. Die Elche stecken gern in den Weiden- und Birkengebüschen, die vor allem die Talböden, aber auch steile Gräben bis hinauf zur Waldgrenze bedecken. Glücklicherweise sind diese Gebüsche zum Teil nur 1 bis 1,5 Meter hoch, so daß man da drin noch stehend (freihändig) schießen kann. Nadelwald mit Bäumen über zwanzig Zentimeter Durchmesser und über sechs bis sieben Meter Höhe gibt es nur in tieferen oder geschützten Lagen. Obwohl der Wald meistens nur ca. fünf Meter hoch und ziemlich schütter ist, kommt man nicht leicht durch. Der Boden ist oft sumpfig und es liegt, steht und wächst alles durcheinander. Große Teile des Big Salmon Range haben schroffen Hochgebirgscharakter. Das ist der Lebensraum der Dallschafe. Caribous trifft man auf den almartigen Hochflächen und in den Hochtälern an. Obwohl Grizzlies im Big Salmon Range nicht selten sind und man laufend auf Fährten, Losung und andere Zeichen ihrer Aktivität trifft, ist es nicht leicht im Herbst auf einen zu Schuß zu kommen. Von den Hauptwildarten ist er bei weitem am schwierigsten zu erlegen.
Wirklich kaltes Wetter hat niemand von uns in den Jahren 1987,

1988 und 1989 erlebt. Ich meine: Die Temperaturen entsprechen etwa dem, was man in Österreich in denselben Höhenlagen März/April oder Oktober/November antrifft und zwar eher in inneralpinen Lagen, wo die Extreme stärker sind. Bei klarem Wetter sinken die Temperaturen am Abend sehr schnell ab und erreichen in den Tälern in der Nacht geschätzte – 10 ° Celsius. Dagegen kann man an schönen Tagen Anfang September noch sommerliche Temperaturen erleben. Ich selbst habe bei wechselhaftem Wetter in der zweiten Septemberhälfte untertags bei sonnigem Wetter Temperaturen von 10–15° Celsius, bei bedecktem, windigem Wetter und teilweise Schneetreiben – 5° bis + 5° Celsius erlebt. Das unangenehmste Wetter haben meine Freunde im Jahre 1987 gehabt und zwar vier bis fünf Tage lang Nieselregen. Darauf muß man bekleidungsmäßig vorbereitet sein und vor allem auch bedenken, daß man beim Reiten dann dauernd von nassen Zweigen gestreift wird.
Bei der Wahl der Ausrüstung und deren Verpackung muß man sich ganz auf die Art der Fortbewegung einstellen. Man rechne damit, daß auch das Basislager nur zu Pferd erreichbar ist. Zum Sattelzeug der Reitpferde gehört ein Gewehrfutteral, in dem eine Repetierbüchse samt Zielfernrohr Platz hat und ein paar Satteltaschen für kleinere Ausrüstungsgegenstände wie Photoapparat, Reservemunition (nicht in Pappschachteln!) etc. Am Sattel gibt es ferner vorn und hinten Lederriemen zur Befestigung von z. B. einem leichten Rucksack und Regenüberbekleidung. Alle übrigen Ausrüstungsgegenstände sollen so verpackt sein, daß die Gepäckstücke gut auf einem Packsattel verstaut werden können. Diese dürfen deshalb nicht länger als 100 Zentimeter sein. Drei Fuß (91,5 Zentimeter) sind eine gute Länge. Säcke aus robustem Segeltuch mit 30 Zentimeter bis max. 45 Zentimeter Durchmesser (prall gefüllt) eignen sich am besten. Die Säcke werden auf dem Packsattel festgezurrt und mit einer Plane überdeckt.
Man bedenke, daß der Erfolg der Jagd zu einem guten Teil von der Bereitschaft des Jägers abhängen wird, mit seinem Guide jeweils auf einige Tage aus dem Basislager auszurücken und in improvisierten Lagern zu übernachten, auch von einem

Basislager in ein anderes hinüber zu wechseln und dabei die ganze Ausrüstung für Führer und Jäger inklusive Zelt etc. mitzuführen. Alles dies und auch noch unterwegs erlegtes Wildbret und Trophäen muß dann auf den mitgeführten Packpferden verstaut werden. Man kann all das an Ausrüstung mitführen, was man wirklich braucht und nicht zu knapp und mit einem großen oder zwei kleinen Gepäckstücken der oben beschriebenen Art gut auskommen.
Beim Schuhwerk muß man sowohl für die Pirsch zu Fuß im moorigen Gelände um einen See herum, als auch für die Gebirgsjagd, abwechselnd zu Pferd und zu Fuß, gerüstet sein. Gummistiefel sind deshalb unentbehrlich. Auf der anderen Seite Schuhe, die taugen, um mit dem Reitpferd am Zügel in eine steile Waldschlucht hinunterzusteigen oder über Geröllhalden zu einem Paß aufzusteigen. 20 bis 30 Zentimeter Schnee können vorkommen. An einem typischen Tage ist man z. B. acht Stunden in Bewegung, je etwa die Hälfte zu Fuß und zu Pferd. Bei der Schafjagd kann es durchaus alpin zugehen. Allerdings sind die Höhenunterschiede nie sehr groß, etwa 500 Meter ab dem Punkt, an dem man die Pferde zurückläßt. Die Schuhe müssen eingetragen sein. Mittlere Bergschuhe mit Gamaschen oder so etwas wie die italienischen Alpinstiefel sind geeignet. Das Zeug muß bei Regen und Schnee brauchbar sein. Wer Lederschuhe nimmt, muß auch das richtige Pflegemittel dabei haben. Bäche und nasse Wegstrecken werden immer zu Pferd überquert. Das schont die Schuhe. Ich bin mit guten Lederschuhen sehr zufrieden gewesen. Das abwechselnde Gehen schont sowohl den eigenen Südpol als auch die Pferde. Macht man am späten Nachmittag auf der anderen Seite des Tales plötzlich Wild aus, so haben die Pferde noch Kraftreserven, um rasch hinüber zu kommen.
Regenschutz ist unerläßlich und muß sowohl zum Reiten, als auch zum Gehen geeignet sein. Man braucht eine Überzieh-Hose mit Trägern und ein Oberteil. Die Guides verwenden das steife, gelbe Zeug, wie man es bei Bauarbeitern sieht. Sie kennen wohl nichts anderes. Die Farbe ist im Herbst unproblematisch, aber zum Gehen ist das Zeug zu schwer, zu laut und

zu heiß. Ich habe das englische, geölte Baumwollzeug (Barbour thornproof) verwendet und war damit gut bedient. Die Hose soll man über die Bergschuhe an- und ausziehen können. Als Oberteil habe ich einen ungefütterten Anorak aus demselben Material gehabt. Für alle Fälle habe ich im Rucksack immer einen ganz klein zusammenlegbaren Anorak mitgenommen, wie bei kleineren Skitouren üblich. Dünne Überzieh-Hosen aus Gummi werden beim Reiten bald durch die dauernd anstreifenden Zweige zerrissen.

Ganz entscheidend für das Wohlbefinden ist die richtige Wahl des Schlafsackes und dessen Unterlagen. Für Zelt, Kochgeschirr, Eßgeschirr und Proviant sorgt der Outfitter. Am besten schläft man aber nicht im geschlossenen Zelt, sondern, wenn immer es die Umstände gestatten, unter einer schräg zwischen Bäumen aufgespannten Plane. So gibt es keine Probleme mit Kondenswasser. Vor der offenen Seite wird das Feuer gebaut. Man kocht unter dem Dach sitzend oder liegend und kriegt dabei die schönsten Geschichten zu hören. Legt man bei der Arbeit noch ordentlich mit Hand an, hat man rasch einen guten Kontakt zum Guide.

Man braucht einen Schlafsack in Expeditionsqualität. Entweder mit 900 bis 1.000 Gramm Daunenfüllung bester Qualität oder mit Kunstfaserfüllung, vierlagig. Die perfekte Unterlage gibt es noch nicht. Die selbstaufblasbaren Unterlagen sind allein genommen nicht immer ausreichend, außerdem zu glatt und zu schmal. Die Natur ist selten eben. Man rutscht herunter und friert. Ist die Matte unten am Schlafsack eingeschoben, kann man sich drinnen nicht rühren. Eine Luftmatratze allein ist zu kalt. Glücklicherweise unterliegt man nicht den selben Beschränkungen wie Expeditionsbergsteiger, sondern kann sich den Komfort bescheidener Nomaden leisten. Ich stelle mir jetzt folgendes Paket zusammen: Eine Luftmatratze mit rechteckigem Querschnitt (Kastenluftmatratze) 195 × 90 Zentimeter, 70 Millimeter dick, darunter eine metallisierte Folie, darauf eine Matte 195 × 90 Zentimeter, mindestens 15 Millimeter dick, aus geschlossenzelligem Polyurethanschaum (nimmt kein Wasser auf). Das ist dasselbe Material wie die

üblichen Biwakmatten. Man muß es aber als Meterware auftreiben, um die gewünschte Dimension zu bekommen. Die Unterlagenkombination samt Schlafsack nebst einer Handpumpe wird zusammengerollt und kommt in einen passenden Sack aus Segeltuch. Erprobt habe ich dieses System noch nicht.
Wer auch sonst des öfteren zu allen Jahreszeiten im Gebirge unterwegs ist, sei es als Jäger oder als Bergsteiger, wird wissen, welche Bekleidung zweckmäßig ist. Wer selten ins Gebirge kommt, sollte zur Vorbereitung einer Jagd in Kanada Bergwanderungen unternehmen und dabei die Bekleidung erproben. Bergsteigerhosen aus Wollstoff mit Elastic-Beimischung und doppeltem Hosenboden sind zum Reiten angenehm. Dazu ein Flanellhemd mit großen Brusttaschen, unter dem Hemd ein T-Shirt und ein dünnes Unterhemd aus reiner Wolle, darüber eine sogenannte halbgewalkte Strickjacke mit grobem Reißverschluß und Schalkragen, ziemlich lang geschnitten. Das war meine eher altväterliche Bekleidung, in der ich mich die ganze Zeit pudelwohl gefühlt habe. Andere sind mit Trekkingausrüstung aus dem Katalog und Gore-tex Daunenparkas ausgerückt und haben sich auch wohlgefühlt. Tagelangen Regen habe ich selbst nicht erlebt und kann diesbezüglich keine Ratschläge geben. Haltbarer und geräuschloser beim Pirschen ist das altmodische Zeug, aber auch schwerer. Einen Unterschied zwischen Bergsport und Gebirgsjagd sollte man aber beachten: typisch für die Jagd sind die langen Perioden bewegungsloser Beobachtung nach schweißtreibendem Aufstieg. Ich vermute, daß sich deshalb reine Synthetikbekleidung für die Jagd weniger gut eignet als für den Bergsport.
Zur Frage der passenden Waffe möchte ich nur ein paar indirekte Bemerkungen machen: Unterhalb der Waldgrenze wird man das Wild selten ganz frei haben. Birken und Weidengebüsch sind allgegenwärtig, immerhin sind zur Elchbrunft die Blätter großteils herunten. Steckt man selbst im Gebüsch, wird man oft nur stehend schießen können und keine Möglichkeit zum Anstreichen haben. Sitzt die Kugel deshalb nicht so ideal, braucht man eben ein stärkeres Kaliber. Bricht ein Bär nicht in der Nähe des Anschusses zusammen, ist der Pelz meist ver-

dorben ehe man den Bären findet. Man findet ihn nur selten. Deshalb für Elch und Bär kein Kaliber unter 7,52 Millimeter und keine Geschosse unter 11,5 Gramm, besser schwerere. Bei der Schafjagd muß man Schüsse auf 300 Meter einigermaßen beherrschen, um erfolgreich zu sein. Dafür hat man auch mehr Zeit zum Fertigwerden, denn ein Widder will sorgfältig angesprochen werden. Das Jagdgesetz ist diesbezüglich sehr streng. Auch auf Caribou sind weite Schüsse keine Seltenheit. Zudem handelt es sich hier um ein Hochwild, das erheblich schwerer ist als europäische Gebirgshirsche. Lichtstärke bei der Jagdoptik ist nicht erforderlich. Ein leichter Feldstecher mit 8 ×- oder 10 ×-Vergrößerung ist günstig. Wer ein Spektiv besitzt, sollte es mitnehmen. Eine Sonnenbrille sollte man dabeihaben. Man wird sie brauchen, falls man an einem sonnigen Tag eine geschlossene Schneedecke auf den Hochflächen antrifft. Sonst genügt ein breitkrempiger Hut oder die gewisse Ami-Kappe mit dem breiten Schirm. Eine Taschenlampe ist im Zelt unerläßlich, unterwegs bisweilen nützlich. Einen leichten Rucksack braucht man unbedingt. Nimmt man einen Bergrucksack, kann man die Büchse statt des Eispickels daran festschnallen und ist so im schwierigen Gelände wesentlich beweglicher.
Welche Anforderungen stellt eine Jagd mit diesem Outfitter an die körperliche Leistungsfähigkeit und die Reitkünste des Jägers? Diese Frage ist für mich schwierig zu beantworten, denn ich habe diese Jagd nicht als besonders anstrengend empfunden. Nehmen wir zuerst die Reitkünste. Vorauszuschicken ist, daß nur im Schritt geritten wird. Nur in der Nähe eines Lagers, wenn andere Pferde voraus sind oder wann immer ein zu großer Abstand entsteht, fällt das zurückgebliebene Pferd in Trab, bis es wieder aufgeschlossen hat. Das mag angesichts des Geländes bisweilen halsbrecherisch aussehen, aber die Pferde können das schon. Auch gibt es Gäule, die bei der Überquerung eines Baches nicht den schrägen Pfad am anderen Ufer hinaufgehen, sondern aus dem Stand, von der Mitte des Baches, in einem Riesensprung hinaufsetzen. Es gibt Anzeichen, anhand derer man erkennen kann, daß ein Pferd etwas Außergewöhnliches im Sinn hat. Diese Zeichen muß man bemerken und rechtzeitig

Vorkehrungen treffen. Es gilt, um jeden Preis im Sattel zu bleiben. Am großen Horn des „western saddle“ kann man sich sicher festhalten. Es wird kein Reitlehrer in der Nähe sein, der einem Vorhaltungen wegen des schlechten Stiles macht. Wer nie geritten und auch nicht mit Pferden vertraut ist, braucht eine Vorbereitung. Dabei ist der richtige Umgang mit Pferden sicher wichtiger als die Reitkunst. Wer Karl May gelesen hat, weiß, wie wichtig es ist, den Sattelgurt immer fest anzuziehen. Auch die Packpferde sind diesbezüglich ständig zu beobachten, um den Guide rechtzeitig warnen zu können. Der Outfitter hat wunderbare Pferde, die alles von selber richtig machen. Die Aufgabe des Reiters ist es, im Sattel zu bleiben. Steigt man ab und hält oder führt das Pferd nicht am Zügel, ist es ratsam, das Gewehr an sich zu nehmen. Wenn sich das Pferd am Boden wälzt, kann der Schaft zu Bruch gehen. Es kann nicht schaden, die höchstbeanspruchten Körperteile jeden Morgen vorbeugend mit Hirschtalg einzureiben. Mit Ausnahme eines stark übergewichtigen Herrn hat eigentlich niemand aus meinem Bekanntenkreis Probleme beim Reiten gehabt. Nicht alle haben es genossen, und das ist schade. Vielleicht kam es daher, daß manche Guides den ganzen Tag nur reiten und zwischendurch kaum zu Fuß gehen. Darauf sollte man aber bestehen! Ich selbst habe es immer als einen unerhörten Luxus empfunden, mit Pferden im Gebirge unterwegs zu sein. Zwar gibt es keine bequemen Hütten zum Übernachten, aber dafür ist man nie weit von der Unterkunft entfernt, wenn man nach Nomadenart alles Nötige auf Packpferden mitführt. Bei richtiger Ausrüstung schläft man im „flying camp“ besser als in jeder „zivilisierten“ Unterkunft. Die ganze Lebensweise ist so belebend, daß man sich von Tag zu Tag wohler fühlt. Sogar das Gewehr und der Rucksack werden die meiste Zeit vom Reitpferd getragen. Wenn das kein Luxus ist!

Die Kost ist gut, aber eben sehr reich an Fleisch. Zum Frühstück Spiegeleier und gebratener Speck, dazu selbstgemachte Brötchen und Kaffee. Die Eier fürs Frühstück werden oben drauf in der Haferkiste überallhin mitgenommen. Ich habe nie erlebt, daß sie zerbrochen wären oder gefehlt hätten. Für untertags

gibt es ein Lunchpaket. Bei passender Gelegenheit wird schnell Tee gekocht, sonst trinkt man Wasser pur. Vom Pferd absteigen und zwanzig Minuten später Tee trinken, auch wenn es kein anderes Brennmaterial als Birken- oder Weidenästchen gibt. Das ganze an einem Ort, der sich als Ausguck eignet. Abends viel Fleisch, etwas Teigwaren und etwas Gemüse oder Obst aus der Konserve. Die meisten Guides sind gute Köche. Leber oder Herz vom Caribou oder gar Koteletten vom Dallschaf sind erstklassige Leckerbissen. Wildbret vom Caribou ist schmackhafter als Elch. Elchrippen sind nicht zu verachten. Dazu wird reichlich Tee getrunken. Vom Outfitter wird kein Bier und erst recht kein Schnaps mitgenommen. Die Guides haben bisweilen private Vorräte im Basislager. Indianer und Schnaps gehen bis auf den heutigen Tag schlecht zusammen. Wieder ein Grund, um viel unterwegs zu sein. Der Outfitter ist totaler Abstinenzler, man kann ihn nicht einmal im Hotel auf ein Glas Bier einladen und sollte das auch respektieren. Da man wegen der ungewohnten Ernährung Schwierigkeiten bekommen kann Losung abzusetzen, sollte man vielleicht einen kleinen Vorrat Müsliriegel oder Haferflocken mitnehmen.
In jedem Basislager gibt es vor allem eine relativ bärensichere Vorratshütte, in den entlegeneren ein Funkgerät; meistens eine Kochhütte, in der auch gegessen wird. Sie hat wenigstens einen erhöhten Holzboden mit einem Gerüst aus Stangen für die Zeltbahnen sowie einen Tisch und Bänke, immer einen ordentlichen Herd mit Rauchfang und allen Kochutensilien. Hütten zum Schlafen habe ich nur in einem von drei Basislagern gesehen. Normalerweise gibt es ein geräumiges Zelt aus schwerem Zeug und hölzerne Pritschen als Unterlage für den Schlafsack. Für kaltes oder nasses Wetter reicht ein Ofen mit Rauchfang im Zelt. Auch an einigen strategisch günstig gelegenen, aber bekannt windigen und kalten Lagerplätzen sind zerlegbare Yukonöfen deponiert. So an der Gabelung des Indian River. Kommt man dort vorbei, weiß man es zu schätzen, vor allem wenn Kleidungsstücke zu trocknen sind. Leichte, geschlossene Zelte werden immer mitgeführt, getrennt für Jäger und Guide. Der oder die Guides benützen das Zelt nur, wenn

es wirklich kalt und windig ist. Sonst schlafen sie unter einer aufgespannten Plane, wie schon erwähnt. Die Büchse hängt vor dem Zelt griffbereit an einem Baum, die Mündung mit einem Klebestreifen verschlossen, Patronen im Magazin, aber nicht durchgeladen.
Für die Indianer ist diese Art zu jagen wohl der letzte Rest ihrer ursprünglichen, nomadischen Lebensweise. Diese ist im Sommer und Frühherbst erstaunlich bequem. Als ausländischer Jäger genießt man die Gastfreundschaft von Nomaden. Ich glaube, das ist die beste Einstellung, um an so eine Jagd heranzugehen. Die Leute sind freundlich, ja herzlich und offen, aber nur, wenn sie spüren, daß man sie als gleichwertige Partner schätzt. Vermutlich aus schlechter Erfahrung sind sie in diesem Punkt empfindlich. Deshalb halte ich es für wichtig, jede Gelegenheit zu nützen, selbst Hand an zu legen: Pferde absatteln, Zelt aufschlagen, Wasser holen, etc. Keine Gelegenheit versäumen Fertigkeiten zu lernen, einmal richtig Indianer zu spielen. Es hilft sehr, wenn man halbwegs Cowboy-Englisch kann. Das nämlich sprechen sie auch untereinander. Die Indianersprache lernen heute wieder die Kinder von ihren Großeltern. Die aktive Generation kann nur Englisch.
Diese Leute haben einen anderen Lebensrhythmus und ein anderes Zeitgefühl als wir Uhrenmenschen. Der Jäger, die Frist von knapp zwei Wochen vor Augen, möchte am liebsten täglich vor dem Morgengrauen losziehen. Es geht nicht, die Pferde müssen erst gefunden und hereingebracht werden. Sie kriegen ja nur ein wenig Hafer und müssen selbst eine Weide finden. Je länger ein Lagerplatz im selben Jahr schon benutzt wurde, desto weiter gehen die Pferde in der Nacht. Ein weiterer Grund, möglichst oft im „flying camp“ zu übernachten. Es soll ja auch bei uns noch Jäger geben, die im Sommer draußen im Revier unter einem Baum schlafen, um frühmorgens ohne Beunruhigung gleich zur Stelle zu sein. Der beste Elch, der aus meinem Bekanntenkreis erlegt wurde, kam beim Morgengrauen in so ein Lager gelaufen. Ich selbst habe einen guten Caribou-Hirsch geschossen, der von einem Ausguck hundert Meter oberhalb des Zeltplatzes (in einem Balsamtannendickicht an der Wald-

grenze) gesichtet wurde, während der Führer unterwegs war, um die Pferde zu suchen. Es hat keinen Sinn sich die Nerven aufzureiben. Man kann mit Indianern nicht nach der Uhr jagen. Was man braucht, ist eine Kombination von Gelassenheit, ständiger Aufmerksamkeit und der Fähigkeit blitzschnell zuzugreifen, wenn sich eine Gelgenheit ergibt. Aber das braucht man ja überall, wo man naturnah jagt. Beim Elch sollte man sich vor der Jagd eine Vorstellung verschaffen, wie eine gute Trophäe aussieht; ebenso beim Caribou. Bei Bär und Schaf sollte man sich die Anatomie im Zoo oder Museum einmal näher ansehen. Es liegt bei beiden Arten jeweils ca. ein Drittel der sichtbaren Höhe des Wildkörpers oberhalb der Zone der tödlichen Treffpunkte.

Erfolgsstatistik aus meinem Bekanntenkreis für jeweils zwei Wochen einschließlich Zu- bzw. Abflug von/nach Whitehorse:

1987: Freund S. – ein Elch über 60”, ein sehr guter Widder, ein Grizzly auf hundert Meter verschenkt (ein Versager, zwei Fehlschüsse); Freund W. – ein Elch 55”, ein guter Caribou, einen Widder in Anblick aber zu weit, keine Puste mehr; Freund V. – ein Caribou, ein Grizzly ausgiebig mit Tele gefilmt und keine Zeit mehr zu schießen.
1988: Ich selbst – ein sehr guter Caribou, ein Wolf, ein Elch 50”, einen besseren zu Beginn der Jagd laufen gelassen, kein Bär oder Widder in Anblick; drei Österreicher in einem anderen Teil – zwei Elche ca. 55”, zwei Caribou, ein Widder, kein Bär in Anblick; zwei weitere Österreicher (bedingt einsatzfähig) – zwei Caribou, ein geringer Elch, ein ebensolcher in Anblick und nicht beschossen, ein Grizzly in Anblick und wegen schwierigen Geländes kein Versuch ihn anzugehen.
1989: Freund V. nimmt einen zweiten Anlauf auf den Elch. In den ersten Tagen der Saison ist es außergewöhnlich warm, er hat nur wenig Zeit und bekommt seinen Elch wieder nicht. Baden und Fischen in den Bergseen und wieder ein Caribou. V. ist noch jung und wird wieder hinfahren, da von Indianern sehr begeistert.

Man muß kein Bergfex sein, um in dem Indianer-Revier zu jagen. Aber wer das Gebirge nicht mag oder überhaupt noch nie im alpinen Gelände zwischen Felsen, Geröllhalden und Steilrinnen an oder über der Waldgrenze zu Fuß oder mit Skiern unterwegs war, sollte nicht auf eine derartige Jagd ausziehen. Ich denke da an einen Geschäftsmann aus Wien, der in einem Knie einen kaputten Meniskus hatte und nicht bergab gehen konnte. Er hätte hier nie eine Jagd buchen sollen. Zwar stellt die Elchjagd nicht annähernd dieselben Anforderungen wie die Schafjagd, aber im Big Salmon Range spielt sich auch die Elchbrunft zum Teil um die Waldgrenze herum ab. Wirkliche Ausdauer und Trittsicherheit am Berg braucht man eigentlich nur für die Schafjagd. Aber auch für Elch und Caribou muß man bisweilen Steilstrecken überwinden, bei denen die Pferde am Zügel geführt werden müssen oder überhaupt nicht mehr hinkommen. Wer 1.000 Meter Höhenunterschied mit einem Zehn-Kilo-Rucksack in drei Stunden locker schafft, mag getrost auf eine Jagd in das Revier ausziehen. Man muß die Guides in den ersten Tagen beim Bergaufgehen manchmal bremsen. Sie haben die Gewohnheit, beim Angehen von Wild das Tempo zu forcieren. Man kann und muß da nicht alles mitmachen. Nach drei bis vier Tagen wird man ohnehin schon viel schneller. Ich glaube, wenn man mit Indianern jagen geht, ist die Einstellung zu diesen Menschen und (den Resten) ihrer ursprünglichen Lebensweise genauso wichtig für den Erfolg wie die körperliche Leistungsfähigkeit und ausreichende Schießfertigkeit. Wenn der Outfitter am Ende einer Jagd sagt: „Jetzt waren wir mit diesen Leuten zwei Wochen zusammen und wissen eigentlich gar nichts voneinander", dann war diese Jagd in meinen Augen ein Mißerfolg, auch wenn die Betreffenden die gewünschten Trophäen mit nach Hause nehmen konnten. In einem anderen Fall hat der europäische Jäger einem alten Indianer am ersten Tag genau erklärt, wie die Elchjagd anzugehen sei. Er hat den Guide gekränkt und seinen Elch nicht bekommen. Es kann nicht oft genug betont werden, wie wichtig es ist, jede Gelegenheit zu nützen, vom Basislager wegzukommen. Sind z. B. vier Jäger und vier Guides in einem Basislager zusammen, ergibt

sich von selbst eine Art Klassensystem. Die Jäger lassen sich bedienen und die Guides bleiben auf Distanz.
Was der Jäger zum Erfolg beitragen kann, ist die gründliche Vorbereitung (einschließlich der Wahl des Outfitters) und die ist abgeschlossen, wenn man das Flugzeug bestiegen hat. Dort, wo man aus dem Buschflieger aussteigt, fängt das Abenteuer an. Spätestens da lasse man Streß, Leistungsprinzip, Prestigebedürfnis und was weiß noch fahren. Zwei Wochen sind sehr kurz für eine Wildnisjagd, und niemand kann den Erfolg garantieren. Wer zwei Wochen lang die herrliche Landschaft und die einheimischen Originale auf sich einwirken läßt und auch ein Stück seiner selbst dort zurückläßt, kommt auf jeden Fall als Gewinner heraus. Wer eine positive Einstellung den Guides gegenüber hat und als Jäger kompetent ist, wird bei diesem Outfitter auch jagdlich auf seine Rechnung kommen.

Dem Leser dieser Zeilen wünsche ich viel Weidmannsheil. Ich habe sie geschrieben, damit dieser Outfitter Jäger bekommt, die zu schätzen wissen, was er zu bieten hat.

Zukunftsaussichten der Jagdmöglichkeiten in diesem Revier:
Für das Innere des Reviers können wir bedenkenlos vorhersagen, daß uns ein erfolgreiches Jagen für viele Jahre erhalten bleiben wird. In der Nähe der (indianischen) Siedlungen ist zu erwarten, daß der Wildbestand sehr reduziert wird. Da es sich hierbei jedoch um ein annähernd reines Wildnisrevier handelt, ist für uns Gastjäger diese Einschränkung bedeutungslos.
Da die Grizzlyjagd in letzter Zeit erheblichen politischen Einflüssen unterliegt, sind diesbezüglich lediglich vage Voraussagen möglich. Diese gehen dahin, daß pro Jahr höchstens zwei bis vier Bären freigegeben werden.
Für den Jäger, der gewillt ist, eine urwüchsig rauhe und „primitivere" Jagd mitzumachen, wird diese Gelegenheit auch noch weiterhin bestehen bleiben.

Anreise
Flug durchbuchen bis Whithorse, Yukon (über Vancouver oder Edmonton). Von Whitehorse Weiterflug per Chartermaschine in das Basislager (Charterflug hin und zurück).

Buchungen
Aufgrund der besonderen Umstände dieses Revieres und seiner eventuellen, formellen Kommunikationsschwierigkeiten wird Gastjägern dringend empfohlen, die Buchungen nur über die Berufsjägervereinigung (s. S. 20) vorzunehmen. Eine vorherige Beratung ist zwingend notwendig.

E

Skeena-Revier

In diesem Wildnisrevier sind folgende Wildarten bejagbar. Sie sind in der Reihenfolge der Chancen, sie hier zu erlegen, aufgeführt:

Schneeziege
Grizzly und Schwarzbär
Elch (Alces alces gigas)
Caribou (Mountain Caribou)
Wolf, Vielfrass

Lachs und die meisten der begehrten Süsswasserfische, inclusive der Stahlkopfforelle, sind eine willkommene „Nebenbeute" in diesem Revier.

Landschaft und Biotop
Langatmige Beschreibungen dieses Reviers können wir uns mit der folgenden Information über die Topographie, das Klima und den Biotop ersparen: Es handelt sich um ein Abbild Österreichischer, Oberbayrischer und Schweizer Hochgebirgslandschaft mit vielen Seen und gewaltigen Flüssen, aber das alles wie in unserem alten Europa vor 1.000 Jahren!
Der berühmte Lachsfluß, der *Skeena River*, fließt ca. 300 Kilometer durch die bezaubernde Landschaft.
Das Skeena-River-Tal und einige Seitentäler von ca. 60 Kilometer Länge und ca. drei bis fünf Metern Breite sind für die Jagden vorgesehen, bei denen Elch und Caribou, aber auch Bären und Wolf geschossen werden können. Diese in ca. 1.500 Meter Höhe gelegenen Hochtäler versetzen den europäischen

Jäger in eine Traum-Pirschwelt. Riesige, mit Baumgruppen durchbrochene Wiesen stellen geradezu eine ideale Pirschsituation dar. Allerdings muß sich der Jäger im klaren sein, daß er den ganzen Tag über auf den Läufen sein wird, denn, wie überall in Nordamerika, ist auch hier die Wilddichte nicht die eines Gatterrevieres.

Reviergeschichte und Beschreibung
Das Revier wurde 1989 von einem bekannten österreichischen und einem belgischen Jagdunternehmer erworben. Danach wurde es in jeder Beziehung verbessert, d. h. es gibt nun bessere Hütten, Trails, Hochsitze etc. Deshalb dürfen wir es jetzt als eines der bestversorgtesten Wildnisreviere des nördlichen Britisch Kolumbiens ansehen. An möglichem Komfort wird nicht gespart, um dem Gastjäger gemäß europäischer Jagdtradition das in dieser Wildnisumgebung Bestmögliche zu bieten. Mehrere angrenzende Jagdgebiete wurden noch hinzuerworben, so daß dieses Revier heute 10.500 Quadratkilometer aufweist (ca. 250 Kilometer lang und ca. 80 Kilometer breit). Weit über die Hälfte des Revieres wurde nie oder aber vor langer Zeit kommerziell bejagt. Im ganzen Gebiet gab es zur Zeit der Übernahme nur eine Hütte! 1987 waren dort bereits acht weitere Jagdhütten erstellt. Spartanisch, primitiv, gemessen an österreichischer Hüttenkultur, aber nicht minder sauber, ja einfach zweckmäßig. Einheimische Jäger sind in dem Revier nicht zu finden, da es nur per Wasserflugzeug erreichbar ist. In jedem Jagdlager jagen nur ein oder zwei Jäger mit jeweils einem Führer. Das Revier bietet sich gerade dazu an, um eine nichtjagende Begleitperson mitzunehmen. Die Werbung für das Revier sollte lauten: „Für den anspruchsvollen Jäger, der nicht nur Trophäen als Erinnerung mitnehmen will!“

Schneeziege
Nur gute alte „Billies“ sind in dem Revier bis jetzt geschossen worden, und dies wird noch viele Jahre so sein.
Von drei Hütten aus können wir sogar während des Frühstücks Ziegen ansprechen. Mit viel Glück kann gelegentlich unten am

See ein Bock erlegt werden. In der Regel müssen wir uns allerdings unsere Trophäe mit viel Schweiß erarbeiten. Sollten wir die körperliche Konstitution eines normalen Gamsjägers haben, ist uns ein guter „billy“ so gut wie sicher.
Im Jahre 1986 erlegte der Autor dieses Buches in diesem Revier einen Bock, der zu den weltbesten rechnet. (Jagdbeschreibung dazu im Buch *„Als Jagdführer in Kanada“*, 1988, Verlag J. Neumann-Neudamm).

Grizzly-Bären
Aufgrund der Jungfräulichkeit des Revieres und der Tatsache, daß der lachsreiche Skeena- und der Kispiox-River mit seinen unzähligen Nebenflüssen die Bären von weither anlockt, besteht für ein „Interior-Hunting-Territory“, wie es im Fachjargon Britisch Kolumbiens genannt wird, eine sehr gute Chance, einen Bären zu strecken. Wir können ohne Übertreibung sagen, das dieses Revier das beste Inland-Grizzly-Revier ist, zumindest aber zur Spitze der nordwestamerikanischen Inlandreviere zählt. Wir finden den begehrten großen Braunbären im Frühjahr an den frischen Grashängen der Lawinenabfahrten und im Herbst an den Beerenhängen. Zur Lachszug- und Laichzeit (etwa Ende September bis Anfang Oktober) ist der Bär an den Lachsflüssen so sicher, daß Hochsitze auch einem *älteren oder behinderten Jäger* die berechtigte Hoffnung auf Erfolg gewähren (Schußentfernung 40 bis 60 Meter). Mit einigem Jagdglück kann der Weidmann vom Hochsitz aus auch einen Schwarzbär, Elch oder Wolf strecken. Im Jahre 1986 maß einer der erlegten, kapitalen Bären 9 ¾ Fuss (2,97 Meter) und ein weiterer 9 ½ Fuß und ein dritter Rekordbär („nur“) 8 ½ Fuss (ca. 2,30 Meter), gemessen vom Schwanz bis zum Windfang.

Schwarzbär
Die Erlegung von Frühjahrs-Schwarzbären ist sehr sicher. Während der Herbstjagd bestimmt die Anzahl und Aggressivität der Grizzlies das Vorkommen der Schwarzbären. Seit in diesem Revier 1987 zwei Bären bei der Campplünderung unter

abenteuerlichen Umständen überrascht und erlegt wurden, scheinen die „bear stories“ dieses Revieres nicht mehr abzureißen.
Im Frühjahr kann die Bärenjagd durchaus am Rande der Wildnis stattfinden. Meist sind Ranches dann der Ausgangspunkt jagdlicher Aktivitäten.
In jedem Fall gilt es als recht sicher, einen Schwarzbären im Frühjahr zu erlegen.

Elch
Es handelt sich hier schon um den „Alces alces gigas“, den sogenannten Alaska-Elch in seinen südlichen Verbreitungszonen.
Im Kernstück des Revieres zieht der Elch zur Brunftzeit durch die engen Täler. Eine Jagd, die in diesem Revier primär auf Elch ausgerichtet ist, findet in einem der bereits erwähnten 60-Kilometer-Täler statt. Auch hier können die Erwartungen auf alte Trophäen erfüllt werden, da diese Täler praktisch bis 1987 nicht bejagt wurden. Da 1988 nur eine Jagdhütte an dem einzigen anfliegbaren See in diesem Hochtal zu finden war, bleibt viel Raum für den Jäger, der sich seine Trophäe durch lange Pirschtage in unbejagtem Wildnisgebiet erarbeiten möchte.
Weil alle Umstände einer Wildnisjagd entsprechend gut sind, sollte fast jeder Jäger mit einer guten Trophäe dieses Tal zufrieden verlassen können.

Transfer
Den Anflug sollten wir in Europa gleich bis *Smithers* durchbuchen. In Vancouver müssen wir in jedem Fall umsteigen. Da Flüge aus Europa mitunter bis zu vier Stunden Verspätung haben, wird eine Übernachtung in Vancouver empfohlen. Am nächsten Tag fliegen wir weiter bis Smithers, wo wir am Flugplatz abgeholt und wetterbedingt gleich ins Revier eingeflogen oder ins Hotel gebracht werden. Kommen wir zu spät oder wollen wir früher als vereinbart ausfliegen, müßen wir einen Einzelflug bezahlen.

Vom Wasserflugplatz „Thyee Lake“ aus werden wir in das vorher festgelegte Jagdgebiet eingeflogen (ca. 70 Minuten Flugzeit). Wir bleiben während unserer Jagdzeit in der Hütte am See, es sei denn, daß wir unser Wild erlegt haben und innerhalb des Revieres in ein anderes Camp geflogen werden müssen, wo auf das jeweils andere Stück Wild gejagt wird.

Buchungen

Wer einen guten Platz gesichert haben möchte, sollte im Dezember des davorliegenden Jahres gebucht haben.
Buchungen werden von der Berufsjägervereinigung angenommen (Anschrift und Kontakte s. S. 20) oder

Maybra Guide Outfitting Ltd.
Kogl 1, A-4880 St. Georgen
Fax.: (00 43) 76 67-30 26, Telefon: (00 43) 76 67-3 02

Zeiten

Jagd auf Ziegen:	1. September bis Anfang Oktober.
Jagd auf Grizzlies:	Mitte August bis Mitte Oktober. Beste Zeit: 1. bis 12. September und 20. September bis 1. Oktober.
Frühjahrs-Bären:	Mitte April bis Mitte Juni.
Jagd auf Schwarzbären:	Immer. Beste Zeit: April bis Mitte Juni.
Jagd auf Elche:	Mitte September bis Mitte Oktober. Beste Zeit: Mitte September bis Anfang Oktober.
Jagd auf Wölfe und Vielfraße:	Immer.
Angeln auf Lachs (Coho):	Anfang September bis Mitte Oktober.
Angeln auf Regenbogenforellen und Dolly Varden:	Mitte/Ende September bis Mitte Oktober.

Ausrüstung

Die Ausrüstung richtet sich nach dem zu bejagenden Wild und der Region, in der es gejagt wird. Individuelle Beratung ist in jedem Fall ratsam. Grundsätzlich sollte beachtet werden, daß zur Ziegenjagd erprobte Bergschuhe, zur Elchjagd Gummistiefel, wenn nicht sogar Anglerstiefel benötigt werden, gleiches gilt meistens für die Grizzlybären-Jagd.

Folgende Liste wird für dieses Revier im allgemeinen empfohlen:

Warmer Daunenparker	gutes Regenzeug
Kopfbedeckung	gute Lauf- bzw. Bergstiefel
Handschuhe	Hüttenschuhe
warme Weste	gute Gummistiefel
zwei Hosen	Anglerstiefel
zwei Paar Wintersocken	Daunen-Schlafsack
zwei Paar Socken	Waffe (Kal. ca. 8 × 68)
zwei lange Unterhosen	40 Schuß Munition
zwei kurze Unterhosen	Jagdmesser, Waffenreinigung
zwei warme Hemden	kleines, handliches Fernglas
zwei Hemden	kleine Kamera mit *viel* Film!

Temperaturen

Temperaturen und Wetter im allgemeinen sind dem der europäischen Alpen sehr ähnlich.

Während der Frühjahrs- und der Herbstjagd muß mit einer Tagestemperatur bis 18 ° Celsius und einer Nachttemperatur unter 0 ° Celsius gerechnet werden.

Die Erfahrungen der letzten Jahre haben gezeigt, daß extreme Wetterschwankungen häufiger vorkommen.

Die schönste Jahreszeit ist zweifelsfrei der sogenannte „indian summer“, die Zeit zwischen Mitte September und Mitte Oktober (-3 ° bis – 15 ° Celsius).

F

Bighorn-Revier

In diesem Revier finden wir folgende Wildarten in der Reihenfolge der Chancen, sie zu erlegen:

Bighorn Sheep (Ovis canadensis californiae)
Maultierhirsch
Schwarzwedelhirsch (Columbia-Hirsch)
Schwarzbär
Schneeziege
Elch

Geographie, Topographie und Biotop des Revieres
Dieses Revier liegt lediglich drei bis vier Autostunden nördlich der Millionenstadt Vancouver oder eine Flugstunde mit einer kleinen Maschine.
In der Praxis kann keines der beiden Transportmittel genutzt werden. Es führt keine Autostraße in das Revier und es ist auch keinem Wasser- oder Landflugzeug möglich, im Revier zu landen. Pferde sind das einzige Transportmittel, um in das Herz des Revieres zu gelangen.
Dieses „hunting territory" ist ca. 4.000 Quadratkilometer groß. Es ist ein reines Hochgebirgsrevier. Der höchste Gipfel überragt die 3.000 Meter, fast ein halbes Dutzend Berge hat eine Höhe zwischen 2.500 und 2.800 Meter.
Lange, mit Nadelhölzern bewachsene Täler, hier und dort mit kleinen Seen, Tümpeln oder Mooren durchsetzt, sorgen für ein abwechslungsreiches Landschaftsbild. Die teils schroffen, bis in ca. 2.000 Meter Höhe bewachsenen Hänge verleihen der Landschaft einen alpinen Charakter. Der Unterschied zu den

europäischen Alpen liegt in der Unberührtheit, im Fehlen der in Europa üblichen Überlandleitungen, Skipisten und Wegesysteme. Dem aufmerksamen Beobachter wird die allgemeine Trockenheit des Biotopes im Unterschied zu den europäischen Alpen auffallen.

Klima und Wetter

Das Wetter Nordamerikas kommt vom pazifischen Ozean, dem Westen. Die im Pazifik wassergeschwängerten Wolken stoßen gegen die massive Gipfelansammlung des Küstengebirges, im Englischen auch „costal range“ oder „coast mountains“ genannt, und entleeren sich. Das dahinter liegende Land bekommt nur einen Bruchteil der Regenmassen ab. Die Folge ist Trockenheit, die an einigen Stellen bis zur „Verwüstung“ führt. Sichtbarstes Zeugnis dieser Wüste ist dem Reisenden die „semi aride“ Landzone von Lilloet bis Kamloops. Sommerliche Höchsttemperaturen von 40 bis 50 ° Celsius sind in Lilloet und einer weiteren Gemeinde namens Lytton nicht selten. In diesen von Bergmassiven eingeschlossenen Ortschaften findet man, ähnlich wie in Griechenland, Spanien oder Portugal, nur Touristen, die sich mittags bewegen, während Einheimische (vorwiegend Indianer) sich der Siesta hingeben.

Am Rande dieser Trockenzone liegt das hier zu beschreibende Revier. Der Jäger braucht nicht die langanhaltenden, massiven Wolkenbrüche oder Dauerregen zu fürchten wie beispielsweise im Bella-Coola-Grizzly-Revier (s. S. 249 ff). Vielmehr sollten Sonnenbrille und Fettstifte zu seiner Ausrüstung gehören.

Bei all dieser Schönwetterbeschreibung darf der Jäger aber nicht vergessen, daß er sich im Hochgebirge befindet. Urplötzlich kann der bei einer Rast sich sonnenbadende Jäger in über 2.000 Meter Höhe von einem Hagelsturm überrascht werden. Die unerwünschte weiße Pracht ist dann aber wieder in Minutenschnelle verschwunden. Quasi als Erinnerung hinterläßt sie eine Sichtblende durch die unmittelbar aufkommende Wolken- oder Nebelwand. Die soeben beschriebenen Wetterformen bezogen sich auf das Hochgebirge, primär während der Schafjagd.

Eines Bärenjägers Traum hat sich erfüllt – in Kanada und Alaska ist dies noch möglich.

Versorgt werden muß der Bär unbedingt,
aber Verbrechen ist in Kanada ungewöhnlich!

In den unteren Lagen dieser bezaubernden Bergwelt, dem Biotop der verschiedenen Hirscharten, Bären und auch Schneeziegen kann man das Septemberwetter und sogar noch das Wetter und Klima Anfang Oktober mit dem des Ende August/ Anfang September in Tirol und sogar Meran vorherrschenden gleichsetzen. Wobei der Luftfeuchtigkeitsgrad in diesem Revier um einiges geringer als in den freundlichen Alpen Europas ist.

Der Outfitter

Der Jagdbetrieb befindet sich seit zwei Generationen im Familienbesitz, welches für Nordwestamerika sehr selten ist. Der derzeitige Besitzer des „outfitts“ wohnt am Rande seines Revieres in den Bergen. Er ist dort aufgewachsen und hat sein Leben lang Jäger auf das begehrte Schaf und das andere in dem Revier vorkommende Wild geführt.

Auffallend – gemessen an nordamerikanischen Maßstäben – ist seine bereits über viele Jahre praktizierte Wildbewirtschaftung, insbesondere die Abschußplanung. Aufgrund seiner beachtenswerten Selbstbeschränkung nimmt er lediglich acht Schafjäger in einem Jagdjahr an, wenn er nicht seitens der Jagdbehörde reglementiert wird. Seine verantwortungsbewußte Arbeit ermöglicht es, daß fast jedes Jahr jeder seiner Schafjäger einen „ram“ erlegen kann.

Einem kritischen Zuhörer seiner Jagderlebnisse fällt auf, daß der Outfitter mehr über die Handvoll nicht erfolgreicher Jäger vergangener Jahrzehnte zu berichten weiß, als daß er über die endlosen, bei der kommerziellen Jagd üblichen Erfolgserlebnisse prahlt.

Des Outfitters Betrieb schließt etwa zwanzig Pferde, eine feste Hütte und viele Zelt-Außencamps ein, entsprechend der Hauptwildart seines Revieres: dem Dickhorn Schaf.

Aufgrund der naturnahen Wohnstätte des Outfitters kann bei den sehr erfolgssicheren Frühjahres-Bärenjagden und auch den Hirsch-Bär-Ziegenjagden im Herbst sein Hauptwohnsitz mit seinen Gästehütten als Jagdlager benutzt werden.

Der Senior-Outfitter, ein Veteran mit einer Schafjagderfahrung von mehr als 35 Jahren, nimmt an einer oder zwei Jagden teil.

Das (California) Bighorn Schaf

Das California Bighorn Schaf, hier fast an der Grenze seines nördlichen Verbreitungsgebietes, ist heutzutage die Stammherde aller Bighornschafe Nordamerikas. Die Bestände der USA werden aus den B. C.-Herden aufgefrischt. (siehe Artikel unter *Die Wild- bzw. Bergschafe* S. 130 ff). Ihre Anzahl in diesem Revier beträgt etwa 200 Stück. Es unterscheidet sich in Trophäe, Lebendgewicht und Aussehen kaum von seinem Vetter, dem Rocky Mountain Bighorn Schaf.

Der enorm hohe Erfolgsquotient bei der Jagd auf eine dieser begehrten Trophäen hat sich in US-amerikanischen Jägerkreisen so herumgesprochen, daß der Outfitter weder eine Broschüre herausgibt noch seine Jagd annonciert.

Der ausschließlich europäischen Jägern zugewandten *Berufsjäger-Buchungsgemeinschaft* in Britisch Kolumbien ist es durch frühzeitige Buchungen gelungen, dieses excellente Schafrevier europäischen Jägern zu öffnen.

Gejagt wird auf den Widder nur reitend. Sobald ein Schaf oder eine Herde ausgemacht ist, werden die Pferde zurückgelassen und man pirscht sich an. Weitschüsse sind durchaus an der Tagesordnung. Da der europäische Jäger vor seiner Kanada-Reise meist nicht die Gelegenheit zu Weitschüssen hat, wird empfohlen, Schüsse bis 350 Meter vorher zu Hause zu üben. Im übrigen unterscheidet sich die Jagd auf das California Bighorn wenig von den Jagden auf das Dall-Schaf oder das Stone-Schaf.

Als Kombinationsjagd bei einer Reise-Buchung in diesem Revier bietet sich der Maultierhirsch und der Schwarzbär an. Beide Wildarten dürfen zum Teil bei einer Schafjagd ohne Aufgeld miterlegt werden, wenn sich die Gelegenheit bietet und die Zeit dafür übrigbleibt.

Maultierhirsch und Columbia-Schwarzwedelhirsch, auch Küsten-Schwarzwedelhirsch genannt (Unterschiede s. S. 159 ff). Dieses Küstengebirgsrevier ist eine Mischzone für die beiden Hirscharten Maultierhirsch und Küsten-Schwarzwedelhirsch (Columbia-Schwarzwedelhirsch). Der Maultierhirsch kommt im Osten des Revieres vor, während der Columbia-Hirsch an der Küste, also im Westen des Revieres seine Einstände hat. In den Gebirgstälern und Hängen dieses Revieres kann der Jäger während der Schafjagd durchaus auf beide Arten dieses „deer" stoßen und – wenn er zwei „deer licences" mit sich führt – der stolze Erleger zweier verschiedener Hirscharten sein. Die Wahrscheinlichkeit, dieses Glückes während einer Schafjagd teilhaftig zu werden, darf als gering eingeschätzt werden. Während einer herbstlichen Kombinationsjagd (Hirsch, Bär, Ziege) oder gar einer Spezialjagd Hirsch/Hirsch-Schwarzbär erhöht sich die Chance eines Jagderfolges um ein Vielfaches. Bei letztgenannter Kombinationsjagd ist der Erfolg auf mindestens einen Hirsch und einen Schwarzbär sehr sicher. Zwei Schwarzbären und zwei Hirsche gibt der Gesetzesgeber zur Bejagung frei, und es besteht eine gute Chance, daß zumindest von einer der beiden Wildarten zwei Stück erlegt werden.

Schnee- bzw. Bergziege

Der Schneeziegenbestand ist sehr gut. Im Unterschied zu den anderen Schafjagden des nördlichen Teiles des nordwestamerikanischen Kontinentes findet die Ziegenjagd nicht unmittelbar neben der Schafjagd statt. Die „mountain goats" stehen in einem anderen Revierteil und werden, wenn sie zusätzlich zu einer Schafjagd gebucht sind, im Anschluß an eine erfolgreiche Schafjagd bejagt. Dies heißt, daß in den überwiegenden Fällen ein Campwechsel vorgenommen werden muß. Eine Jagd mit dem Schwerpunkt „Ziege" sollte in diesem Revier mit der Jagd auf den Schwarzbär und den Maultierhirsch kombiniert werden. Starke „billies" sind nicht selten. Bei einer Zehn-Tage-Kombinationsjagd mit Schwerpunkt Ziege darf der Jäger mindestens mit dem Jagderfolg auf die Ziege und eine der beiden anderen Wildarten rechnen, wenn nicht sogar alle drei zu seiner Jagdbeute zählen.

Schwarzbär

Der Schwarzbär ist in diesem Revier sehr häufig. Bei Frühjahrsjagden kann jeder Jäger mit zwei Bären rechnen. Auch im

Herbst sollte jeder Jäger, auch der Schafjäger, eine Lizenz für den „blacky“ in der Tasche haben.
Die Frühjahrsbärenjagd kann man als Garantiejagd bezeichnen. Zwei Abschüsse sind möglich.

Grizzlybär
Das Grizzlyvorkommen in dem Revier ist gemessen an anderen Inlandrevieren normal. Normal heißt hier, daß die Erfolgsaussichten im Frühjahr höher als 50 Prozent liegen, während sie im Herbst unter diesem Prozentsatz anzusetzen sind. Eine Grizzly/Schwarzbär-Kombinationsjagd im Frühjahr ist durchaus zu empfehlen. Den Schwarzbär erlegen wir sehr wahrscheinlich, während wir auf den Grizzly eine etwa 70 bis 80% Chance haben.

Elch
Bei dem Elch handelt es sich in diesem Revier um den südlichen Andersoni-Elch. Gemessen an seinen nördlicheren Vettern ist er gering. Um europäischen Elchjägern einen Vergleich zu ermöglichen, sei erwähnt, daß seine Trophäe (und das Wildbret) immer noch stärker als das des besten Skandinavienelches. Trotzdem wird Jägern abgeraten, nur für eine *nur*-Elchjagd das Revier zu buchen.

Wolf
Auch Wölfe gibt es in diesem Revier. Es mag durchaus einem von uns Jägern gelingen, auf einen Wolf zu Schuß zu kommen. Eine Lizenz für die Jagd auf den Wolf zu erwerben, ist dringend zu empfehlen. Selbst wenn wir die nur wenige Dollar kostende Lizenz umsonst eingelöst haben, dürfte dies keinem von uns wehtun, muß aber dem einzelnen Jäger überlassen bleiben.

Transfer
Der Anflughafen ist in jedem Fall Vancouver. Ab Vancouver gibt es zwei Alternativen, selbstständig zum Outfitter zu gelangen. Dem Gastjäger, der ein wenig Zeit mitbringt, wird empfohlen, sich in Vancouver einen Mietwagen zu besorgen.

Selbst der Nachteil des zehn Tage langen, nutzlosen Herumstehens des Mietwagens spricht nicht gegen die interessante Fahrt bis zum Wohnsitz des Outfitters. In einer Tagesfahrt läßt sich die Strecke von Vancouver bis zum Outfitter mühelos bewältigen.
Dem Zeit und Geld sparenden Jagdreisenden wird empfohlen, sich zum Nord-Vancouver-Bahnhof zu begeben und eine Fahrkarte bis in das Indianerdorf Lilloet zu erstehen und sich auf eine höchst interessante Bimmelbahnfahrt vorzubereiten. Während dieser im „Schwäbsche-Eisebahn-Stil" ablaufenden Fahrt zwischen waschechten Cowboys mit Pappkartons unter den Armen sowie Indianern mit großen Stetsons genießt der Reisende faszinierende Landschaften. Vom Abteilfenster aus kann er mit einigem Glück Wale, Seehunde, Seelöwen genauso bewundern wie Schwarzbären oder Maultierhirsche neben den Gleisen. Die wenigen Haltestellen sind kleine Indianersiedlungen und der größte nordamerikanische Ski- und Sommer-Urlaubsort, das St. Moritz Kanadas, der Bergort „Whistler".
In Lilloet wird der Jäger vom Outfitter am Bahnhof kostenlos abgeholt.

Jagdzeiten
Die Bighorn-Jagd beginnt in dieser Region am 1. September und endet am 15. Oktober.
Der Schwarzbär ist ganzjährig offen.
Die verschiedenen Hirscharten sind ab dem 1. September bis Mitte Dezember bejagbar.
Frühjahrs-Bärenjagden: ab Mitte April bis Mitte Mai.

Buchungen
Buchungen werden für dieses Revier ausschließlich durch die Berufsjäger-Buchungsgemeinschaft vorgenommen. Schafjagden sollten bis Mai des davorliegenden Jahres gebucht sein, um die Plätze nicht an die Amerikaner zu verlieren.

Schafjagdzeiten: 1. bis 14. September, 16. bis 30. September und 2. bis 16. Oktober.
Zeitliche Änderungen um ein oder zwei Tage sind möglich.

Letzte Meldung:
Das Revier wurde 1990/91 an einen erfahrenen B.C.Outfitter verkauft. Die üblichen Anfangsschwierigkeiten dürften mit der Saison 1991/92 überwunden sein.

G

Bella Coola-Grizzly-Revier

Das kleine Fischerdorf Bella Coola ist für den ernsthaften Grizzlyjäger das, was für den Skihasen St. Moritz, für den Bergsteiger das Himalaya-Gebirge und für den Moslem Mekka ist. Hier hat ein indianischer Outfitter, Clayton Mack, allein auf mehr Weltrekord-Grizzlies geführt, als im ganzen Land zusammen an Rekordbären erlegt wurden. Dieser legendäre Indianer hat mehr als ein Jahrzehnt für die Berufsjäger-Buchungsgemeinschaft gearbeitet. Seit Mitte der achtziger Jahre kann er sich leider nur im Rollstuhl am Wechsel der Jahreszeiten erfreuen.

Geographische Lage:
Das etwa 1.500 indianische und 1.000 weiße Seelen zählende Fischerdorf Bella Coola liegt isoliert vom restlichen kanadischen Bundesland British Columbia an einem Fjordende. Nach Westen bildet der Pazifische Ozean die natürliche Grenze, während nach Osten das wild bizarre Küstengebirge den Weg ins Landesinnere abriegelt. Erst vor wenigen Jahren wurde eine für Pkws passierbare Straße von Williams Lake aus durch die Bergwelt nach Bella Coola geschlagen. Noch Anfang der siebziger Jahre war es für den Autor auf seinen Jagderkundungs-Streifzügen nur möglich, per Allrad über das Küstengebirge zu gelangen. Auch heute wird dem Reisenden empfohlen, auf dieser Straße nicht die Nerven zu verlieren. Insbesondere dann, wenn links oder rechts neben dem Wagenfenster ohne Warnung oder irgendeiner Straßensicherung 200 bis 700 Meter tief tosende Gebirgsflüße auftauchen (siehe dazu in meinem Buch „Als Jagdführer in Kanada“ das Kapitel: „Der Precipice Trail“, 1988, Verlag J. Neumann-Neudamm).

Der pazifische Küstenstreifen ist in seiner Gesamtlänge stark mit Fjorden, Buchten und tausenden von Inseln durchzogen. Die Küste British Columbias allein hat eine Länge, die fast der des gesamten Erdumfanges entspricht.

Dieses Fleckchen Erde ist ein Paradies für Segler, Yachtfreunde, Taucher, Angler und „last but not least“ Bärenjäger. Die bis 4.000 Meter hohen Gletscherberge fallen teilweise steil in die Fjorde hinab. Sie werden von hunderten und aberhunderten kleinerer und größerer Flüße, Bäche und Ströme durchzogen. Alle diese Flüße sind lachsführende Gewässer.
Das gesamte Küstengebiet des Pazifik zwischen Vancouver und Umgebung bis Bella Coola ist nur per Boot oder Wasserflugzeug zu erreichen. Diese Strecke beträgt immerhin über 400 Kilometer Luftlinie. Auf dem Landwege von Vancouver bis Bella Coola zu fahren, heißt, sich auf eine etwa 1.000 Kilometer lange, aber interessante Fahrt einzustellen.

Wetter, Klima
Das Wetter Nordamerikas kommt vom Pazifischen Ozean her. Die wassergeschwängerten Wolken des Pazifiks prallen gegen die hohen Gipfel des Küstengebirges („coastl range“ oder „coast mountains“). Regen, tagelanger Nieselregen oder Nebel können eine zehntägige Jagdreise dort begleiten, andererseits liegt die pazifische Küste Kanadas (Bristish Columbias) unter dem Einfluß des japanischen Golfstromes. Das hat zur Folge, daß es wenig Frosttage gibt. Ein gutes Beispiel ist die gleichfalls am Pazifik liegende Stadt Vancouver, die Frost als eine Seltenheit registriert. Wenn es in der Landeshauptstadt British Columbias, Victoria, auf der dem Festland vorgelagerten Insel einmal friert, meint man aufgrund der vermummelten Menschen, die Eiszeit habe eingesetzt (Das Thermometer zeigt dabei vielleicht nur +3 Grad Celsius an!).

Die in diesen Küstenregionen vorherrschende, äußerst hohe Luftfeuchtigkeit läßt bekanntlich Kälte kälter und Wärme schwül erscheinen.

Der Biotop

Aufgrund der oben aufgezeigten geographischen und topographischen wie den daraus resultierend klimatischen Bedingungen finden wir in diesem Revier den bekannten nordischen Regenwald vor. Dieser Wald ist üppig grün. Eindringlinge, wie beispielsweise neugierige europäische Jäger, lernen sehr schnell die Worte des Führers ernstzunehmen, daß ein Jagen „da drin" absolut zwecklos ist.

Das dichte Unterholz, bestehend aus der jungen Cedar (Saunaholz) und den großblättrigen „devils club" (Teufelskeule), erinnert stark an die grüne Hölle der Tropen. Dazwischen thronen majestätisch die alten Cedar-Riesen, die mit einem Stammdurchmesser von mehreren Metern zu den „Riesenbäumen" (siehe in den USA den „Redwood Park") gehören. Auch den Europäern bekannte Nadelbäume weisen hier mehrere Meter Stammdurchmesser auf, wenn sie nicht dem Holzhunger der Zivilisation zum Opfer gefallen sind ...

Das Revier

Der bejagbare Teil des Revieres befindet sich meist unmittelbar an der Fjordküste und den Flußläufen in das Landesinnere, dieses aber nur für maximal zwanzig Kilometer.

Drei Schwerpunktgebiete wären zu nennen, die gleichzeitig drei verschiedene Jagdmöglichkeiten aufzeigen.

Die Jagd auf den „flats" (Überflutungsgebiet, Marsch, Deltagebiet der Flußmündungen). Die Jagd kann hier sehr einfach sein, da die zu beobachtenden Flächen relativ klein, leicht zugänglich und gut überschaubar sind.

Als nächstes findet die Jagd an den Flußläufen statt. Wir pirschen mit unserem Führer – können aber auch ansitzen, wenn die Voraussetzungen gegeben sind – auf wenigen Kilometern einen der vielen Lachsflüße entlang. Diese Art des Pirschens ist etwas mühseliger, da wir jegliche Geräusche vermeiden, möglichst ein wenig in Deckung bleiben und immer auf äußerster Hut sein müssen, denn zehn Meter vor uns kann plötzlich einer dieser wehrhaften Kolosse wie aus dem Nichts auftauchen. Ohne Anglerstiefel geht es dabei kaum. So manch ein Jäger

hat aufgrund seiner Passion unfreiwillig das andere Ufer schwimmend erreicht und mit langem Gesicht das Wasser aus seiner 9,3 Kaliber-Waffe auslaufen lassen. Nur der grüne Jagdhut erreichte freudig schaukelnd die Flußmündung, um irgendwo im Fjord wieder aufgefischt zu werden.
Die Jagd wird hier vorwiegend im Herbst betrieben, wenn die Lachse ziehen.
Die dritte Jagdart, hauptsächlich im Frühjahr ausgeübt, findet schlicht und einfach an den Holzabfuhrwegen statt. Der sicherlich entsetzte Gastjäger braucht dazu einige Erklärungen:
Der gesamte holzwirtschaftlich interessante Küstenstreifen ist, wie eingangs berichtet, nur vom Ozean aus zugänglich. Die großen multinationalen Holzfirmen kommen mit riesigen Bargen an Land und schlagen vom Wasser aus regelrechte Straßen in die Küstenbergwelt. Nachdem sie das Land seiner Schätze beraubt haben, bleiben diese Holzabfuhrwege wieder der Wildnis, den Hirschen und Bären überlassen.
Dieses sind die einzigen gangbaren „Pfade“, die wir, die Grizzlyjäger, benutzen können. Insbesondere dann – und das ist meistens der Fall – wenn wir pirschend oder mit einem „ATV“ (all terrain vehicle) diese Holzabfuhrwege abfahren und links und rechts die steilen Hänge beobachten können. Auf diese Art kann auch ein nicht mehr ganz so fitter, älterer Weidmann zu seinem Grizzly kommen.

Neu, d. h. im Versuchsstadium, ist die Grizzly-Fahrrad-Pirsch im Frühjahr. Mit dem „Mountain Bike“ (Geländefahrrad) werden die Holzabfuhrwege gemütlich radelnd abgepirscht. Es ist eine Jagdart, die nicht sehr anstrengend, dafür aber sehr leise vonstatten gehen kann. Diese Art des Pirschens hat die weiteren Vorteile, daß wir in kürzester Zeit mehrere Hänge ableuchten können und wir haben gleichzeitig ein Transportmittel, welches unsere Trophäe in 80 Prozent aller Falle bergab zum Jagdlager bringen kann. Selbst unser kleiner Rucksack ist überflüßig, denn wir haben ja die Packtaschen zur Verfügung. Ein wenig Arbeit bleibt immer noch, denn oft muß man dem Braunen in die Hänge nachsteigen, ihn übersteigen und danach:

bergen. Die bekannte Tatsache, daß man in Kanada für seine Trophäe arbeiten muß, bleibt nach wie vor bestehen.
In einigen Gebieten dieses Revieres findet noch „aktive logging“ statt. Der Jäger muß sich gefallen lassen, daß er auf seiner Pirschfahrt den riesigen „logging trucks“ (Holzabfuhrfahrzeuge) ausweichen muß. Das Wild hat sich, genau wie in den europäischen Revieren, an diese regelmäßigen Geschehnisse gewöhnt. Der einzige, dem es störend erscheint, ist der Gastjäger, der, wenn er darauf vorbereitet ist, ähnlich wie das Wild reagiert: man gewöhnt sich daran, ... solange es den Erfolg nicht gefährdet ...!
Alles in allem kann es bei dieser Jagd wie auf einem Jagdausflug im heimatlichen Revier sein – mit dem kleinen Unterschied, daß wir uns im Revier des Königs der Wildnis, des Grizzlys, befinden.

Die Camps

Der Jagdherr bietet zur Zeit zwei Alternativen an. Die erste und billigere ist die des Jagdlagers am Strand in einem festen Zeltlager. Die Lager-Camp-Verhältnisse sind allen im nordwestamerikanischem Raum üblichen Jagdlagern sehr ähnlich, d. h. große feste Zelte mit Öfen und vier rauhen Bettlagern mit Schaumstoffmatrazen. Das Küchenzelt ist meist gleichzeitig das Schlafzelt der Führer.
Die zweite auf mehr Komfort bedachte, um einiges teurere Jagdart findet von einer Luxusjacht aus statt. Für den anspruchsvollen oder sich in Damenbegleitung befindlichen Weidmann ist dieses eine ideale Kombination, eine aufregend interessante Jagdreise auf genußvolle Art in bezaubernder landschaftlicher Umgebung zu genießen. Mit einem kleinen Beiboot wird morgens und abends (mitunter auch zum Mittagsnickerchen) übergesetzt.

Der Outfitter

Der Outfitter betreibt 35 Jahre die Bärenjagd in diesen Regionen und in diesem Revier. Sein Sohn und seine Familienangehörigen arbeiten bei ihm als Führer. Der Outfitter ist ruhig, verläßlich und ehrlich. Bis Anfang der achtziger Jahre bestand der Großteil seiner Jagdgäste aus US-Amerikanern. Danach ist er von der Berufsjäger-Buchungsgemeinschaft für deren deutschsprechende Jagdgäste gewonnen worden.

Grizzly (Ursus arctos horibilis)
Bekanntlich ist der auf der Kodiak-Insel beheimatete Kodiakbär der größte aller Braunbären. Ein kapitaler Grizzlybär aus den Bella Coola Fjorden steht dem normalen Kodiakbär an Größe nicht nach. Beide Bären wiegen um die 600 Kilogramm (ein hochkapitaler Kodiak kann noch mehr wiegen). Der Jagderfolg auf eben diesen kapitalen Bären ist genauso selten, wie eben jede besonders gute Jagdtrophäe selten ist. Beide Bären ernähren sich zu bestimmten Jahres (Lachszug)-Zeiten von den stark eiweißhaltigen Lachsen. Im allgemeinen ist ihr Fell nicht so dicht wie das ihrer binnenländischen Vettern. Diese Küstenbären haben oft ein längeres, zottigeres Fell.
Da die Lachsflüße der Küste als Bäreneinzugsgebiet gelten, kommen natürlich viele Inlandbären an die Lachsflüsse der Küste. Dadurch kommt es zu Kreuzungen, so daß es unrichtig wäre, von einem reinen Küstenbär zu reden, zumal es zoologisch keine Trennung zwischen den Bären der verschiedenen geographischen Zonen gibt.
Die Bärenwelt trifft sich zur Lachszugzeit in den Fjorden! Diese Feststellung hat sich weltweit herumgesprochen. Alle im Fernsehen gezeigten Grizzlyfilme wären schwerlich gedreht worden, wenn es nicht dieses kulinarische Fest der Ursus-Familie gäbe. Auch der Outfitter dieses Revieres könnte ohne den Lachszug nicht behaupten, daß bei ihm jeder Gastjäger die sehr gute Chance hat, einen Grizzly als Jagdbeute mit nach Hause zu nehmen (neben einem oder gar zwei zusätzlichen Schwarzbären).
Auch der Jagdbehörde sind die soeben geschilderten Umstände nicht unbekannt. Die Folge ist die in Nordamerika neben der Schafjagd am stärksten regulierte und kontrollierte Jagd überhaupt. Sich dem politischen Druck und dem Übereifer einiger

Wildbiologen beugend, sind in den letzten Jahren etwa ein Drittel der um Bella Coola liegenden Fjorde für die Grizzlyjagd gesperrt worden. Sie wurden zur „Grizzly Study Area“ erklärt. Jahr um Jahr werden weitere Gebiete der permanenten Schonzeit anheimfallen. Eine soeben erhaltene Meldung deutet darauf hin, daß die Frühjahrsjagd in den Fjorden gänzlich gestrichen werden soll.

Für den langsameren, nicht so wie der US-amerikanische Jäger schnell entscheidungsfreudigen Weidmann Europas wird es in Zukunft immer schwerer, sich im Grizzly-Jagdparadies einen guten Platz zu sichern.

Aufgrund der Meinung alt eingesessener Bella Coola Grizzly-Jäger ist das Vorkommen dieses Urwildes in den Fjorden im Vergleich zu vergangenen Zeiten annähernd unverändert. Sicherlich hat der erhöhte Einsatz der Holzwirtschaft bei dem zivilisationsflüchtenden Großwild seine negativen Spuren hinterlassen.

Ein weiteres Argument der Tierschützer, daß das konzentrierte Vorkommen der Bären in und um Bella Coola kein objektives Spiegelbild des tatsächlichen Wildbestandes darstelle, mag zutreffen. Für Argumente ist in dieser Diskussion viel Raum. Die lokale Jagdbehörde, die nicht unbedingt für Kooperationsbereitschaft, beständige, zuverlässige und auch wissenschaftlich fundierte Handlungsweise bekannt ist, verharrt oft in ihrem eingeengten, beamteten Denken. Dies ist umsomehr verwunderlich, als von Seiten dieser Behörde durchaus jagdliche positive Impulse gegeben wurden.

Der Schwarzbär

Leider wird der Schwarzbär bei der Grizzlyjagd abwertend als „jagdliches Nebenprodukt“ bezeichnet. Obwohl dieses in gewissem Sinn richtig sein kann, ist der „Blacky“ nicht nur eine interessante, sondern auch beachtliche Trophäe.

Im allgemeinen gilt der Satz, daß bei starkem Grizzly-Vorkommen der Schwarzbärenbestand gering ist. Diese Feststellung trifft auf die Lachs-Grizzly-Fjorde nicht zu. Aufgrund des überreichen Futterangebotes finden wir den sonst sehr agressiven Einzelgänger Grizzly auf relativ engem Raum „friedlich" und relativ dicht zusammen (auf einem Quadratkilometer können hier durchaus zwei bis vier Grizzlies vorübergehend Einstand finden). Sie „dulden" auch den Schwarzbären in ihrem nicht allzuweiten Umfeld. Die nicht so guten Futterplätze bleiben den jüngeren Grizzlies (die gleich dem Schwarzbär vom kapitalen Vetter oder Verwandten gerissen werden). Als unkundiger Beobachter könnte man den Eindruck erhalten, daß alles friedlich seinem natürlichen Tagesablauf nachgeht. Jeder Jäger darf damit rechnen, an zweiter Stelle einen Schwarzbär zu erlegen. Allerdings bestimmt der Wettergott den Ablauf der Jagd und auch deren Erfolg. Kein Meteorologe, Biologe oder Jäger kann den präzisen Beginn oder das Ende der Lachszugzeit vorhersagen. Die allgemeinen Erfahrungen vorangegangener Fischer- und Jägergenerationen haben sich in den letzten Jahren nicht immer bestätigt, vor allem bei der Frühjahrsjagd. Diese Tatsache hat nicht nur in diesen Fjorden Gültigkeit. Der verständliche Ärger und die Enttäuschung eines Gastjägers, der als „Schneider" nach Hause kommt, sollte fairerweise nicht dem Führer, Outfitter oder seinem Agenten zur Last gelegt werden. Wir müssen uns dabei durchaus unser Verantwortung als „jagdlicher Botschafter" aus einem anderen Kulturkreis betrachten. In überaus großer Freude eines Super-Jagderfolges ist jeder „a nice guy" (ein netter Kerl). Den langanhaltenden Eindruck hinterläßt besonders der Gastjäger, der unzufrieden, aber sich fair artikulierend oder benehmend das Revier verläßt. Mit Sicherheit ist das ein unschönes Thema in einer Welt, in der man primär vom Jagdglück und Erfolgen redet. Wir bestimmen sehr oft mit unserem Handeln unbewußt den Service für den auf uns folgenden Gastjäger. Daran zu denken ist ein Teil der Weidgerechtigkeit.

Der weiße Schwarzbär (Ursus americanus kermodi)

Die Natur zeichnet sich in diesem ohnehin prächtigen Landstrich durch eine Besonderheit aus: den weißen Schwarzbär. Der weiße Schwarzbär ist kein Albino. Erstmals und in größerer Anzahl wurde er hunderte von Kilometern nördlich Bella

Coolas angesprochen und dort vor einigen Jahrzehnten unter Naturschutz gestellt. Interessanterweise wurde diese Schutzmaßnahme geographisch nur auf das Gebiet um Terrace begrenzt. Im Jahre 1987 wurde erstmals von einem europäischen Jäger, dem Jagdmaler Hubert Weidinger, ein weißer „blacky“ erlegt. Ein weiterer ganz weißer, noch kapitalerer als der Bär Weidingers wurde im selben Revier angesprochen.

Moutain Goat (Schneeziege)
Sollte die Zeit ausreichen, um nach der glücklichen Streckung unseres oder unserer gebuchten Bären noch auf die Schneeziegenjagd zu gehen (fliegen), kann das innerhalb dieses herrlichen Revieres auch bewerkstelligt werden.
Die Ziegeneinstände sind nicht dort, wo der Hauptteil der Grizzly-Jagd stattfindet. Es muß vor Jagdantritt kundgetan werden, ob wir zusätzlich auf eine „mountain goat“ weidwerken möchten. Entsprechend unseres Wunsches wird dann eine Maschine heranbeordert und ein Campwechsel vorgenommen. Für die Ziege wird ein (relativ) geringer Aufschlag genommen. Die Extraflugkosten müssen wie in allen Fällen, so auch hier, vom Gastjäger getragen werden. Auf diese Weise laufen wir nicht Gefahr, im Jagdlager zeitlichen Leerlauf zu haben, und es besteht die Möglichkeit, eine weitere sehr interessante Trophäe zu erlangen. Eine Trophäe, die gleichfalls zu den begehrtesten Hochwild-Trophäen der Welt zählt.
Bis 1989 sind aus den guten Ziegeneinständen weniger als eine handvoll Ziegen herausgenommen worden, da Grizzly-Jäger sehr oft nur eines vor Augen schwebt: der Grizzly!
Alle Schneeziegen/Grizzly-Kombinationsjagden finden nur im Herbst statt.

Jagdzeiten

Frühjahrsjagd:	Ende April bis Ende Mai.
Herbstjagd:	Mitte September oder Anfang Oktober bis Ende Oktober.

Transfer

Der Flug sollte via Vancouver nach Port Hardy durchgebucht werden. In Vancouver sollte mindestens ein Tag Aufenthalt eingeplant werden. Am darauffolgenden Tag geht es per Linienmaschine bis Port Hardy.

In diesem kleinen Fischerdorf auf der Insel *Vancouver Island* beginnt eventuell eine kleine Geduldsprobe (Wetter). Der Jagdgast wendet sich, entsprechend den Vereinbarungen, an die dort befindliche Chartergesellschaft, falls sich nicht ein Angestellter unmittelbar an den Gastjäger wendet.

Alle Menschen sind dort hilfsbereit und vor allem ansprechbar. Ist für Port Hardy genug Zeit einkalkuliert, oder, das kommt durchaus des öfteren vor, lassen die Wetterverhältnisse ein Ausfliegen nicht zu, muß in Port Hardy übernachtet werden. In diesen Ausnahmesituationen wird vom Gastjäger ein wenig Flexibilität und Selbständigkeit erwartet. Aus Kostengründen ist es besser, während der normalen Arbeitswoche einzufliegen. Zu den Holzfällerlagern starten täglich Maschinen, mit denen man für relativ wenig Geld mitfliegen kann. Der Outfitter steht in fast täglicher Verbindung mit der Chartergesellschaft, so daß diese weiß, in welchem der verschiedenen Jagdlager sich der Outfitter gerade befindet. Alle Flüge gehen zu Lasten des Gastjägers.

Buchungen

Alle Buchungen gehen ausschließlich über das Büro der Berufsjäger-Buchungsgemeinschaft. Da ab 1990 lediglich acht Grizzlies freigegeben werden und neben dem Schaf für die Amerikaner der Grizzly die begehrteste Trophäe darstellt, wird eine Buchung von mindestens zwei Jahren vor Jagdantritt dringend empfohlen.

Letzte Meldung:

Ohne Vorwarnung der Jagdbehörde hat diese plötzlich den Beginn der Herbstjagd 1990 auf den 1. Oktober festgelegt (nachdem Outfitter fest gebucht und Anzahlungen bereits entgegen genommen hatten). Dieses stellt für den langzeit pla-

Immer wieder wird das Umfeld sorgfältig abgeleuchtet.

An attraktiven Punkten, die sich als erfolgreiche Basis für Jagdausflüge bewährt haben, stehen häufig auch feste Blockhütten.

nenden Outfitter und seine aus Übersee kommenden Gastjäger eine Unzumutbarkeit dar. Wir sehen darin einen weiteren Beweis für die Rücksichtslosigkeit und Verantwortungslosigkeit den Outfittern und den Jägern aus aller Welt gegenüber. Es bliebe zu prüfen, ob derartiges Vorgehen Schikanen gegenüber der Jagdgesellschaft oder „lediglich" gedankenlose Anordnungen praxis-desinteressierter oder praxisfremder Bürokraten sind.

Es stellt keine Entschuldigung für das Outfittern nicht unbekannte Vorgehen ihrer Jagdbehörde dar, wenn auch aus Alaska ähnliche Meldungen eingehen.

Für die Jagdsaison 1992/93 ist die Anzahl der Abschüsse halbiert worden. Auf einen Zeitraum von zwei Jahren sind alle Jagden ausgebucht.

H

Babine-Revier

Ein Revier für mittlere Ansprüche und den Einstieg in eine finanziell preisgünstige Nordamerika-Jagd.
Wildarten nach ihrem Vorkommen:

Elch (Mischform zwischen dem A. a. gigas und dem A. a. andersoni)
Schwarzbär
Grizzlybär
Wolf und Coyote
Maultier- und Weißwedelhirsch

Geographie, Topographie und Biotop
Diesem Revier haben wir den Namen aufgrund des die Landschaft prägenden Babine Lakes (See) gegeben. Der Babine Lake hat eine Länge von annähernd 180 Kilometer und durchschneidet das Revier in der Nord-Süd-Richtung.
Der See ist von Mittelgebirgen eingefaßt, die den Hauptteil dieses Revieres ausmachen. Das gesamte, ca. 7.000 Quadratkilometer große Revier ist bzw. war bewaldet. Große Flächen sind schon vor Jahrzehnten von der Holzindustrie geerntet worden und bilden heute teilweise die besten Einstände für Elch und den Bär. Wir müssen darauf gefaßt sein, unter Umständen in zehn oder zwanzig Kilometern Entfernung schwere Holzfällermaschinen zu hören. Dafür können wir auf guten Holzabfuhrwegen leichter, schneller und daher billiger in das Revier sowie zu unserem Jagdlager gelangen.

Die acht Jagdcamps des Outfitters (vier davon sind feste Hütten) werden auf der einen Seite des Sees per Boot (ca. vier Kilometer Überfahrt) und auf der gegenüberliegenden Westseite des Sees per Allradkraftfahrzeug bzw. den buschgängigen, dickreifigen „ATV“ (all terrain vehicle) erreicht.

Schwierigkeitsgrad der Jagd
Die Jagd erfolgt hier primär pirschend. Pferde werden nicht benutzt. Große Höhenunterschiede sind nicht zu bewältigen. Allerdings sorgen die Urwaldsümpfe dafür, daß sich die Elchjagd von einer gemütlichen Abendpirsch im heimatlichen Forst wesentlich unterscheidet. Auch hier wird vom Jäger persönlicher Einsatz – je nach den individuellen Möglichkeiten – abverlangt. Ein Fitneßprogramm vorher ist nicht nötig, kann aber nie schaden.

Klima und Wetter
Das Wetter oder das Klima stellen an den europäischen Jäger keine besonderen Anforderungen. Beides ist mit dem Norddeutschlands bis in den südskandinavischen Raum hinein vergleichbar. Zur Jagdzeit ist mit Frostnächten zu rechnen wie es sich andererseits während des Tages im „Indian Summer“ durchaus bis zu 15 ° Celsius erwärmen kann.

Transfer
Der Gastjäger bucht seinen Flug durch bis Smithers. Es wird empfohlen, sich in Vancouver mindestens einen Tag Zeit zu nehmen, da die Flüge bis Smithers meist erst am darauf folgenden Tag zu erreichen sind. Selbst wenn eine unmittelbar durchgehende Verbindung möglich ist, wird nicht geraten, diese zu benutzen, um nicht bei verspäteten Flügen (europäischen) Stress zu bekommen.
In Smithers wird der Gastjäger – z. Z. kostenfrei – vom Outfitter bzw. seinem Personal abgeholt und in das Basis-Camp gefahren (ca. zwei Stunden Fahrt). Dieses Basis-Camp ist gleichzeitig der Wohnsitz des Outfitters.

Auch hier gilt, wie bei allen Reisearrangements: Bitte nicht zu eng planen! Stundenlange Verspätungen – selbst bei den größten internationalen Air-Lines – sind „normal“. Insbesondere die Inlandflüge werden oft wegen schlechten Wetters kurzfristig abgesagt oder um viele Stunden verschoben.

Es ist durchaus möglich, dieses Revier bzw. das Basis-Camp des Outfitters mit einem in Vancouver angemieteten Pkw zu erreichen. Man muß dafür eine etwa zweitägige, sehr interessante Autotour auf gut asphaltierten Straßen einplanen. Das zeitliche Arrangement, Treffpunkt usw. sind vorher mit dem Büro der Berufsjäger-Buchungsgemeinschaft zu koordinieren.

Der Jagdherr

Der Outfitter ist ein junger, in diesem Gebiet aufgewachsener Jäger, der sein Land und sein Wild genauestens kennt. Er ist verläßlich, ruhig und verantwortungsbewußt, so daß sich ihm jeder europäische Gastjäger anvertrauen kann.

Elch

Wie oben bereits erwähnt, beheimatet das Revier den Elch, der als eine Mischform des sogenannten Alaska-Elches (Alces alces gigas) und seines südlicheren Vetters, dem Anderosi-Elch, anzusprechen ist. Die maximale Auslage der Trophäe liegt bei ca. 130 bis 140 Zentimetern.
Die Chance, in diesem Revier zu Schuß zu kommen, ist gut. Wenn das Wetter und die Temperatur (Brunft) uns hold sind, können wir mit einem Elch als Beute das Revier verlassen. Der Elch ist das Wild Nummer Eins dieses Revieres.

Schwarzbär

Aufgrund des idealen Biotops, der Mischung zwischen Urwald und jungen Wäldern sind die Erfolgschancen auf einen Schwarzbär gleichfalls als gut zu bezeichnen.
Auch hier kann – unabhängig vom Wetter – mit Dianas Wohlwollen gesagt werden, daß der Gastjäger eine gute Chance hat, auf Schwarzbären zu Schuß zu kommen.

Grizzlybär
In dem Revier gibt es nicht viele Grizzlies. Eine spezielle Jagd auf Grizzly in diesem Revier wird nicht empfohlen. Dennoch sollte der Jäger die Extrakosten einer Lizenz nicht scheuen.

Wolf, Coyote, Vielfraß
Alle drei Beutegreifer sind im Revier vorhanden. Nur müssen wir nicht unbedingt damit rechnen, auch nur einen von ihnen zu erlegen. Wir dürfen uns als besonders vom Jagdglück bedacht betrachten, wenn wir auf einen der Räuber zu Schuß kommen.

In der Jagdsaison 1988 sind drei Wölfe erlegt worden und weitere acht wurden angesprochen. Wir sollten in jedem Fall die geringe Lizenzgebühr für einen Wolf nicht scheuen und eine Lizenz mit uns führen.

Maultier- und Weißwedelhirsch
Beide Wildarten kommen in geringem Umfang vor, werden aber aufgrund der Seltenheit nicht kommerziell bejagt.

Ausrüstung
Machen wir es uns einmal einfach und überlassen es ganz unseren Erfahrungen, was wir an Jagdausrüstung benötigen. Den einzigen Hinweis, den ich geben möchte, ist der, daß wir nicht für zwei Tage auf „Sauen in die Heide fahren“, sondern es sind in diesem Fall fast zwei Wochen. Und, die Gummistiefel nicht vergessen!

Kaliber
Natürlich, ein Elch braucht schon etwas mehr als eine Sau, sagen wir in der Stärke der 8 × 68, unserer gut bewährten Kanada-Hochwildwaffe. Für den Schwarzbär genügt dann doch schon ein Sau-Kaliber.

Buchungen
Alle Buchungen werden nur über die Berufsjäger-Buchungsgemeinschaft angenommen.

Beste Jagdzeiten
Anfang September bis Ende Oktober. Hochbrunft: Mitte/Ende September.

I

Nord-Chilcotin-Revier

In diesem Wildnisrevier vorkommende Wildarten, aufgeführt nach den Chancen sie zu erlegen:

Elch	Regenbogenforelle
Caribou	Cutthroatforelle
Schwarzbär	Seeforelle
Grizzlybär	Stahlkopfforelle
Wolf	Coho- und Chinook-Lachs

Lage des Revieres, Topographie, Biotop und Wetter
Das hier beschriebene Revier ist in der Chilcotin-Landschaft, einem Hochplateau (1.000 Meter über dem Meer), welches größer ist als Baden-Würtemberg. „Landschaft" ist in diesem Fall eine Gebietsbezeichnung wie Lüneburger Heide, Schwarzwald oder Wiener Becken. In der Ost-West-Richtung beginnen die Chilcotin an den Osthängen des Küstengebirges. Im Westen bildet der Fraser River deren Begrenzung. Im Nord-Süd-Verlauf beginnt die Chilcotin in etwa südlich des Chilko Lake und erstreckt sich bis in das Seengebiet des Ootsa Lake.
Das Revier liegt in dem noch unerschlossenen Nordteil der Chilcotin. Zum Hauptcamp, dem Wohnsitz des Outfitters, gibt es keine Straßen oder Wege. Dieser Teil des Revieres ist relativ flach und mit hunderten größerer und kleinerer Seen und vor allem Sümpfen durchzogen. Kleine bewaldete Hügel durchbrechen die unüberschaubaren grünen Waldflächen.
Der Südosten des Revieres wird durch einen Hochgebirgsblock dominiert. Dieser Gebirgsstock bietet die Grundlage –

zusammen mit einem am Küstengebirgsrand liegenden Massiv – der südlichsten und größten Caribou-Herde des amerikanischen Kontinentes.
Hinter dem Küstengebirge im Westen versteckt sich das Chilcotin-Plateau. Es erfreut sich eines sehr trockenen und sonnenreichen Klimas. Die Wälder sind dünner und die Vegetation spärlicher. Auch der Baumbestand ist nur ein Bruchteil dessen der nur wenige Kilometer entfernten Westhänge des niederschlagsreichen Küstengebirges.
Das Wetter können wir mit wenigen Worten treffend beschreiben: trocken und heiß im Sommer (bis 40 ° Celsius) und trocken sowie kalt im Winter (bis –40 ° Celsius).

a) Das Jagdrevier
Neun Zehntel des Revieres sind reiner Urwald. Mehr als drei Viertel des Revieres weist keinerlei Wege, Straßen oder Besiedlung auf. In den besiedelten Fleckchen finden wir einige Indianerhütten und im äußersten Südteil einige Ranches. Die Indianer leben wie vor hunderten von Jahren mit dem Unterschied, daß ihnen heutzutage Pferde zum Transport zur Verfügung stehen. Bis um 1920 waren nur Hunde ihre Transporttiere. Einen weiteren Unterschied zur „guten alten Zeit“ können wir beim Anflug ins Jagdcamp feststellen: Die Indianer haben feste Häuser. Unsere Frage nach dem „Wie kommen die dorthin?“, beantwortet uns der Pilot mit größter Selbstverständlichkeit: „Die Regierung gibt ihnen alles, und wir dürfen dann alles hineinfliegen!“ „Gut für unsere Fluggesellschaft“, wollte er noch hinzufügen, biß sich dann aber doch auf die Zunge und überließ das Denken den Passagieren ...

Der verkrampft die Nase an der Flugzeugscheibe plattdrükkende Gastjäger sucht dann auch verzweifelt, aber ergebnislos nach einer Straße oder zumindest einem Weg zu den Hütten. Ein dort unten zufällig stehender Elch läßt ihn schnell das „Indianerproblem“ vergessen.
Die Jagd findet nur per Pferd statt. Ohne diese treuen Helfer sind die Weiten auch in diesem Revier nicht zu bewältigen.

Je nach gewünschter Wildart werden Gastjäger in die verschiedenen Jagdcamps verteilt.

b) Die Angelgründe

Das Gebiet des Outfitters beinhaltet mehr Wildnisseen als man in Heidelberg Kneipen und in Wien Kaffeehäuser vorfindet. Seen aller Größen, Tiefen, Temperaturen und mineralogischen Zusammensetzungen. Als See wird sowieso nur Wasser bezeichnet, das mehr als zwei oder drei Quadratkilometer mißt. Der See, der in etwa die Nordgrenze des Revieres bildet, hat eine stattliche Länge von über 200 Kilometern! In den mittleren Seen (etwa fünfzehn Quadratkilometer), an denen vielleicht jedes zweite Jahr einmal ein Wasserflugzeug ankert, zwei oder drei Angler die Rute herauswerfen und nach relativ kurzer Zeit ihr Limit an Fischen herausgeholt haben, gibt es viele Seeforellen von zwei bis 7,5 Kilogramm. Regenbogenforellen von ein bis zwei Kilogramm sind die bessere Ausbeute weniger Stunden (Fliegenfischen, Trawling, Spinnen, was einem gerade an Abwechslung einfällt).

Aufgrund der Mobilität mittels Wasserflugzeug steht der weltbekannte *Dean River* für Angeltrips gleichfalls auf der Tageskarte. Die *Stahlkopfforelle* und der *Königslachs* sind Fische, die wohl jeden Angler ansprechen. Der noch anspruchsvollere Angler wird in 45 Minuten zu den Fjorden an die Küste geflogen, an denen der Outfitter Camps für Ozeanangeln bereitstehen hat. An allen Seen und an der Pazifikküste liegen Boote für Gäste des Outfitters bereit. Die Hauptlodge befindet sich an einem guten Forellensee. Sie ist für Gruppen-Angelreisen insofern besonders geeignet, als daß ein Teil der Gruppe von den gemütlichen Blockhütten aus „nach Belieben" fischen kann, während eine andere Gruppe in andere Seen oder zum Ozean geflogen werden kann. Maximale Kapazität: zwanzig Angler.

Jäger oder Angler, alle werden auf irgendeine Weise einen urigen Elch oder Bär zu Gesicht bekommen.

Angelzeiten: ab Anfang Mai bis Anfang Oktober.

Der Outfitter

Der Outfitter wohnt, jagt und angelt fast zwei Jahrzehnte in der Mitte seines Revieres. Seine Verbindung zur Außenwelt ist neben seinem Funkradio sein Flugzeug. Die einzige Möglichkeit auf dem Landweg in Zivilisationsnähe zu gelangen, wäre auf des Pferdes Rücken. Dieses „mal schnell in die Stadt" (Anahim Lake hat 250 weiße und 350 indianische Einwohner) ist eine Drei-Tages-Reise ohne Holiday-Inn-Übernachtungsmöglichkeit . . .

Die geräumige Hauptlodge, ein riesengroßes Blockhaus am See, sauber, gemütlich, sowie die einzelnen Gäste-Blockhütten bilden die zivilisierte Insel im grünen Urwald. Der nächste, für des Outfitters Familie erreichbare „General Store" (besserer Tante-Emma-Laden „Was du hier nicht findest, brauchst du nicht" kann man dort auf einem Schild lesen), liegt etwa 75 Kilometer (Luftlinie versteht sich) entfernt.

Die kommerzielle Jagd betreibt der Outfitter als Familienunternehmen. Alle Familienmitglieder sind Jagdführer oder auf irgendeine andere Art und Weise unmittelbar mit der aktiven Jagdausübung verbunden. Auch zuverlässige Indianer werden als Jagdführer eingesetzt. Der Outfitter gehört mit seinem Betrieb zu den Oldtimern dieses Gebietes und erfreut sich eines sehr guten Namens, gleichermaßen bei Anglern und Jägern. Zuverläßig, ruhig und sympatisch sind der Outfitter und seine Familie, ideale Wildnis-Partner für Angler oder Jäger, die nach Wild oder Fischen trachten. Wir können ohne Übertreibung sagen, daß dieses eine jagdliche Verbindung ist, die wir jedem weiterempfehlen können.

Der Elch (A. a. andersoni)

Obwohl es sich in diesem echten Chilcotin-Revier „nur" um den sogenannten Andersoni-Elch handelt, weist die Bilanz des Revieres eine beachtliche Reihe von Trophaen auf, die weit über die 50-Zoll-Grenze hinaus ragen (ca. 1,30 Meter Auslage). Die kapitalsten Trophäen rangieren um die 55 Zoll, d. h. sie haben eine Auslage von ca. 1,40 Meter.

Interessanter für den Elchjäger ist jedoch die Tatsache, daß wir eine mehr als nur gute Chance haben, einen Elch als Jagdbeute mit nach Hause zu nehmen.

Caribou (Rangifer tarandus montana) „mountain Caribou"
Dieser Bergcaribou hat seinen stärksten Bestand auf dem nordamerikanischen Kontinent in diesem Revier. Die Sommereinstände und „calving grounds" (Setzgebiete) liegen am westlichen Rand des Revieres im Küstengebirge. Zur Jagdzeit ist ein Hauptteil der nur noch ca. 200 Stück zählenden Herde im südlichen Gebirgsstock dieses Jagdrevieres. Eine beschränkte Stückzahl wird zur Jagd freigegeben. Die Herde ist wohl die am intensivsten wissenschaftlich studierte und kontrollierte Caribouherde Amerikas.
Anläßlich einer Caribou-, Elch-, Schwarzbär-, Grizzly- oder Wolfsjagd findet die Jagd in dem vorgenannten Gebirgsstock des südlichen Revierteiles statt. Trotz des Einsatzes von Pferden sollte der Jäger in der Lage sein, längere Strecken oder Höhen pirschend zu überwinden. Dieser Revierteil ist derjenige, der in meinem Buch „Als Jagdführer in Kanada" unter dem Titel „Der Precipices Trail" beschrieben wurde. Hier hat 1973 die Indianerbegegnung stattgefunden.

Schwarzbär
Schwarzbären sind im ganzen Jagdgebiet dieses Revieres anzutreffen. Ihre Erlegung ist zwar nicht so sicher wie die eines Elches, doch können wir – etwas Jagdglück vorausgesetzt – damit rechnen, daß von zehn Jägern mehr als die Hälfte mit einem „blacky" als Jagdbeute nach Hause kommt.

Grizzly
In den letzten Jahren sind absolute Rekordbären in diesem Revier gestreckt worden. Das ist nicht selbstverständlich, denn die Chance für einen Erfolg liegt knapp über 50 Prozent. Die erlegten Rekordbären dieses Revieres (über neun Fuß, d. h. über 2,70 Meter von Windfang bis Schwanzstummel) haben sich in US-amerikanischen Kreisen so schnell herumgesprochen, daß wir eine Buchung auf einen Grizzly in diesem

Revier mindestens 18 Monate im voraus tätigen müssen, um noch einen Platz zu erhalten. Infolge der fischreichen Wasser und der Nähe der Pazifikküste ist der Bärenbestand im Verhältnis zu anderen Inland-Grizzly-Revieren besonders gut. Bestimmte Laichplätze sind derartig häufig frequentiert, daß an diesen Stellen Hochsitze vorhanden sind. Dieses ermöglicht es daher auch älteren oder behinderten Jägern, es auf den Grizzly mit realistischer Erfolgschance zu versuchen. Buchungen dafür sind aber mindestens ein Jahr vorher vorzunehmen. Der Grund dieser ungewöhnlich frühen Buchung sind wieder einmal die US-Jäger, vor allem die Pfeil- und Bogenjäger, die sehr schnell einen derartig guten Jagdplatz buchen.

Wolf
Wölfe sind gleichfalls überall in dem Revier anzutreffen. Jedes Jahr werden – meist rein zufällig – einige Wölfe erlegt.

Transfer
Wir haben unseren Flug von Europa aus bis Vancouver durchzubuchen. In einigen Fällen, vor allem wenn es mehrere Jagdkollegen sind, wird eine Durchbuchung bis Anahim Lake empfohlen. Grundsätzlich ist Rücksprache mit der Berufsjägervereinigung empfehlenswert, denn es besteht noch eine andere Alternative, nämlich individuelle Charterflüge in das Revier. Der Abflug kann aus unterschiedlichen Orten erfolgen.

Ferner besteht die Möglichkeit, per Kraftfahrzeug von Vancouver, Edmonton oder Calgary bis Anahim Lake zu fahren. Spätestens in Anahim Lake muß dann die Chartermaschine benutzt werden, um in das Revier zu gelangen. Die Fahrt mit einem Kraftfahrzeug ist jedem zu empfehlen, der Zeit und Interesse an diesem herrlichen Landschaftsteil hat.

Ausrüstung
Zwei Satz Unterwäsche (zwei lang und zwei kurz), zwei wollene Hemden, Handschuhe, Gummistiefel, Mütze, kleines Glas, kleine Kamera, Jagdstiefel, Hauslatschen für das Camp, Schlaf-

sack, drei Paar Wollsocken, bis 40 Schuß (8×68 S oder ähnliche Kaliber).

Jagdliche Zukunft
Infolge der Unzugänglichkeit dieses Landschaftsteiles für Kraftfahrzeuge ist für die nächsten Jahre eine Überbejagung so gut wie ausgeschlossen. Selbst wenn der Outfitter die doppelte Menge der zur Zeit beherbergten Jäger (oder Angler) bewirten sollte, käme es kaum zu einem merklichen Einschnitt in die (Elch-) Wildbestände, es sei denn, die Wölfe nähmen überhand. Anders verhält es sich bei den Caribous, deren Bestände ohne die bestehende starke Kontrolle gefährdet wäre. Ihr Bestand scheint gesichert zu sein. Das hat natürlich zur Folge, daß für Jäger jährlich nur eine geringe Anzahl zum Abschuß freigegeben wird.
Schwierig ist die Bestandsschätzung der Grizzlies. Nach heutigen Kenntnissen wird dieses Revier weiterhin – mindestens bis zu acht Jahre – gute Grizzlybestände vorweisen. Ob die Jagdbehörde auch dann noch so großzügig bei ihrer Abschußregelung bleiben wird, sei dahingestellt.

Buchung
Grundsätzlich über die Berufsjäger-Buchungsgemeinschaft. Europäische Vermittler werden nicht akzeptiert. Jäger können sich direkt mit dem Outfitter in Verbindung setzen:

Fawnie Mountain Outfitters
General Delivery
Prince George Radio Channel H 487487
Anahim Lake, B. C.
VOL 1 CO

J

Yukon-Spezialrevier

Für den Dallschaf-Jäger ein ausgesprochen gutes Revier Nordamerikas! Wildvorkommen (nach Erfolgschancen):

Dallschaf
Caribou
Elch
Wolf
Grizzly
Schwarzbär
Vielfraß

Revierbeschreibung
Das Dallschafrevier liegt im südwestlichen Teil des Yukon. Seine westliche Grenze bildet der *Kluane Park*, die südliche Begrenzung des Kluane Lakes. Von der Landeshauptstadt Whitehorse in Richtung Westen beträgt die Entfernung ca. 230 Kilometer Luftlinie. Der die Westgrenze des Revieres bildende *Kluane Park*, ist einer der schönsten Parks und das zweitgrößte Naturreservat Kanadas mit einer Gesamtgröße von etwa 22.000 Quadratkilometern, also größer als die Hälfte der Schweiz.
Fast das gesamte Reviergelände besteht aus Bergland. Die Täler, Seerandgebiete und Flußläufe sind bewaldet bzw. von gut übersichtlichen „swamps“ (Sumpfgebieten) durchzogen und bilden ein ideales Elchbiotop.
Die Bergwelt ist offen und übersichtlich, an einigen Stellen mit dem schottischen Hochland durchaus vergleichbar. Der größte Teil des Revieres ist relativ leicht per Pferd bejagbar. Baum-, Busch- und Felsgruppen sowie größere Mulden bilden ein

ideales Pirschgelände in bezaubernd schöner Landschaft. Ein Wildnis-Traumgebiet, in dem die Jagd nicht schöner sein kann. Über das Revier verteilt sind die Jagdlager des Outfitters. Die Hütten an den verschiedenen Flüßen und Seen sind spartanisch, zweckmäßig, trocken und warm. Die Hauptlodge mit Duschhaus, elektrischem Strom (Generator) und anderem ungewohnten Komfort für die Wildnis befriedigen gehobene Ansprüche.
Die Jagdlager im Hochgebirge („spike camps“) bestehen aus großen Zelthütten mit Holzfußboden, Yukonofen und Pritschen. Auch hier gilt, daß in der Wildnis als Wohnkomfort oder Luxus alles das bezeichnet wird, was trocken, warm, sauber und zweckmäßig ist.
Alles in allem handelt es sich hier um ein nicht überjagtes, über Jahrzehnte etabliertes Spitzenjagdgebiet mit entsprechenden „trails“ (Pfaden) und wohlbekannten Einständen. Von uns europäischen Jägern wird der Biotop als ideales Nordamerika-Jagdrevier angesehen und geschätzt. Die Revierbewirtschaftung wurde und wird derartig vorgenommen, wie wir es unter verantwortlichen Revierinhabern aus unserer eigenen Umgebung gewohnt sind.

Der Outfitter

Der Outfitter ist ein wohletablierter Oldtimer. Die gesamte Familie ist direkt am jagdlichen Geschehen beteiligt, sei es als Köchin, Pferdebursche, Jagdführer oder Jagdmanager. Ihr guter Ruf ermöglicht es ihnen, auf annähernd jede Werbung zu verzichten. Erst Mitte der achtziger Jahre ist es der Berufsjäger-Buchungsgemeinschaft gelungen, den Outfitter für europäische Jagdgäste zu gewinnen.

Klima und Wetter

Das Revier liegt auf dem selben Breitengrad wie Oslo. Also ist das Klima und Wetter dem Norwegens ähnlich. Der größte Unterschied liegt in der nicht so hohen Luftfeuchtigkeit und den entsprechend geringeren Niederschlägen. Der August ist bei Tagestemperaturen um 20 ° Celsius (nachts stark abfallend) angenehm warm. Das hält im August die Moskitos (einfache Stechmücken) nicht davon ab, uns in windstillen, feuchten Ecken zu belästigen. Für die August-Schafjagden ist es empfehlenswert, Anti-Moskito-Mittel mitzunehmen. Zum September hin fallen die Tagestemperaturen merklich ab, und in den Nächten kommt es zu den ersten Frösten. Damit beginnt der traumhaft schöne „indian summer" mit seiner Farbenpracht. Ab Mitte September muß in den Bergen bereits mit leichtem Schneefall gerechnet werden, der die aktive Jagd unwesentlich beeinflußt, wenn wir davon absehen, daß das weiße Schaf schlechter auszumachen ist. Die Baumgrenze liegt um die 1.000 Meter über NN.

Das Dallschaf (Ovis dalli)

Das weiße Dallschaf ist die Nummer Eins in diesem Revier. Alles andere Wild (selbst der große Yukon-Elch) wird als angenehme Beigabe betrachtet. Das Dallschaf bevorzugt die grasbewachsenen Hänge und Plateaus und benutzt die steilen Abfahrten, Felswände und Geröllhalden als Fluchtwege. Dieses majestätische, mehr als 180 Kilogramm Lebendgewicht erreichende Hochwild ist bisweilen in kleineren oder mittleren Gruppen zu finden, aus denen wir uns dann unseren „ram" herauszusuchen haben. Mit Hilfe der Pferde ist es auch nicht allzu fitten Jägern möglich, in gute Schußentfernung an das Wild heranzukommen, ohne sich arg abquälen zu müssen. Selbstverständlich können Weitschüsse von mehr als 200 Meter nötig sein. Bei einem Jäger, der sich in den ersten Tagen seiner Schießfähigkeiten nicht sicher ist, wird der Führer erneute Gelegenheiten schaffen, um ihn wiederum zu Schuß kommen zu lassen. Es darf *jeder* Gastjäger damit rechnen, einen reifen Widder zu erlegen. Unter „reif" verstehen wir hier „full curl" (volle Rundung) und stärker. Jeder Jäger wird mehrere „rams" sehen. Das Revier hat keine formell auferlegte Abschußquote. Der Outfitter hat über viele Jahre seinen eigenen Abschuß auf sechszehn Widdern limitiert. Auf diese Weise erhält er einen guten Bestand und seinen guten Namen.

Der Elch (Alces alces gigas)
Der sogenannte „Alaska-Elch“ ist in den tiefer gelegenen Revierteilen zu finden. Der Outfitter nimmt kaum Jäger an, die nur eines Elches, Caribous oder wegen dieser beiden Wildarten zu ihm jagen kommen möchten. Während im August nicht auf den Elch geweidwerkt wird (alle Geweihträger sind zu dieser Zeit noch im Bast), können wir während der Septemberjagden, insbesondere der letzten Septemberwochen, durchaus einen Elch mit auf unserer jagdlichen Wunschliste haben. In Größe, Auslage und Form entspricht der Elch dieses Revieres denen Alaskas oder dem Rest des Yukon.
Als zusätzlich zu bejagendes Wild nach der Schafjagd ist auch die Jagd auf den Elch in diesem Revier eine Bereicherung unserer jagdlichen Palette.

Das Caribou (Woodland- oder Osborne-Caribou; lat. Rangifer tarandus caribou)
Der Bestand an Caribous im Revier ist sehr gut. Die Bejagung wird, wie beim Elch, erst ab Anfang September empfohlen, da die Trophäe dann erst verfegt wird.
Die Jäger unter uns, die zusätzlich zu einer Schafjagd ein Caribou oder einen Elch (oder beides) erlegen möchten, sollten das frühzeitig dem Outfitter kundtun, da nur eine beschränkte Anzahl von Jagdplätzen für Elch und Caribou zur Verfügung gestellt wird.

Der Grizzlybär
Der Grizzlybär ist auch in diesem Revier der König der Wildnis. Er kann überall angetroffen werden. Sei es, daß wir ihn auf der Schafjagd, der Caribou- oder Elchjagd begegnen oder beim Wurzelgraben im Hochgebirge überraschen.
Die Freigabe eines Grizzlies richtet sich nach dem ungewollten Abschuß einer oder mehrerer weiblicher Stücke. Sind in jüngster Zeit keine oder wenig „sows“ gestreckt worden, stehen uns ein halbes Dutzend „boars“ als zusätzlicher jagdlicher Leckerbissen zur Verfügung. Wie wir feststellen können, ist das eine gute Methode der Jagdbehörde, Führer und Outfitter

zu bewußt jagdwissenschaftlichem Denken und Handeln anzuhalten.
Der Grizzly wird in dem Revier nach der erfolgreichen Schafjagd beweidwerkt, es sei denn, wir begegnen ihm während der Schafjagd im Gebirge.

Der Schwarzbär
Der Schwarzbär ist im gesamten Revier vorhanden und kann überall, vor allem in den tiefliegenden Zonen angetroffen werden. Diese Waldrandgebiete zieht der Schwarzbär den offenen Flächen vor, da er hier keine Fluchtmöglichkeit (auf Bäume klettern) vor dem Grizzly hat. Der Schwarzbärenbestand in dem Revier ist nicht so gut, daß wir sagen können, jeder Jäger hat eine gute Chance ... Dieses gilt vor allem im Hinblick darauf, weil wir an erster Stelle in dieses Revier gehen, um auf das Schaf zu weidwerken, welches auf den offenen Flächen zu finden ist.
Bleibt nach einer erfolgreichen Schafjagd genügend Zeit, ist die zusätzliche Schwarzbärenjagd etwas, das wir uns nicht entgehen lassen sollten.

Der Wolf
Der Wolf ist auch in dem Revier zu finden, wenn wir ihn finden ...

Der Vielfraß
Für den Vielfraß gilt dasselbe wie für den Wolf, nur daß er noch seltener einem Jäger als Jagdbeute anheimfällt.

Zukunftsaussichten und Trends für das Dallschaf-Revier
Abgesehen von der permanent drohenden Gefahr von Wildkrankheiten besteht hinsichtlich der Qualität und Quantität an Dallschafen in dem Revier keinerlei Gefahr einer Reduktion des Bestandes. Das insbesondere, da der Kluane Park ständiger „Lieferant" allen Wildes für das Revier darstellt.
Gleiches kann von den Caribous und den Bären gesagt werden.

Die einzige echte Gefahr, daß Jäger nicht mehr in den Genuß kommen, auf diese urig kapitalen Wildarten zu weidwerken, liegt auf der politisch gesellschaftlichen Ebene. British Columbia ist das einzige Land des Nordwestens, in welchem hinsichtlich des Grizzlies noch nicht die Auflage besteht, ihn nur einmal im Leben erlegen zu dürfen, wie das im Yukon zum Gesetz gemacht wurde. Eine ähnliche Vorschrift hat Alaska, wo einem Jäger nur alle fünf Jahre ein Grizzly freigegeben wird. Dieser Trend hat zweifellos Fuß gefaßt. Innerhalb weniger Jahre werden wir erleben, daß diese oder ähnliche Bestimmungen für alle nordamerikanischen „Hochwildarten" gelten werden. Der eine oder andere unter uns mag denken: „Ein Dallschaf genügt mir ja!", was durchaus zu bewundern ist, insbesondere dann, wenn er die Faszination einer Schafjagd bereits erlebt hat.
Der Nachteil dabei ist, daß „nur eine" Trophäe zu einem recht kostspieligen Unterfangen wird (siehe Argali-Schaf oder Eisbär). Aus Kostenersparnisgründen muß an dieser Stelle leider der zuvor artikulierte Gedanke, bei einer Nordamerika-Jagd „klein" anzufangen, revidiert werden. Schwarzbären, Maultierhirsche, ja auch Elche wird es in Nordamerika immer und das auch zahlreich geben, so daß die Jagdkosten dafür relativ konstant bleiben werden. Für Schafe, Grizzlies, Caribous und Schneeziegen kann das nicht gesagt werden. Den besten Beweis für diese These liefert uns das Dickhorn-Schafsterben der siebziger Jahre in den Rocky Mountains, unter der wir heute noch zu leiden haben (mißverstandene „Schonung der Schafbestände" führte zu erhöhtem Parasitenbefall und fast zur Ausrottung des Bestandes).

Jagdbekleidung und Ausrüstung

Ein sehr wichtiges Requisit bei einer Bergschafjagd ist das Spektiv. Da alle Führer mit diesem Gerät ausgerüstet sind, erübrigt es sich, daß wir uns damit belasten.
Ein gutes (wiederum *kleines*) Glas, etwa von der Stärke 10 × 40, sollten wir unbedingt mitführen, ebenso eine kleine Kamera mit viel Film und ein Jagdmesser.

Bekleidung im August: Gute „leichte“ Bergschuhe, normale Jagdbegleitung (s. Seite 63 ff), leichtes Not-Regenzeug.
Waffen-Kaliber: 8 × 68 S – als Richtlinie

Anreise
Den Flug sollten wir von zu Hause aus gleich bis Whitehorse, Yukon durchbuchen. Wir haben zwei Möglichkeiten unseren letzten kommerziellen Flughafen in Whitehorse anzufliegen. Die eine Route geht über Edmonton-Whitehorse für den Jäger, der sich Vancouver nicht anschauen möchte. Es bleibt zu prüfen, ob dieser Reiseweg der schnellere und auch billigere ist. Die zweite Route geht direkt nach Vancouver. In Vancouver empfiehlt es sich, eine Nacht auszuruhen, um am darauffolgenden Tag im Direktflug nach Whitehorse zu fliegen. Die Landeshauptstadt des Yukon, Whitehorse, bietet wenig Attraktionen. Also ist Vancouver als letzte Sprungschanze nach Whitehorse und gleich in das Revier zu benutzen.

Von Whitehorse werden wir per (Wasser)Charterflugzeug direkt in das Hauptcamp geflogen. Der Outfitter bzw. seine Vertragsleute holen uns am Flughafen ab und fahren uns zum Wasserflugplatz, von wo aus wir in die Wildnis starten. Selbstverständlich auch hier, wie in fast allen Jagden Nordamerikas, zählt die letzte Flugstrecke vom letzten Flugplatz in das Revier zu den Anreisekosten eines jeden Gastjägers.

Jagdbuchung
Die sechszehn freigegebenen Widder in einem Revier sind für Nordamerika recht viel. Trotzdem müssen die Plätze ein Jahr vor Jagdbeginn gebucht sein, um sie sich sichern zu können. Buchungen gehen exclusiv nur über die Berufsjäger-Buchungsgemeinschaft (Anschrift siehe Seite 20).

Letzte Meldung:
Das Revier wurde 1989/90 von einem bekannten österreichischen Jagdunternehmer erworben. Es wurde bezüglich Ausrüstung, Unterbringung und Service allgemein verbessert. Der

größte Teil der alten Führer arbeitet weiter für den neuen Jagdherren.

Buchungen können jetzt auch über

Ruby Range Outfitters Ltd. 1989
Kogl 1
A-4880 St. Georgen i. A.
Telefon: A-07 67-3 02
Fax: A-07 67-30 26

abgewickelt werden.

K

Stikine-Wildnisrevier

Ein ideales Kombinationsrevier für annähernd alle nördlichen Wildarten:

Stone Schaf	Seeforellen
Schneeziege	Regenbogenforellen
Elch	Äschen
Caribou	Dolly Varden
Grizzly	
Schwarzbär	
Wolf	
Vielfraß	

Landschaft und Biotop

Das Revier besteht größtenteils aus einer Hochgebirgslandschaft, deren Gipfel bis 2.500 Meter in die Höhe ragen. Die dazwischen liegenden Täler sind groß, weit und teilweise sehr übersichtlich, so wie wir es von den nördlichen Breiten gewohnt sind.

Die südliche Grenze des Revieres bildet der wilde Stikine River. Dahinter liegt das bekannte Spatzisi Hochplateau (1.000 Meter über NN) welches zum Teil Nationalpark ist und mit seinen Sümpfen, Seen sowie Wäldern Elchen, Schafen und Bären ungestörte Einstände bietet.

Das Revier beinhaltet ideale Biotope, da es offener als der Süden des Bundeslandes B. C. ist, aber nicht so kahl wie der hohe Norden oder Yukon und Alaska. Andererseits weisen die

Täler und Hänge noch grüne, liebliche Landschaftsszenen auf, ähnlich den bezaubernden Regionen des mittleren und südlichen B. C. Alles in allem ist das ein Revier, das jedem mitteleuropäischen Weidmann, vor allem dem Alpenjäger, unbedingt zusagt.

Reviergröße
Etwa 100 × 80 Kilometer reine Wildnis.

Outfitter
Der Outfitter ist ein aus dem Schwabenländle eingewanderter Jäger (Jahrgang 1947). Im Jahre 1983 hat er seinen Traum wahrgemacht und ist in B. C. zum „full time hunter" (Vollzeit-Jäger) geworden.
Mit seiner Familie sorgt er sich um seine Gäste in schwäbisch ordentlicher Weise, so weit das unter den Wildnisumständen möglich ist. Daher ist das Revier besonders für die nichtjagende Begleitung zu empfehlen.
Ordentliche Hütten, Sauna, Dusche (ein absoluter Luxus in der Wildnis) und gemütlicher Gemeinschaftsraum usw. dokumentieren das Bestreben des Outfitters, seinen Gästen neben der aktiven Jagd den Aufenthalt so angenehm wie möglich zu gestalten.

Caribou
Das Caribou dieses Revieres ist das „mountain caribou", das nicht wie sein Vetter das „barren ground caribou" in riesigen Herden über große Entfernungen zieht. Gewöhnlich sind während der Brunft Rudel zwischen zehn und zwanzig Stück mit meist mehreren „bulls" (Hirschen) verschiedener Stärke anzutreffen.
Während der Brunft ist der Jagderfolg auf den Caribou-Hirsch sehr sicher. Jedes Jahr werden in diesem Revier Bullen der Rekordklasse erlegt. Das Weltrekord-Mountain-Caribou des Jahres 1979 stammt aus diesem Revier.

Grizzly
Der Grizzly dieses Revieres ist der Inland-Grizzly. Mit ein wenig Glück ist er überall, wenn auch nicht sehr häufig, anzutreffen. Er unterscheidet sich vom Küsten-Grizzly aufgrund seiner kleineren Körperform und des guten, seidigen Fells, das sehr oft zu einem „silvertip" wird. Silvertip-Grizzlies sind die Bären, deren Haarspitzen auf der Rückenlinie und besonders über dem Träger silbern erscheinen.
Die sicherste Zeit, um einen Grizzly zu erlegen, ist das Frühjahr, in dem er in Flußnähe nach Wurzeln gräbt und an den wenig grünen Hängen äst. Auch im Herbst können wir während einer Kombinationsjagd vielleicht auf ihn stoßen. Es kann nicht empfohlen werden, im Herbst nur auf den Grizzly zu jagen, da die Chancen nicht sehr gut sind.

Schwarzbär
Die beste Zeit für die Schwarzbärenjagd ist das Frühjahr (in Kombination mit einer Grizzlyjagd). Den Schwarzen während der Herbstjagd in diesem Revier erfolgreich zu bejagen, ist Glückssache. Auch kann nicht empfohlen werden, nur für eine Schwarzbärenjagd im Frühjahr in das Revier zu kommen, da die (Einflug)Kosten im Verhältnis zu anderen Schwarzbär-Spezialrevieren zu hoch sind.

Wolf, Vielfraß
In jedem Jagdjahr werden einige wenige Wölfe und noch weniger Vielfraße erlegt. Wir können uns über seinen Anblick oder gar die Möglichkeit, zu Schuß auf ihn zu kommen, freuen. Mehr nicht. Trotzdem sollte jeder Jäger die billige Wolflizenz vorher lösen.

Stone Schaf
Die Stone Sheep sind die begehrteste Beute dieses Revieres für einen Nordamerika-Jäger. Zur Zeit der Drucklegung hatte der Outfitter acht „rams" frei. Da die Erlegung eines „ram" (Widder) relativ sicher ist für einen Jäger, der keine Angst vor Pferden hat und noch einigermaßen auf den Läufen (oder bei

guter Lungenfunktion) ist, hat sich der Erfolg dieses Revieres herumgesprochen. Mit anderen Worten heißt das, daß eine Schafjagd in diesem Revier mindestens 18 Monate vor Jagdbeginn gebucht werden sollte, um noch einen Platz zu erhalten. Eine weitere Vorausetzung ist natürlich, daß wir in der Lage sind, Weitschüsse von 250 bis 300 Meter abzugeben.
Mehrere Widder mit einer Schneckenlänge von mehr als 40 Inch (mehr als einen Meter) kann der stolze Jagdherr vorweisen.

Wohlgemerkt: die Kondition eines Gamsjägers müssen wir schon vorweisen können, um uns nicht selbst zu betrügen. Dafür wartet auf uns aber ein Erlebnis besonderer Güte, wenn wir den mächtigen Widder, stolz und unnahbar am Felshang ausmachen. Kein Jägerherz vermag da ruhig zu bleiben. Der Lohn dieser Strapaze bleibt neben dem herrlichen Erlebnis eine imposante, viel begehrte Trophäe. Eine Trophäe, die sich leider nur die wenigsten Jäger erlauben können.

Schneeziege
Der Bestand an Schneeziegen ist als gut zu bezeichnen. Das hat für den einigermaßen fitten Jäger zur Folge, daß die Erfolgsaussichten recht hoch liegen.
Mit den Pferden reiten wir etwa bis zur Baumgrenze, um uns dann an die Felswände heranzupirschen. Es kann durchaus vorkommen, daß der besonders gute, ersehnte „billy“ so steht, daß er nur von oben angegangen werden kann. Jetzt können wir beweisen, daß wir noch genug Passion, Lungenkapazität und Unternehmungsgeist in den Muskeln haben . . . Die vorherige Konsultation unseres Hausarztes kann durchaus Aufschluß über das uns Zumutbare geben. Selbstverständlich auch darüber wieviel Zigaretten wir zu viel geraucht und wie wenig wir gelaufen sind. Ein drastisches Fitneßprogramm ist in allen Fällen empfehlenswert, und das nicht nur, um bei dieser Nordamerika-Jagd erfolgreich zu sein.

Elch

Der Elch dieses Revieres ist noch der nordische „Alces alces gigas“, der sogenannte „Alaska- oder Yukon-Elch“ in seiner südlichen Verbreitungszone (die Yukongrenze ist nur bis 200 Kilometer entfernt). Die Auslage der Schaufeln rangiert zwischen 50 bis 60 inches (Zoll). Während der Brunftzeit kann mit hundertprozentigem Jagderfolg auf den großen Hirsch gerechnet werden.

Neben der Pirsch auf dem Pferderücken besteht auch die Möglichkeit, einen Elchbullen per Flußboot aufzuspüren.

Jagdzeiten

Schafjagd:	1. August bis Mitte Oktober. Beste Zeit: August.
Schneeziegen:	1. August bis Mitte Oktober. Beste Zeit: August/September.
Elch:	15. August bis Mitte November. Beste Zeit: Mitte September/Mitte Oktober.
Caribou:	23. August bis 30. September. Beste Zeit: Mitte bis Ende September.
Grizzly:	15. April bis 15. Juni und 1. September bis Mitte Oktober.
Schwarzbär:	Wie Grizzly. Beste Zeit: Ende Mai.

Anreise

Der Anflug erfolgt über Edmonton oder Calgary nach Watson Lake. In Edmonton oder Calgary müssen wir übernachten. Von dort aus fliegen wir dann am darauffolgenden Tag weiter nach Watson Lake. Noch am selben Tag geht es mit einer Chartermaschine (einstündiger Flug) in das Hauptlager des Outfitters. Auch hier gilt wieder: alle Flüge gehen zu Lasten des Jägers. Die Flugkosten der Chartermaschine werden meistens mit anderen Jägern anteilmäßig geteilt. Kommen wir zu spät oder möchten wir früher, d. h. unplanmäßig, abreisen, sind wir für die gesamte Chartermaschine verantwortlich (Flugstunde, je nach Maschine, 1992, bis 550 Dollar).

Buchungen
Alle Buchungen werden von der Berufsjäger-Buchungsgemeinschaft angenommen (Anschriften siehe Seite 20).
Für sämtliche Reviere muß empfohlen werden, daß man die bevorzugten Jagdzeiten der Brunft auszunutzt, welches den höchsten Erfolg verspricht. Das hat zur Folge, daß wir mindestens ein Jahr vor Jagdbeginn unsere Buchung abgeschlossen, d. h. eine Anzahlung gemacht haben müssen.
Abschließend sollte vielleicht bemerkt werden, daß in diesem Revier bei den meisten Wildarten unsere Zahlung *„nach Erfolg“* zu machen ist, wie bei vielen in diesem Buch aufgezeigten Revieren.

L

Revier Prince George

Nach ihrem Vorkommen in diesem Revier anzutreffende Wildarten:

Elch
Schwarzbär
Wolf
Grizzlybär

Das Besondere an diesem Revier ist neben seinem Wild die ausgesprochen nette Atmosphäre im Jagdlager und während der Jagd. Hervorragend ist vor allem die Frühjahrs-Bärenjagd (Schwarzbär), die es auch noch der älteren Generation von Weidmännern möglich macht, eine gute Bärentrophäe zu erlangen. Das Revier ist vor allem den Jägern vorbehalten, die eine nettes Jagderlebnis sehr zu schätzen wissen und darüber hinaus noch berechtigte Chancen haben möchten, ein Stück Wild zu strecken.

Geographische Lage des Revieres
Das Revier liegt südöstlich der Stadt Prince George. Theoretisch gehört der Flugplatz Prince George noch zu dem Revier, so daß der Outfitter des öfteren gebeten wird, „seinen" Elch vom Flugplatzgelände zu entfernen.

Revierbeschreibung
Augrund der Zivilisationsnähe ist das Revier zum Großteil mit Forstwirtschaftswegen durchzogen. Auch zum Hauptcamp gelangen wir mit einem Kraftfahrzeug. Rustikale Blockhütten

an einem See mit gutem Forellenbesatz bilden das Hauptcamp. Die Lodge (Haupthütte, Küche und Gemeinschaftsraum) lädt mit ihrem offenen Kamin Jäger jeder Altersgruppe zur gemütlichen Jagdrunde ein. Die gesamte Familie des Outfitters nimmt aktiv am Jagdgeschehen Anteil, d. h. in Küche, Jagdlager und als Führer im Revier. Innerhalb vieler Jahre ist noch kein Jäger aus dem Revier gegangen, der nicht voller Lobes und guter Worte über den Jagdherren und seine Familienmitglieder war. Der Outfitter, seine Frau und Tochter, alle lizensierte Jagdführer, ermöglichen es jedem Jäger, sich zu Hause zu fühlen. Die nicht landesübliche Flasche Wein zum Abendessen am gepflegten Hüttentisch bei Kaminfeuer haben noch keinen Jäger enttäuscht. Der Outfitter, promovierter Psychologe an der Universität Prince George, kann als der netteste Outfitter des Landes bezeichnet werden.

Verständlicherweise ist das Revier daher zur Mitnahme der nichtjagenden (oder jagenden) weiblichen Begleitung geeignet. Das lächelnd vorgetragene Ansuchen des Outfitters: „Bitte schickt uns nur nette Jäger, uns kommt es nicht auf das Geld an!“, wird durchaus ernst genommen. Ehrlich, hilfsbereit und sympathisch (und dabei sogar passionierter Jäger) ist der Outfitter, eine jagdliche Anschrift, die wir uns zu merken haben.

Das Revier hat durchaus Stellen, die von der Zivilisation noch nicht erschlossen wurden. Auch finden wir in dem Revier einen Teil der vor ca. 30 Jahren abgebrannt ist. In diesem 100 km^2 großen Stück leitete die Jagdbehörde eine wissenschaftliche Studie in die Wege, die ergab, daß allein in diesem Revierteil über 200 Elche ihren Einstand haben.

An dieser Stelle soll eine Bemerkung angebracht werden, die längst fällig ist. In den jagdlichen Publikationen der letzten Zeit lesen wir des öfteren, daß zur jagdlichen Ausrüstung rotes Warnzeug zu verwenden ist. Das ist nur bedingt richtig. Rotes Warnzeug ist in den Revieren zu tragen, in denen einheimische Jäger in größerer Anzahl anzutreffen sind. Insbesondere in solchen Revieren, in denen es Einheimischen kostengünstiger und leichter möglich ist, ihre Fleischjagd auszuüben.

Bei den in diesem Buch vorgestellten Revieren wird von keinem Jäger verlangt, rotes Warnzeug zu tragen. Nur bei zwei Revieren, nämlich diesem Mitte-British-Columbia-Revier und dem Süd-Ost-British-Columbia-Revier wäre es ratsam, *rot* zu tragen, wenn wir darin *allein* pirschten. Aufgrund der sachkundigen Führung unseres „guides“ und den von ihm getroffenen Vorkehrungen wird sogar davon abgeraten, rote Warnkleidung zu tragen. In vielen Revieren des südlichen und mittleren B. C. ist das Tragen auffallender Jagdkleidung eine Art Lebensversicherung (vom Gesetz empfohlen). In keinem der in diesem Buch vorgestellten Reviere ist diese Warnkleidung nötig, sie ist sogar unerwünscht.
Jedoch zurück zu unserem Revier. In fast alle Revierteile können wir mit dem Jeep fahren. Danach, je nach physischer Möglichkeit, können wir weit in den Urwald hineinpirschen. Pferde werden nicht eingesetzt. Aufgrund dessen ist das Revier ideal für den älteren Weidmann, dem strapaziöse Reitabenteuer zu viel sind. Das heißt jedoch nicht, daß dieses Revier nur etwas für ältere Herren ist. Es erinnert uns vielmehr an unsere heimatlichen Reviere mit dem großen Unterschied, daß wir hier auf Elch, Bär und Wolf weidwerken können. Je nach unseren Wünschen und Möglichkeiten können wir dann weiter in den „bush“ zur Jagd eindringen.
Im Jagdjahr 1987/88 hat ein fast achtzigjähriger Jäger zwei Schwarzbären in diesem Revier während des Frühjahrs erlegt. Derselbe Jäger buchte daraufhin im darauffolgenden Jahr erneut und hat wiederum zwei Bären zur Strecke gebracht. Im Jahre 1990, nach einer nochmaligen Buchung, erschien des Jägers Ehefrau, um den Jagderfolg ihres Ehemannes mitzuerleben (oder zu überprüfen?). In der Tat, es ging alles richtig zu und sie erhielt ihre erwünschte, große Bären-Tagesdecke.
Dieses rührende Jagderlebnis ist insofern besonders interessant, als dieser welterfahrene Jäger aus Altersgründen „anstrengende Jagden“ aufgegeben hat. Der auch vom Jagdservice verwöhnte Weidmann findet nicht genügend lobende Worte für alles, was in diesem Revier an jagdlich-menschlichem Service geboten wird. Darüber hinaus noch ein jagdlicher Erfolg, bei dem die

Wertung 100 % noch eine Untertreibung zu sein scheint. Auch 1991/92 war ihm, dem jetzt über Achtzigjährigen, das Jagdglück hold und die Jagd für 1992/93 ist bereits gebucht!

Wetter, Biotop, Klima

Die Mitte des Bundeslandes B. C. hat ein ausgesprochen trokkenes Binnenlandklima. Die Wälder haben weniger Unterholz, es sei denn, daß der Untergrund sumpfig ist.

Große Weiden- und Erlenwälder, vermischt mit der Douglas-Fichte, bilden ein Idealbiotop für den Elch und alles andere Wild. Durch den Holzeinschlag vor etwa 30 Jahren und einem enormen Flächenbrand ist in dem Revier sehr viel frisches Grün als Nahrungsgrundlage und Deckung für Elche und Bären entstanden. Für die Frühjahrs-Bärenjagd können wir mit gemischtem Wetter rechnen, während der Herbst im allgemeinen trocken ist. Die Tagestemperaturen liegen bei etwa 15 ° Celsius und die Nachttemperaturen knapp unter dem Gefrierpunkt.

Elch

Der Elch ist das Hauptwild des Revieres. Es ist die Mischform zwischen dem A. a. gigas und dem A. a. anderosi. Die Chance, ihn zu erlegen, ist sehr gut, wenn wir in der Lage sind, für wenige Stunden zu pirschen oder auch einmal länger anzusitzen. Gleiches können wir auch über die Herbst-Bärenjagd sagen.

Der Jäger, der bereit ist, ein wenig mehr Strapazen auf sich zu nehmen und der in den Urwald eindringt, kann fest mit einer Elchtrophäe rechnen. Zu diesem Zweck besteht die Möglichkeit, daß der Jäger auch einmal im „bush“ übernachtet, um morgens früh an Ort und Stelle sein zu können. Die stärksten Trophäen haben eine Auslage von etwa 56 bis 60 Zoll.

Schwarzbär

Die Frühjahrs-Schwarzbärenjagd ist die sicherste Jagd dieses Revieres. Das ist die Jagdzeit, in der der Outfitter in der Lage ist, auch noch sehr bejahrte Weidmänner zu ihrem Erfolg zu bringen. Wir werden per Jeep an die Rodungen und Hänge

gefahren, können dort pirschen oder ansitzen, bis sich ein „blacky“ zeigt.
Die einzige Gefahr, jagdlich enttäuscht zu werden (wenn wir nur von der Erlangung einer Trophäe reden wollen), liegt in der Unvorhersagbarkeit des Wetters. Es kann vorkommen, daß das Frühjahr zu spät einsetzt und die Bären bei unserem Erscheinen im Revier noch schlafen. Andererseits besteht die geringere Gefahr, daß das Frühjahr zu früh und kräftig eingesetzt hat, so daß bei unserem Erscheinen im Revier schon alles sehr grün ist und sich unser Meister Petz nicht mehr auf den offenen Flächen zu zeigen braucht. Das erschwert dann auch die Frühjahrs-Bärenjagd. Verallgemeinernd dürfen wir sagen, daß jeder Jäger einen, wenn nicht zwei Schwarzbären vor die Büchse bekommt.

Die Herbstjagd auf den Bären ist weitaus mehr Glückssache als die im Frühjahr. Aus diesem Grunde wird auch in diesem Revier keine Schwarzbär-Einzeljagd im Herbst empfohlen, sondern nur im Zusammenhang mit einer Elch-/Wolfsjagd. Dabei dürfte es keine jagdliche Enttäuschung geben, denn wir können damit rechnen, daß wir mindestens ein Stück Großwild erlegen.
Der Bär hat im Herbst wesentlich mehr und bessere Deckung zur Verfügung und findet auch im dichten Unterholz ausreichend Nahrung, so daß er meist „unsichtbar“ bleibt.

Wolf
Das Revier weist genügend Wölfe auf, so daß wir eine Chance haben, auf ihn zu Schuß zu kommen. Nur sollten wir uns nicht mit dem Gedanken anfreunden, unsere Wolfslizenz ganz bestimmt nicht umsonst erworben zu haben. Auf alle Fälle sollten wir eine Wolflizenz vor Jagdbeginn lösen, für den Fall eines Falles ...

Grizzly
Das Revier hat nur wenige Grizzlybären frei. Eine rechtzeitige Anmeldung ermöglicht es uns, unsere Erfolgschancen offen

Im Camp warten vielfältige Aufgaben auf den Jäger – etwa das Abkochen der Trophäe oder einfach das Kaffeekochen.

Nicht bloß beim Jagen, auch beim Fischen kann man in B. C. kapitale Beute machen.

und ehrlich zu besprechen. Der Grizzly kann im Herbst wie auch im Frühjahr bejagt werden.

Anreise
Unseren Flug buchen wir durch bis Prince George und werden dort vom Outfitter direkt am Flugplatz abgeholt und kostenlos in das Revier (Hauptcamp) gefahren. Mehrere Flüge gehen täglich von Vancouver nach Prince George. Sollten wir in Vancouver für einige Tage verweilen wollen, brauchen wir uns um den Transferflug nach Prince George keine Sorgen zu machen, da die Maschine selten voll ist. Wir können dementsprechend unseren Flug von und nach Vancouver fest buchen und für den Flug Vancouver – Prince George ein „open return ticket" kaufen, so daß wir fliegen können, wann wir wollen. Eine Hotelübernachtung in Prince George braucht nicht eingeplant zu werden. Wenn wir übernachten wollen oder müssen, sollte das in Vançouver erfolgen.

Buchung
Buchungen für dieses Revier sollten bis November des davorliegenden Jagdjahres getätigt sein. Der Outfitter nimmt nur Buchungen über das Büro der Berufsjäger-Buchungsgemeinschaft entgegen.

Bekleidung
Normale Jagdbekleidung, warm und mit Gummistiefeln, ist die Ausrüstung, die wir in diesem Revier benötigen. Wir brauchen uns nur eine Novemberjagd bei uns vorzustellen, dann wissen wir, wie wir angezogen sein müssen. Nur einen Schlafsack sollten wir nicht vergessen. Auch ein gutes Glas und ein scharfes Messer sind zu empfehlen.

Beste Jagdzeiten

Frühjahrsbär:	Mitte bis Ende Mai.
Herbst-Kombinationsjagd:	Mitte September bis Anfang Oktober (Brunft).

Zukunftsaussichten
Dieses Revier ist bezüglich zukünftiger Jagdmöglichkeiten schwer einzustufen. Es ist zu erwarten, daß sich die Wildpopulation aufgrund der weiter fortschreitenden Holzeinschläge verbessert. Andererseits wird damit dem lokalen Jäger leichter der Zutritt in den Urwald gewährleistet. Die ausschlaggebende Frage ist eine jagdpolitische, nämlich die, wie die Behörde die Jagd der Einheimischen kontrolliert.
Bleibt das Revier weiter in gleicher Hand, können wir sicher sein, immer eine ehrliche Antwort über unsere Jagdaussichten vom Outfitter zu erhalten, unabhängig von der Landesjagdpolitik.

M

Nordost-Yukon-Revier

Wildvorkommen nach den Chancen, es zu erbeuten:

Elch
Caribou
Dallschaf
Grizzly
Schwarzbär
Wolf

Wollte man dieses Revier des hohen Nordens mit einem Satz beschreiben, würde es lauten: Das Ultimum der Elchjagd; *sehr sichere Schaf- und Caribou-Jagd*!

Geographische Lage
Das etwa 10.000 Quadratkilometer große, reine Wildnisrevier liegt unmittelbar an der *North West Territory*-Grenze in dem Selwyn und Mackenzie-Gebirge. Keine Straße führt in das Revier. Es ist nur per Wasserflugzeug zu erreichen.

Klima, Wetter, Biotop
Das Revier befindet sich nicht allzuweit südlich des „arctic circle" (Polarkreis), gemessen an nordamerikanischen Dimensionen.
Dementsprechend ist das Klima, Wetter und auch der Biotop arktisch. Der Baumwuchs ist spärlich und vorwiegend in den feuchten, geschützten Tälern zu finden. Buschgruppen übernehmen die Funktion der Wälder. Sie dienen dem „Riesenelch" und anderem Wild als Nahrungsgrundlage und auch Deckung.

Die heißen, kurzen Sommer sind mückenverseucht. Die schönste Jahreszeit ist unzweifelhaft der Herbst. Das ist die Jahreszeit, in der wir Naturfreunde und Jäger im „indian summer“, uns in reiner Urlandschaft einfinden werden.
Die Nächte sind kalt (bis ca. –10 ° Celsius) und die Tage angenehm warm (bis 12 ° Celsius), also eine ideale Temperatur, um sich jagend das Land zu erobern. Wir können – vom Pferderücken aus – weit äugen und entsprechend unser Anpirschen vorbereiten.
Zu allen Jahreszeiten müssen wir allerdings mit Schlechtwetter rechnen. Auf diese geographischen Breiten bezogen, heißt das, auf Regen- und Schneestürme auch schon Ende August vorbereitet zu sein. Die Natur vergibt hier keine Fehler. Sie ist gnadenlos, brutal und verlangt von allen Lebewesen, ob Flora oder Fauna, die ständige Bereitschaft, mit dem Extrem dieses Biotopes fertig zu werden. Nur die Stärksten und Besten können bestehen. Ein hervorragendes Beispiel dieser natürlichen Auslese ist unser mächtiger „Alces alces gigas“.

Der Elch
Neben Alaska ist der Elch dieser Regionen der stärkste, den wir in der Welt finden können. Die Durchschnittsauslage der Schaufeln im Jagdjahr 1987/88 betrug 60 Zoll. Die größte Trophäe in diesem Revier hatte 69 Zoll. Dies wurde von der Yukon-Outfitter-Vereinigung entsprechend prämiert.
Einen Riesennachteil für die Jagd auf den Riesen-Elch (wir beschäftigen uns nun einmal mit dem Land der Superlative) zeichnet sich sofort ab. Um in den Genuß dieser Elch-Ultimum-Jagd zu gelangen, müssen wir fast zwei Jahre im voraus buchen! Derartig sensationelle Ergebnisse bleiben – vor allem unter Amerikanern – nicht lange ein Geheimnis. Da die Anzahl der Jäger sehr beschränkt ist, ist diese Warteliste nur zu erklärlich.

Das Caribou (Barren Ground Caribou)
Ähnlich wie beim Elch ist es in diesem Revier auch mit dem Caribou. Es ist ausgesprochen kapital und häufig anzutreffen. Im Jagdjahr 1987/88 wurde dem Outfitter auch die silberne

Medaille für das zweitbeste Caribou-Ergebnis dieses Jagdjahres ausgehändigt. Hinzuzufügen ist unbedingt, daß der Outfitter dieses Revier im davorliegenden Jahr erst übernommen hat. Wir können davon ausgehen, daß diese Jagdergebnisse für mindestens sechs Jahre anhalten werden.
In diesem Revier können wir damit rechnen – genau wie beim Elch – der Welt bestes Caribou als Beute mit nach Hause zu nehmen. Dieses in dem Bewußtsein, daß wir gegebenenfalls keinen einzigen Dollar mehr dafür zu zahlen haben, selbst, wenn es der Welt beste Trophäe werden sollte (von den Kosten für den Abend im heimatlichen Jagdverein oder dem Extratrinkgeld für den Führer einmal abgesehen).

Dallschaf
Das Revier hat einen relativ sicheren Besatz an äußerst kapitalen Dallschafen. Uns liefert wieder das bereits erwähnte Jagdjahr 1987/88 einen konkreten Anhaltspunkt: der Outfitter erhielt für besagtes Jagdjahr für seine Dallschafergebnisse die Bronzemedaille aller Yukon-Outfitter. Seine stärkste Trophäe maß eine Schneckenlänge von 43,5 Zoll!!! Drei Trophäen maßen mehr als 40 Zoll. Das sind Ergebnisse, die für sich sprechen ...
Auch hier, bei der begehrten Dallschafjagd kommen wir nicht umhin, einen Wermutstropfen beizumischen. Leider hat der soeben erst mit dem Revier beginnende Outfitter lediglich ein halbes Dutzend „dallrams“ freibekommen. Diese wiederum müssen fast zwei Jahre vor Jagdbeginn gebucht werden. Für US-Amerikaner scheint das kein Problem darzustellen. Deutsche und österreichische Jagdvermittler, die überall in der Welt etwas buchen, haben das in letzter Zeit auch bemerkt und sind immer häufiger auf amerikanischen Jagdmessen anzutreffen, um den lukrativeren US-Jagdmarkt anzuzapfen.
Eine Elch-Caribou-Dallschafjagd läßt sich durchaus kombinieren. Die beste Dallschafjagd findet allerdings im August statt, während die Geweihträger noch im Bast sind. Der anspruchsvolle Jäger – gemeint ist der Jäger und nicht der Schießer – der sein Jagderfolg möglichst maximieren möchte,

sollte sich in kluger Selbstbeschränkung üben und auf ein oder zwei Wildarten weidwerken. Rekordtrophäen stehen erfahrungsgemäß nicht dutzendweise bereit.

Grizzly

Der Grizzly ist kein seltener Gast in diesem Revier, zumal sein „Lebensunterhalt“ durch den guten Besatz an Elchen und Caribou gesichert ist. Er ähnelt allerdings – was die Körpergröße betrifft – eher einem kapitalen Schwarzbären British Columbias als er das ihm vorausgehende Image des großen und mächtigen Räubers erfüllt. Auch kommt er nicht sehr häufig vor. Aus diesem Grund bietet der Outfitter zwar die Jagd auf den Braunen an, die Gebühr ist jedoch erst „nach Erlegung“ zu entrichten.

Schwarzbär

Die Bemerkungen, die wir soeben über den Grizzly gelesen haben, treffen auch auf den Schwarzbär zu. Die Chancen, einen Schwarzbären auf unserer Elch-Caribou-Einzel- oder Kombinationsjagd zu erlegen, sind zwar gegeben, jedoch nicht sehr gut.

Wolf

Auch Wölfe sind in dem Revier reichlich vorhanden. Wir sollten die dafür erforderliche Lizenz in jedem Fall in der Tasche mit uns führen. Wir wissen nie . . .

Ausrüstung

2 × warme (Thermo)-Unterwäsche für die Septemberjagd
1 × leichte Unterwäsche
3 Paar warme Socken
3 warme Hemden
Anglerstiefel für September (Elch, Caribou)
Bergschuhe für die Schafjagd, Hüttenschuhe (Latschen)
Mütze, Hut, Handschuhe
kleines Glas und kleine Kamera, Messer
warmer Parka, Weste

Noch zu ergänzende Ausrüstung kann in Whitehorse erworben werden (wenn genügend Zeit zur Verfügung steht).

Buchungen

Mindestens 18 Monate vor Jagdbeginn bei der Berufsjäger-Buchungsgemeinschaft. Anmeldungen werden ausnahmslos „first come first serve" behandelt.

Beste Jagdzeiten

Elch:	Anfang September bis Ende September.
Caribou:	Anfang September bis Ende September.
Dallschaf:	Anfang August bis Ende August.
Bären:	Ab Mitte August.
Wolf:	Ab Mitte August.

Anreise

Unseren Flug buchen wir via Edmonton bis Whitehorse durch. In Whitehorse werden wir vom Outfitter abgeholt. Es ist zu empfehlen, sich eine Nacht in Whitehorse im Hotel auszuruhen, bevor es am darauffolgenden Tag per Chartermaschine in das Revier geht.

Der Outfitter arrangiert Hotelübernachtung, Transfer zum und vom Airport und den Flug in das Revier. Der Einflug von Whitehorse in das Revier und heraus gelten noch als Transfer und gehen zu Lasten des Jägers, so auch die Hotelübernachtungen. Transporte innerhalb des Revieres sind kostenfrei.

Jagdliche Zukunftsaussichten

Wir haben es hier mit einem sprichwörtlichen Zukunftsrevier zu tun. Der Outfitter betreibt bewußt eine Jagdpolitik der Qualität vor Quantität, d. h. wenige Jäger, dafür aber gute, reife Trophäen verbunden mit der Sicherheit des jagdlichen Erfolges. Eine Beeinträchtigung durch lokale Jäger ist nicht vorhanden. Daher kann der derzeitige Wildbesatz auf viele Jahre beibehalten werden.

N

Alaska-Revier

In diesem Vorzugsrevier des historischen Jagd-Traumlandes Alaska können wir alle die Wildarten antreffen, die wir von Alaska erwarten:

Elch	Schwarzbär
Caribou	Kodiak-Bär
Dallschaf	Wolf
Grizzly	Sitkahirsch

Eine wertende Aufstellung hinsichtlich der am sichersten zu erlegenden Wildart anzubieten, fällt in diesem Revier nicht leicht. Mit wenigen Einschränkungen haben wir die berechtigte Chance, auf alles freigegebene Wild erfolgreich zu weidwerken.

Geographische Lage

Das hier zu besprechende Revier befindet sich inmitten der Alaska-Range. Im Westen liegt der Lake Clark Park, und an der östlichen Revierseite ist der Denali National Park zu finden. Von der größten Stadt Alaskas, Anchorage, liegt das Revier ca. 200 Luftkilometer entfernt (Einflugzeit ca. 1,2 Stunden).

Revierbeschreibung

Das Revier ist ein reines Gebirgsrevier, typisch für die meisten Gebirgsbiotope des arktischen Bereiches. Im allgemeinen sind die Täler riesengroß, übersichtlich und leicht per Pferd zu bewältigen. Wir wollen einen Vergleich zwischen drei grundsätzlich unterschiedlichen Jagdzonen, die dieses Buch behandelt, beispielsweise zwischen B. C., dem Yukon und Alaska ziehen.

Stehen wir im südlichen B. C. an einem Berghang und versuchen am gegenüberliegenden Hang einen Elch auszumachen, können wir dieses durchaus ohne Glas bewerkstelligen. Der gegenüberliegende Hang ist nicht so weit entfernt, als daß wir den großen Hirsch nicht mit bloßem Auge sehen könnten. Unter denselben Umständen nehmen wir im Norden British Columbias den Elch am gegenüberliegenden Hang nur mit einem Fernglas wahr, es sei denn wir sind ein Indianer oder erfahrener Jagdführer. Noch weiter nördlich, im Yukon oder Alaska, ist das Ansprechen eines Elches am gegenüberliegenden Berghang nur möglich, wenn uns ein Spektiv zur Verfügung steht. Damit lassen sich recht anschaulich die Dimensionen verdeutlichen. Alaska (und der nördliche Yukon) ist zweifelsfrei das Land der großen Dimensionen. Das ist eines der ersten Dinge, die uns als Jäger in Alaska auffallen.

Somit darf es uns nicht wundern, wenn wir in diesem Revier von einem Jagdlager zum anderen eine volle Tagestour auf dem Pferderücken benötigen. Oder, und dieses ist häufiger der Fall, daß wir beispielsweise die Entfernung vom Schafcamp zum Elchcamp nur mittels Flugzeug an einem Tage bewältigen können. Das muß geschehen, da wir sonst unterwegs aufwendige Übernachtungsvorkehrungen treffen müßten. Viele unter uns verspüren noch den Tatendrang der Pfadfinderzeit, die uns anspornen könnte, einen Zweitagetripp per Pferd in der Wildnis zu unternehmen. Dagegen ist nichts einzuwenden, wenn uns genügend Zeit zur Verfügung steht und das Wetter mitspielt. Natürlich muß auch der Führer bereit sein, das freiwillig mitzumachen, denn für ihn bedeutet das Mehrarbeit unter schwierigeren Bedingungen.

Sind diese Vorbedingungen erfüllt, machen wir eine derartige Wildnistour quasi nebenbei. Dies wird sicherlich ein bleibendes Erlebnis sein. Wenigen von uns ist es vergönnt, ein derartig intimes Verhältnis mit der jungfräulichen Natur einzugehen. Sollten wir die Gelegenheit zu einem derartigen Abenteuer haben, müssen wir daran denken, daß die Bergung eines

erlegten Elches auf halben Wege einen Großteil unserer Jagdzeit in Anspruch nehmen wird.
Das Revier ist ohne Flugzeug unzugänglich. Es zu bejagen ist nur mittels unserer vierbeinigen Freunde, der Pferde, möglich. Das zu wissen, ist insofern wichtig, als die alaskanische Gesetzgebung in Zukunft das derzeitig bestehende Reviersystem auflösen wird. Sollte dies geschehen, würde es jedem anderen Outfitter möglich sein, zahlende Jagdgäste auch in dieses Revier zu führen. Noch unerwünschter: Es könnten mehrere Outfitter zur gleichen Zeit im Revier mit ihren Gästen jagen.
Da in diesem Revier ein Jäger, der einfliegt, sich nur zu Fuß fortbewegen kann, wäre er zum Jagen vorwiegend auf die Stellen angewiesen, an denen des Outfitters Pferde weiden, die Pferdeburschen ihr Feuerholz hacken und so weit man vom „out house" („Häuschen") sehen kann. Mit anderen Worten, ein Fremder, der an dem See, an dem die Hauptlodge liegt, zur Jagd einfliegen will, hat einen so beschränkten Radius zur Verfügung, daß er jagdlich kaum stört. Mit den Pferden des Outfitters wäre der unerwünschte Mitjäger innerhalb einer halben Stunde so weit zurück, daß er unser Jagdgeschehen noch nicht einmal beeinflussen, viel weniger stören kann. Die weiter innländischen Schafeinstände und die weiträumigen Elch- und Caribou-Stellen sind für einen fremden „Eindringling" quasi unerreichbar. Für diesen fremden Jäger gibt es das Problem des Wildbret-Abtransportes. Auf dem Rücken kann der stärkste Guide keinen tonnenschweren Elch, noch nicht einmal ein Caribou abtransportieren. Die Beschaffung von Pferden wäre für einen fremden Outfitter, der kein festes Camp am See hat und dem keine feste Organisation zur Verfügung steht, unlohnend, zu risikoreich, einfach unrealistisch. Somit ist die bevorstehende Jagdsystemumstellung Alaskas für dieses spezielle Revier bedeutungslos.
Die Hauptlodge am See bietet allen Komfort, den wir in der Wildnis erwarten können. Über das gesamte Revier verteilt befinden sich Jagdlager und zwar entsprechend für das jeweilige Wild. Der Outfitter unterscheidet die Elch-Caribou-Camps von den Schaf-Camps und den Bären-Jagdlagern.

Biotop, Klima, Wetter

Das hier vorzustellende Revier liegt in etwa auf dem Breitengrad, auf dem das norwegische Trondheim zu finden ist.

In dieser vorarktischen Zone ist der Baumwuchs spärlich. Weiden- und Erlenbüsche dominieren in den feuchteren Niederungen. Riesengroße, offene Flächen mit Moosen und arktischen Pflanzen und Gräsern überzogen, bilden die Spielwiesen für unsere Caribous, während Elche sich vorzugsweise in den deckungsgünstigeren und nahrungsfreundlicheren Weiden- und Erlenbereichen einfinden. Wenn wir den Begriff riesengroß in Alaska verwenden, heißt das, daß in einer derartigen „Spielwiese“ sich fünf deutsche Gemeinden gemütlich ausbreiten könnten.

Wie erwähnt, liegt das Revier, wie auch die Mittel- und Nord-Yukon-Reviere, in der vorarktischen Zone. Kurze, heiße Sommer, sehr kurze Frühjahre und Herbste, aber lange, harte Winter bestimmen das Wetter. Die Schafjagdzeit im August ist noch angenehm mild, teilweise sogar warm (bis 16° Celsius). In den Nächten fällt die Temperatur bereits unter Null. Wir können es im August trocken und so erwarten, wie wir das Wetter Ende September üblicherweise bei uns zu Hause ist. An dieser Stelle sollte jedoch gleich eine Warnung ausgesprochen werden: zu jeder Zeit müssen wir in diesen rauen Zonen mit Schlechtwettereinbrüchen rechnen.

Der September ist wie überall der beste und schönste Jagdmonat. Die sich Anfang bis Mitte September färbenden Blätter und Gräser geben dieser rauhen, urig wilden und schönen Landschaft eine Lieblichkeit, wie wir sie von einem botanischen Garten kennen. Die Luft ist knackig frisch, auch wenn sie von der Tagessonne angenehm erwärmt wird. Die Nachttemperaturen fallen schon weit unter die Nullgrenze und verwandeln vereinzelt – bereits Anfang September – den Niederschlag in Schnee. Es ist nicht ungewöhnlich, Mitte September bereits im Schnee zu pirschen. Auf alle Fälle müssen wir Ende September mit Winterbedingungen rechnen, was heißt, daß die Tagestemperaturen kaum, wenn überhaupt, in die Plusgrade steigen und die Nächte empfindlich kühl werden.

Zu allen Jagd-Jahreszeiten müssen wir mit unerwarteten Wettereinbrüchen rechnen, vor allem kalten Regen- und Schneeschauern.

Elch

Der Elch ist in diesem Revier das Hauptwild. Der Besatz pro Quadratkilometer dürfte in Alaska weit weniger als ein Zehntel unseres Rehwildbesatztes ausmachen. Die Annoncen der Jagdzeitungen sind durchaus nicht falsch, wenn sie von einem sehr guten Elchbesatz schwärmen. Nur wird dabei verschwiegen, daß auf vielleicht zehn Quadratkilometer ein Elch zu finden ist. Bei einigem Glück können wir während der Brunft plötzlich ein halbes Dutzend Bullen auf einmal beobachten. Unser großer Vorteil ist es, daß wir vom Rücken der Pferde selbst in großen Ebenen noch gute Sicht haben. Wenn dann plötzlich der Führer sein Pferd anhält und gespannt in westliche Richtung äugt, können wir vermuten, daß er etwas „Verdächtiges" ausgemacht hat. An ihn näher herankommend, stellen wir fest, daß er in etwa zwei bis drei Kilometer Entfernung einen schwarzen Punkt ausgemacht hat, der sich nach dem Betrachten durch das Glas als ein Elchrücken „ohne etwas" entpuppt. Die Elchkuh hat unsere „Ruhestörung" noch nicht wahrgenommen.

Jeder Jäger kann in diesem Revier erwarten, daß er mit einer kapitalen Trophäe es verläßt. Selbst jüngere Schaufler präsentieren hier bereits beim dritten und vierten Kopf eine Trophäe, die kaum ein alter, kapitaler Bulle Skandinaviens vorzuweisen hat. Mit einigem Glück sind wir in diesem Revier in der Lage, Schaufler mit einer Auslage von mehr als 65 Zoll als Jagdlohn mit nach Hause zu nehmen. Auch hier, wie bei allen nordamerikanischen Jagden, haben wir die Chance, eine Weltrekordtrophäe aus dem Revier zu holen, die uns keinen Cent mehr kostet. Wir buchen einen Elch, den wir weder nach Gewicht noch nach Auslage zu zahlen haben. Sollte uns Diana mehr als nur hold sein und uns mit einer Traumtrophäe von Weltklasse beglücken, wird es höchstens zu Hause im Kreise unserer Jagdfreunde teurer. In keinem Fall brauchen wir bei einer „Goldtrophäe"

das zu befürchten, was wir aus dem Ostblock kennen, daß wir nämlich unseren Mercedes solange zurücklassen, bis wir den Hirsch ausgelöst haben. In so mancher Stammtischrunde war zu hören, daß dieser oder jener Jäger eine kapitale Trophäe in Alaska oder dem Yukon erbeutet hat und daß diese von der Jagdbehörde für Ausstellungszwecke zurückbehalten oder beschlagnahmt wurde. Diese Berichte sind unwahr. „Zurückbehalten" bzw. beschlagnahmt werden nur widerrechtlich angeeignete Trophäen. Auf gut deutsch heißt das: gewilderte Trophäen.
Alle verwertbaren Elchteile müssen geborgen werden. Das ist die Aufgabe unserer Führer, die uns nur nebenbei beschäftigen wird und zwar dies nur dann, wenn wir unserem Führer hilfreich zur Seite stehen wollen.

Caribou
Das Caribou (Barren Ground Caribou) ist in den meisten Teilen dieses Revieres vertreten. Es wird während der Elchjagd mitbejagt. Die Trophäen sind in vielen Fällen sehr kapital, riesengroß und für jeden Trophäenjäger eine Anforderung an den Platz in seinem Haus, ähnlich dem Elchgeweih.
Diejenigen unter uns, die eine Kombinationsjagd Elch/Caribou in diesem Revier buchen, können damit rechnen, beide Wildarten zu erlegen. Mit einigem Glück kann noch einer der beiden Bären oder ein oder mehrere Wölfe der Jagdpalette zugefügt werden.

Größere körperliche Anforderungen an die Caribou- und/oder Elchjagd werden nicht gestellt. Wir dürfen nur keine Angst vor Pferden haben. Diese gutmütigen Freunde nehmen uns die Quälerei über Stock und Stein zum größten Teil ab. Den zynischen Antijägern sei hier versichert, daß jeder nach seinen Möglichkeiten seine Kräfte einsetzen muß. Es kostet uns immer noch so viel Schweiß, müde Knochen, Blasen an den Füßen etc., so daß wir zu Hause auf der Waage mit Verwunderung feststellen, daß uns dieser Jagdausflug vielleicht vier Kilogramm unseres mühsam angepflegten Löwenbräumuskels gekostet hat.

Dallschaf

Die Dallschafjagd im August ermöglicht etwa 80 % der Jäger, ihre Trophäe zu erlangen. Es werden nur kapitale „rams“ erlegt, da die Regierung die Trophäen peinlich genau vermißt und darüber Buch führt.

Wir müssen in der Lage sein, einige hundert Meter zu klettern, ohne an schwierige, alpine Abenteuer denken zu müssen. Größere Anforderungen werden lediglich an Beinmuskel und Lungen gestellt. Mutproben werden nicht abverlangt.

Mit den Pferden reiten wir, so weit es nur irgend möglich ist. Danach wird abgesessen und die Bergpirsch beginnt. Für Pferdekenner ist es immer wieder verwunderlich, wie trittsicher, zäh und ausdauernd die „Bush“-Pferde undefinierbarer Rasse sind.

Grizzly

Im ganzen Revier ist der Grizzly zu finden. Er hat meist nicht die imposante Größe eines Küstenbären, dafür ist sein Fell qualitativ besser. Die Chance einen Grizzly zu erlegen, kann in diesem Revier mit knapp über 50 % angegeben werden.

Schwarzbär

Auch der Schwarzbär ist überall im Revier (außer den Hochgebirgsregionen) anzutreffen. Nur die Tatsache, daß sein Erzfeind der Grizzly gleichfalls überall zu finden ist, beschränkt seinen Bestand. Die Erfolgschance wird auch hier mit über 50 % angegeben.

Wolf

Inzwischen kennen wir alle den Satz, der der Schwierigkeit der Jagd auf den Wolf Ausdruck verleiht: während einer Kombinationsjagd können wir nicht konzentriert auf den Wolf jagen, vielmehr ist es möglich, daß wir an irgendeiner Stelle relativ unvorbereitet und unerwartet auf ihn stoßen. Er ist reichlich im Revier vertreten, nur ist es nicht einfach, seine Klugheit und Aufmerksamkeit, seine Vorsicht und Sinne zu überlisten.

Kodiak-Bär
Der Kodiak-Bär ist für den Outfitter dieses Revieres seit vielen Jahren die Grundlage seines guten Rufes als einer der Erfolgs-Outfitter Alaskas. Jedes Jahr bekommt er wenige Bären auf der Kodiak-Insel zum Abschuß frei. Verständlicherweise ist das Weidwerken auf diesen größten aller Braunbärarten nicht billig. Wenn wir einen dieser Bären erlegen wollen, müssen wir uns mindestens ein Jahr vor der Jagdzeit anmelden und eine Anzahlung hinterlegen. Wir bekommen nur einen Bären „zu Lebzeiten" frei. Als „Beigabe" zu dieser Bärenjagd kann ein Sitkahirsch auf unserer jagdlichen Wunschliste stehen. Vor Jagdbeginn müssen wir nähere Einzelheiten über die Jagd auf der Kodiak-Insel einholen.

Sitkahirsch
Während der Kodiak-Bärenjagd wird dieser Hirsch, eine der Arten der nordamerikanischen „deer-familiy", mitbejagt. Aufgrund der relativ hohen Kosten lohnt es sich kaum, eine Sitkahirsch-Jagd allein zu buchen. Sie wird immer im Zusammenhang mit der Bärenjagd angeboten.

Moschusochse
Der kleine Moschusochse ist für uns ein exotisches Stück Wild. Er ist im hohen Norden Alaskas zu finden und wird von der Regierung in beschränkter Zahl an die interessierten Outfitter zum Abschuß freigegeben. („draw-system"). Die Chance, dieses arktische Wild zu erbeuten, ist sehr hoch. Anmeldungen müssen wir beim Kodiak-Bär mindestens ein Jahr vor Jagdbeginn erfolgen, da der Outfitter festzustellen hat, wieviel Moschusochsen er freibekommt.

Anreise
Den Flug haben wir bis Anchorage durchzubuchen. Die Fluggesellschaft benutzt meistens die Pol-Route, so daß wir im Non-Stop-Flug Anchorage erreichen.
In Anchorage werden wir vom Outfitter (oder seinen Leuten) am Flugplatz abgeholt und in ein Hotel gefahren. Meistens geht

es am nächsten Tag mit einer Chartermaschine in die Alaska-Wildnis.
Das Hotel in Anchorage und der Einflug in das Revier gehen zu unseren Lasten, so auch natürlich in umgekehrter Reihenfolge der Ausflug und die erneute Übernachtung in Anchorage. Für den Fall der Ausrüstungsauffrischung steht in Anchorage ein wenig Zeit zur Verfügung.

Ausrüstung
Schafjagd im August: Normale Jagdbekleidung, gute Bergschuhe und entsprechend warme Notsachen. Für alle anderen Jagden:

3 Satz warme Unterwäsche
3 warme Hemden
3 Paar Wollsocken
Anglerstiefel, normale Pirschstiefel
Hüttenschuhe (Latschen)
Handschuhe, Mütze
warmer Parka, Weste
kleines Fernglas, kleine Kamera, kleine Taschenlampe
Messer und Persönliches

Buchungen
Die Jagdplätze werden nach dem Prinzip „first come first serve" vergeben. Es ist zu empfehlen, die Buchung in das Revier im November des davorliegenden Jahres getätigt zu haben. Etwa 50 % der Jagdkosten werden dann angezahlt.
Buchungen für dieses Revier werden von der Berufsjäger-Buchungsgemeinschaft entgegengenommen (Anschrift s. S. 20).

Beste Jagdzeiten
Dallschaf von August bis Anfang September. Alles andere Wild ab der ersten Woche im September. Die einzige, wenn überhaupt zu empfehlende Dallschaf-Kombinations-Jagdzeit wäre die erste Jagd im September.

Kahlwild (Wapiti) und nicht so „kahles" Wild (Elchbulle).

Für europäische Jäger sind die kanadischen Jagdgründe unvorstellbar groß und fesselnd . . .

O

Revier Yukon-Grenze

Die Reihenfolge der Wildarten entspricht den Chancen, sie in diesen Revieren zu erlegen:

Elch
Caribou
Dall- oder Faninschaf
Schneeziege
Grizzly
Schwarzbär
Wolf

Dieses Revier des hohen Nordens British Columbias ist das einzige Revier, in dem wir bei einer Kombinationsjagd gleichzeitig auf das begehrte Dallschaf bzw. die Mischform, Faninschaf, weidwerken können.

Geographische Lage
Das Revier befindet sich unmittelbar an der Yukongrenze, eine kurze Flugstrecke südlich der Yukon Hauptstadt Whitehorse und, aus einer anderen Perspektive gesehen, nordöstlich der Hauptstadt Alaskas, Juneau. Auf europäische Verhältnisse übertragen befindet sich die nördliche Reviergrenze genau auf dem Breitengrad, auf dem Oslo liegt.

Die Ostgrenze des Revieres bildet British Columbias größter Süßwassersee, der Atlin Lake. Die Südwest-Ecke des Revieres wird durch die Grenze Kanada-Alaska abgeschnitten.

Topographie, Biotop, Klima und Wetter
Das Revier liegt im Bereich des nordwestlichen Klima- und Wettereinflußes. Das heißt, daß die pazifischen Stürme innerhalb kürzester Zeit tiefe schwarze Regenwolken, Stürme oder auch den herrlichsten Sonnenschein bringen können. Es ist ein reines Gebirgs-, noch besser Hochgebirgsrevier. Dementsprechend kratzen die Gipfel Wolken an, so entstehen „individuelle“ Turbulenzen; ein Alptraum für die Buschpiloten.
Das Wetter ist im August warm und freundlich, jedoch wechselhaft. Der September im „indian summer“ ist auch hier die schönste Jahres- und Jagdzeit. Grundsätzlich können wir zum Ende des Septembers schönes, jedoch schon sehr gemischtes Wetter erwarten. Der Oktober überzieht das Land schon mit einem weißen Tuch. Trotz des Wintereinbruchs wird die Jagd auf Elch, Caribou und Bären noch erfolgreich fortgesetzt.
Der Biotop des Revieres ist der des hohen British Columbia-Nordens bzw. der des mittleren Yukon. Weiden und Erlen dominieren über verkrüppelten Nadelhölzer in den Niederungen sowie die spärlichen Wälder um Seen und Sümpfe. Die Gebirge sind ab halber Höhe offen und gut überschaubar. Die Hochplateaus und Berghänge sind mit Büschen, Farnen, Moosen und arktischen Gräsern sowie Pflanzen überzogen.

Das Revier
Dieses Wildnisrevier ist eines der weniger als ein halbes Dutzend von Revieren British Columbias, in welchen das weiße Dallschaf beheimatet ist. Dementsprechend ist es bei äußerst passionierten, einheimischen Jägern beliebt. Dieser bei Outfittern ungern gesehene Beliebtheitsgrad hat es in Zusammenarbeit mit Wildbiologen und der Jagdbehörde mit sich gebracht, daß dieses Revier für einheimische Jäger nur noch beschränkt offen ist. Die Vergabe von Schafen hat man per Verlosung geregelt, dem sogenannten „draw“ System.

Das Revier ist 6.400 Quadratkilometer groß. Der junge Outfitter hat kleine Blockhütten an anfliegbaren Seen über sein Revier verteilt. Lesern des Buches „Als Jagdführer in Kanada“

ist Ed, der Outfitter dieses Revieres, aus dem Kapitel „Der Precipice Trail“ bekannt.
Während der Drucklegung dieses Buches gab Ed zu verstehen, daß er dieses Revier zu verkaufen beabsichtige. Es bleibt zu prüfen, ob dieses sehr gute Kombinationsrevier danach weiter zu empfehlen ist.

Elch
Der Elch dieses Revieres ist der „Alces alces gigas“, der „Gigantische“. Er fällt nicht so groß aus wie sein Vetter im hohen Norden des Yukon oder in Alaska. Zu dieser abwertend erscheinenden Bemerkung sei zu sagen, das trotzdem in ganz Skandinavien oder in den meisten Teilen Rußlands kaum eine Trophäe in der Stärke an die des Elches dieses Revieres kommt. Für den Jäger unter uns, der sofort Zahlen und Fakten zur Hand haben möchte, sei angedeutet, daß wir durchaus Trophäen mit einer Auslage von über 60 Zoll erwarten können. Auch sei dem Jäger versichert, daß zur besten Elchjagdzeit jeder Jäger mit einer Elchtrophäe rechnen kann.

Die beste Schafjagdzeit ist der August, also eine Zeit, in der der Elch noch nicht verfegt hat. Die günstigste Schaf/Elch-Kombinationsjagd ist für den Zeitraum Anfang September anzusetzen. Wie bei den meisten Kombinationsjagden geht das auch hier auf Kosten der Erfolgschancen eines der in der Kombination erwünschten Stücke. Mit anderen Worten: Liegt bei der Kombinationsjagd der Schwerpunkt auf der Erlegung eines Elches, laufen wir aufgrund des Wetters Gefahr, nicht mehr in das Hochgebirge zu den Schafen zu gelangen. Setzen wir die Jagdzeit auf Ende August oder auf die ersten Tage des Septembers, besteht die Gefahr, den Elch noch im Bast vorzufinden oder ihn nur sehr schwierig bejagen zu können, da er sich in der Vorbrunft befindet.

Caribou
Das „Woodland- oder Osborne-Caribou“ (lat. Rangifer tarandus caribou), ist in diesem Revier häufig vertreten: von

etwa zehn Jägern nehmen sechs ein Caribou als Trophäe mit nach Hause.
Da das Caribou im August noch im Bast ist, läßt sich das mit einer Schafjagd schlecht verbinden. Die ideale Caribou-Kombinationsjagd ist die auf Elch und Bär.

Grizzly
Das Revier weist einen gesunden Bestand an Grizzlies auf. Die Erfolgschancen betragen 50 Prozent. Die Trophäenqualität schwankt sehr stark. In Prospekten werden natürlicherweise immer nur die kapitalsten vorgeführt, die in den letzten Jahren erlegt wurden.

Schwarzbär
Das Vorkommen der Schwarzbären ist in dem Revier besser als in den meisten der Nordreviere. Der ewig hungrige Grizzly sorgt für einen ausgeglichenen Schwarzbärenbestand. Trotzdem besteht eine gute Chance, einen „blacky" zu erlegen. Die Fellqualität beider Bären ist sehr gut, wie bei den meisten Bären der nördlichen Breiten.

Schneeziege
Der Bestand an Schneeziegen ist gut. Der Outfitter hat bis ein Dutzend Schneeziegen zum Abschuß frei. Bei guter Kondition des Jägers dürfen wir erwarten, das zehn Jäger je eine Schneeziege erlegen können.

Wolf
Für den Wolfsjäger gilt immer noch der Satz, daß wir auf den Wolf nicht jagen, sondern eher einfach auf ihn stoßen.
Auch in diesem Revier trifft das zu, obwohl es hier durchaus einen guten Besatz an Wölfen gibt (aus der Sicht des Outfitters einen zu guten Besatz . . .)

Beste Jagdzeiten

Schaf:	August (möglich bis Anfang September).
Ziege:	Mitte August bis Mitte Oktober.
Elch:	Ab ca. dem 20. September bis Mitte Oktober.
Caribou:	Anfang September bis Mitte Oktober.
Bären:	Anfang September und vom 20. September bis Mitte Oktober.
Wolf:	Immer.

Ausrüstung (siehe allgemeine Bemerkungen Seite 63 ff)
Für die Schafjagd im August: Normale Bergausrüstung/Kleidung.
Elch/Caribou ab September: Angler-Hüftstiefel, drei Satz warme Unterwäsche, einen Satz leichte Unterwäsche, Mütze/Hut, Handschuhe usw.

Buchungen
Aufgrund der individuellen Situation des Outfitters ist vorherige Absprache mit der Berufsjäger-Buchungsgemeinschaft unbedingt erforderlich. Aus verständlichen Gründen wird der jeweilige Outfitter immer positiv sein. Ein europäischer Jagdvermittler vermag die sich schnell ändernde Situation nicht zu beurteilen. Das Risiko wäre für den Jäger zu groß.
Buchungen sollten für ausgesuchte Plätze ein Jahr vor Jagdbeginn abgeschlossen sein. Die Berufsjäger-Buchungsgemeinschaft überweist die getätigte Anzahlung auf ein Treuhandkonto. Sollten während der Zeit zwischen Buchung und Jagdbeginn negative Veränderungen auftreten, erstattet die Jägervereinigung 100 Prozent der Anzahlung oder verlegt mit Einverständnis des Jägers die Jagd in ein gleichwertiges Revier.

Anreise
Unser Endflugplatz ist Whitehorse, Yukon.
Whitehorse können wir via Edmonton oder Vancouver erreichen. Obwohl flugtechnisch wenig Unterschied besteht, wäre zu prüfen, ob wir – wenn wir wenig Zeit haben – die erste

erholsame Nacht auf dem amerikanischen Kontinent uns nicht in Vancouver gönnen sollten. Unser Reisebüro soll das für uns mit den Alternativen ausfindig machen.
Für den Jäger unter uns, der sich ein paar Tage mehr Zeit mitnimmt, ist der Flug über Vancouver der empfehlenswerteste. In Whitehorse bringt uns die vom Outfitter vorher arrangierte Chartermaschine direkt in das Revier.
Andere Arrangements sind möglich (Outfitter holt uns per Kraftfahrzeug vom Flugplatz, fährt uns nach Atlin und wir werden von dort aus eingeflogen).
Alle Flüge bis in das Revier gehen zu unseren Lasten.

P

Süd-British Columbia: Okanagan-Revier

In der Reihe der Chance, sie zu erbeuten, aufgelistete Wildarten:

Im Frühjahr	im Herbst	im Winter
Schwarzbär	Weißwedelhirsch	Cougar
Wolf	Maultierhirsch	Luchs
	Schwarzbär	Wildkatze (Bobcat)
	Schneeziege	Coyote
	Coyote und Wolf	

Dieses Revier ist ein ideales Jagdterritorium für den Jäger, der den Einstieg in die Nordamerika-Jagd kostengünstig anlaufen lassen möchte. Dieses gilt besonders für die Frühjahrsbärenjagd. Für den Jagdunternehmer ist es ein Revier, das bestens geeignet ist, den vorsichtig einsteigenden Nordamerikajäger mit einer als sicherlich *erfolgreichen Jagd* auf Nordamerika einzustimmen.

Geographische Lage

Das Revier liegt im südlichsten Bereich British Columbias. Das ist der Landesstreifen entlang der US-Grenze, von dem wir wissen, daß drei Viertel der gesamten kanadischen Bevölkerung (verteilt über die zehn Provinzen Kanadas) hier lebt. Es ist der wärmste Teil des Landes, er zieht dementsprechend viele Menschen an. Auf British Columbia übertragen, kommt noch die

Besonderheit des Klimas und Wetters hinzu, über das wir im nächsten Abschnitt lesen werden.
Kelowna und Umgebung, die sogenannte Okangan (und weiter nördlich Kamloops) bilden die Zentren der wirtschaftlichen Aktivitäten im Landesinneren. Dementsprechend ist das Straßennetz enger. Diese Region bietet mehr Menschen eine Existenzgrundlage als die übrigen Teile des Landes.
In den Touristenmonaten durch die Okanagan mit einem „motorhome" zu fahren, ist hinsichtlich des Verkehrsaufkommens einer Fahrt von Rheinschloß zu Rheinschloß ähnlich. Die Stadt Kelowna hat sich in Fläche und Einwohnerzahl innerhalb der letzten zwanzig Jahre verdreifacht. Sie ist per Flugzeug (mehrere Flüge am Tage) und per Kraftfahrzeug leicht zu erreichen. Die touristische Attraktion bildet der große Okanagan-See und das herrliche, sichere Sommerwetter.

Revierlage

Wer von uns aufgrund der soeben erläuterten Zivilisationserrungenschaften, insbesondere des Tourismus noch nicht vergrämt ist, wird erstaunt sein zu hören, daß es in der Okanagan noch viel sogenannten Urwald gibt.
Wir finden dort ganze Regionen, in denen bis jetzt noch nicht unter Beweis gestellt worden ist, wie vernichtend des Menschen Geist und Hand in des Schöpfers herrliche Natur eingreifen können. Auch das zweitgrößte Skigebiet British Columbias und die vielen „Resorts" (Urlaubsplätze mit Hütten, Boot etc.) haben den interessanteren Kern des Revieres noch nicht zerstört. Die Erfahrung lehrt uns – ähnlich wie überall in der Welt –, daß die Touristenmassen zu faul sind, den Schritt vom Asphalt oder den ausgeschilderten Pfaden wegzuleiten. Dieses zum Vorteil von uns Naturfreunden und Jägern, welche die unberührte Natur oder zumindest die unbeeinträchtigte Naturlandschaft dem Touristenrummel vorziehen. Das einzige, was uns in diesem südlichen Revier im Unterschied zu den nördlicheren Revieren des amerikanischen Kontinentes passieren kann, ist, daß wir einheimischen Jägern während der Jagdzeit begegnen. Für Einheimische sind die südlichen Reviere British

Columbias kostengünstiger und leichter zugänglich, da weder die Entfernungen zu groß sind noch Wasserflugzeuge zum Einfliegen benötigt werden. Weil wir das aus unseren heimatlichen Revieren in irgendeiner Form kennen, dürfte es uns weniger stören, nur sollte uns das vorher bekannt sein. Unser Vorteil ist zweifelsfrei eine preisgünstigere Jagdmöglichkeit aufgrund des geringeren Kostenaufwandes für den Outfitters.
Das Revier besteht aus einem Biotop, der dem der südlichen Alpen Europas sehr ähnlich ist. Hochgebirge und große bewaldete Täler mit mittleren und kleineren Seen, Tümpeln und Sümpfen wechseln einander ab und verlaufen sich in den großen Waldgebieten. Wenn die Wilddichte hier die der europäischen Wälder oder Alpenregionen wäre, könnten wir uns kaum ein besseres Jagdparadies vorstellen. Da in den Okanagan-Wäldern und Gebirgen aber immer noch Wildnis-Situationen vorherrschen, bleibt die Wilddichte wesentlich unter der Europas. Obwohl diese Wildnis zum Großteil durch Forstwirtschaftswege erschlossen ist, können wir nicht von einer Überbejagung reden. Die Wälder sind offen, d. h. wir haben nicht mit dem dichten Regenwald gleicher Breiten zu kämpfen, die etwa an der Küste vorzufinden sind.
Teile des Revieres ähneln im Biotop den Tälern und Hängen der Pyrenäen mit ihrer sonnendurchfluteten Landschaft. Verallgemeinernd können wir sagen, daß wir uns in diesem Revier recht zu Hause fühlen werden, da es sich unwesentlich von unseren mitteleuropäischen Biotopen unterscheidet.

Wetter und Klima

Wie wir aus den vorangegangenen Beschreibungen bereits ersehen konnten, liegt das Revier in einer fast subtropischen Zone. Zumindest ist es sehr warm und im Sommer trocken. Im Winter hingegen türmt sich in Gebirgsnähe und entsprechenden Lagen die Schneelast mehrere Meter hoch. Sommertemperaturen klettern über 40° Celsius und es kann passieren (wie 1988), daß von Mai bis November nicht mehr Niederschlag zu verzeichnen ist als in der Sahara. Die unmittelbaren Randzonen des Okanagan-Lake (See) passen viel mehr in ein

Gemälde aus Spanien oder Griechenland als in die Vorstellung, die Touristen über Kanada haben. Selbst Klapperschlangen fühlen sich hier zu Hause, was uns über Klima und Wetter genug sagen sollte.
Die für uns Gastjäger zu ziehende Konsequenz ist ganz einfach die, daß wir in diesem Revier von Mai bis Oktober mit trokkenem, sehr milden Wetter zu rechnen haben.

Frühjahrs-Schwarzbären

Ein Schwarzbär im Frühjahr ist in diesem Revier so sicher, wie in einem guten Rehwildrevier zur Blattzeit ein Bock. Wir können noch weitergehen, indem wir sagen, daß auch ein zweiter Schwarzbär sehr sicher ist.
Bepirscht werden die bekannten Süd-Sonnenhänge, die dem Bär die erste Grasnahrung nach seinen Winterschlaf (Winterruhe) bieten. Es ist keine anstrengende Jagd, und sie ist bis jetzt sehr preisgünstig.

Herbst-Schwarzbären

Die Jagd auf den schwarzen oder auch braun ausfallenden „blacky“ ist im Herbst nicht so leicht wie im Frühjahr. Er hat bessere Deckung, ist nicht ganz so freßgierig wie gleich nach dem Winterschlaf und hat vor allem ein reichliches Futterangebot zur Verfügung. Natürlicherweise sucht er dann die Stellen zur Nahrungsaufnahme auf, an denen er die meiste Deckung findet.
Demjenigen unter uns, der nur wegen eines Schwarzbären im Herbst in das Revier möchte, wird empfohlen, eine Kombinationsjagd aus dieser Jagdreise zu machen. Für relativ wenig Geld läßt sich die Jagd sehr gut mit der auf einen oder die beiden „deer“-Hirscharten verbinden.

Weißwedel oder Maultierhirsch

Beide Hirscharten sind in dem Revier unvergleichlich häufig anzutreffen. Es sind starke Hirsche mit kapitalen Trophäen. Das Wild erscheint uns vertraut, erinnert es uns doch auffallend an unser Rehwild.

Ein Jäger darf zwei Hirsche erlegen. Dabei kann er sich einen Weißwedel- und einen Maultierhirsch aussuchen. Der Weißwedelhirsch ist der Hirsch, den wir in diesem Revier häufiger begegnen werden. Die vorher einzulösenden Wildmarken („tags“) spezifizieren nicht, welchen der beiden Hirscharten wir erlegen dürfen.
Auch bei dieser Jagd ist zu empfehlen, die geringen Mehrkosten zu übersehen und gleich einen Schwarzbär mitzubuchen. Es wäre sehr ärgerlich, wenn wir während des Ansitzes oder des Pirschens einem Schwarzbär begegneten, den wir nicht als Beute mit nach Hause nehmen dürfen, nur weil wir 100 Dollar Lizenzgebühr gespart haben.
In dem Revier sind für die Hirschjagden mehrere Hochsitze installiert. Daher kann auch einem Jäger mit mehr als 60 Jahresjagdscheinen (Karten) die Jagd noch zugemutet werden. Welch eine herrliche Gelegenheit für unsere Senioren, die immer wieder zu hören bekommen: „Die Kanada-Jagd ist nichts mehr für dich!“ ...

Cougar

Die Cougar-Jagd findet nur im Winter bei Schnee statt. Für den zeitlich ungebundenen Jäger, der gewillt ist, die erhöhten „Sofortflug“-Preise zu zahlen, ist anzuraten, auf telefonischen Abruf zu warten. Dadurch wird sichergestellt, daß der erforderliche Schnee liegt. Im Februar kommt sehr oft ein Kälteeinbruch, der die Jagd so gut wie ruhen läßt. Bei minus 30 ° Celsius bewegt sich das Wild nicht, und die Jagd wird zu schwierig, ja aussichtslos. Dieser Kälteeinbruch hält erfahrungsgemäß eine Woche an. Ansonsten ist jede Zeit des Winters die richtige Jagdzeit auf die Felinen.
Die Chance, einen Berglöwen zu erbeuten, ist sehr gut. In diesem Revier nehmen wir an der gesamten Prozedur der Cougar-Jagd teil. Das heißt, es geht mit dem Outfitter oder Führer per Motorschlitten auf Fährtensuche. Ist eine Fährte ausgemacht, begeben wir uns in das „hunting camp“, holen die Hundemeute und fahren zurück zur Fährte. Auf der Fährte werden die Hunde angesetzt und je nach Alter der Fährte,

geführt bzw. geschnallt. Glauben wir dicht genug (d. h. wenige hundert Meter) an dem aufgebaumten Cougar herangekommen zu sein, lassen wir die Schlitten zurück und pirschen den Rest des weißen „Weges“. Das wird für uns der anstrengenste Teil der Jagd. Je nach Schneetiefe müßen wir uns so schnell wie möglich an die hell lautgebenden Hunde heranarbeiten. Von den Hunden hängt es ab, ob der „mountain lion“ aufgebaumt bleibt. Haben wir unkonzentrierte Hunde, kann es schnell passieren, daß dieser wehrhafte Beutegreifer einen Hund nach dem anderen auf den Baum holt. Mit an Sicherheit grenzender Wahrscheinlichkeit wäre dies der Fall, wenn wir nur einen Hetzhund auf seiner Fährte bzw. unter dem Baum hätten. Dauert es den Hunden zu lange bis wir kommen und werden sie ungeduldig oder aus irgendwelchen Gründen unkonzentriert, so daß nur ein Hund am Baum wacht, wird dieser recht bald vom Cougar in den Baum geholt. Selbst ein großer und kräftiger Hund hat gegen diesen imposanten Beutegreifer keine Chance. Sind wir erst einmal unter dem aufgebaumten Wild, bleiben auch die Hunde um uns herum und der Cougar wird nicht mehr wagen, seinen vermeintlich sicheren Posten aufzugeben. An diesem Punkt ist an und für sich die Jagd vorbei. Das Folgende ersparen wir uns zu beschreiben. Zu dieser Jagd werden nur kleinkalibrige Waffen empfohlen, um so wenig Schaden wie möglich an dem seidenweichen Pelz anzurichten. Der Outfitter bietet an, daß wir seine Waffe benutzen, so das uns die lästige Schlepperei von Flugplatz zu Flugplatz erspart bleibt.
Noch ein Wort zum Schwierigkeitsgrad dieser Jagd im allgemeinen. Wir sollten nicht dem Irrglauben unterliegen, daß uns die Motorschlitten („Skidoos“), die Arbeit, Anstrengung und den Schweiß ersparen, oder noch schlimmer, daß das eine unfaire, unweidmännische Jagd sei. Ohne diese Skidoos wäre ein Fortkommen im tiefen Schnee hinter den Hunden aussichtslos. Mit diesem Gefährt fahren wir nicht auf getrimmten Pisten oder Wegen, sondern durch unaufgeräumten kanadischen (Ur)Wald. Es erfordert eine ganze Portion an Konzentration, Kraft und Geschicklichkeit, im hohen Schnee, eventuell sogar im Pulverschnee, damit umzugehen. Die angelegten Spe-

zialanzüge aus winddichten Plastik werden in Pausen schnell aufgemacht, um sich abzukühlen, obwohl das Thermometer vielleicht – 12 ° Celsius anzeigt. Die Fahrerei ist nicht gefährlich, obwohl der ungeübte Fahrer durchaus einmal in hohem oder flachem Bogen im weißen Element landen kann. Für die echte Pirsch in manchmal meterhohem Schnee bleibt immer noch genug Raum, um zu beweisen, daß wir uns die paar hundert Meter immer noch „pirschend" heranquälen mußten.
Es gibt Outfitter, die bei der Cougar-Jagd dem Jäger die Vorfreude des Fährtensuchens ersparen. In einigen Revieren bleibt der Jäger geduldig im Hotel und begeistert sich an „Dallas" vor der Flimmerkiste, während der Outfitter stundenlang mit dem Skidoo nach Fährten sucht. Hat er eine gefunden, unterbricht er die nächste Fernsehsendung seines Gastjägers über „Wilddiebe in der Serengeti" und fährt ihn zu den wartenden Skidoos und Hunden.
Für unternehmungslustige, physisch einigermaßen belastbare Jäger dürften allein die Skidoofahrten ein Erlebnis für sich darstellen, das ihnen hinreichend Gelegenheiten für viele interessante Berichte zu Hause liefert.
Es gibt unter uns viele Jäger, die noch keinen Cougar erlegt haben. Ihnen kann nur zur Abrundung ihrer jagdlichen Erlebnisse in völlig anderer jagdlicher Umgebung des tiefen kanadischen Winters empfohlen werden, sich diesen Genuß nicht entgehen zu lassen. Einen jagdlichen Genuß, der neben einer imposanten Trophäe auch noch erinnerungswerte Erlebnisse mit sich bringt.

Luchs und Wildkatze

Beide Katzenarten kommen in diesem Revier neben dem Cougar vor und können gleichzeitig bejagt werden. Sie zu erbeuten, ist nicht so wahrscheinlich wie beim Cougar. Diese beiden Katzen hinterlassen wenig Witterung, so daß es den Hunden um ein Vielfacheres schwerer ist, sie auszumachen.
Es ist jedem Cougarjäger zu empfehlen, auf den Luchs und die „bobcat" mit zu weidwerken, zumal dafür keine Lizenzgebühren erforderlich sind. Der Outfitter läßt sich seine Mühe

erst *„nach Erfolg"* bezahlen, so daß wir keinerlei Risiko eingehen.

Coyote (Heulwolf)
Der Coyote ist in dem Revier anzutreffen. Alle Beutegreifer dieses Revieres leben recht gut von den zahlreich vorhandenen Hirschen. Wir können erwarten, daß wir den schlauen Coyoten häufiger sehen. Der Coyote ist lizenzfrei. Wir sollten uns nicht gedanklich darauf versteifen, einen Coyoten mit nach Hause zu bringen. Ist das der Fall, ist Diana uns sicherlich hold gewesen.

Jagdliche Zukunftsaussichten
Es steht außer Frage, daß der Bestand an den „Kulturfolgern" – Schwarzbär und Maultier-Weißwedelhirsch – nicht gefährdet ist. An der Erlegung der Bären sind einheimische Jäger nicht sonderlich interessiert. Beide Wildarten passen sich genau so gut an die um sich greifende Zivilisation an, wie bei uns das Rehwild und der Fuchs. Wenn es zu einer Überbejagung kommen sollte, dann nur bei den bei einheimischen Jägern beliebten Lieferanten von Fleisch, den beiden „deer"-Arten. Solange es die Hirsche gibt, wird es Cougar geben. Auch deren Bestand ist sehr sicher.

Anreise
Wir buchen unseren Flug durch bis *Kelowna* (via Vancouver) und werden dort vom Outfitter kostenfrei abgeholt und in das Revier gefahren. Für den unter Zeitdruck stehenden Jäger besteht hier durchaus die Möglichkeit, einen Anschlußflug von Vancouver nach Kelowna noch am gleichen Tage, d. h. am Ankunftstage in Vancouver, zu erreichen. Sollte unsere Maschine bei der Ankunft in Vancouver Verspätung haben und wir den eng angesetzten Anschlußflug nach Kelowna verpassen, steht uns meist nach wenigen Stunden eine neue Maschine nach Kelowna zur Verfügung. Beide kanadische Fluglinien (mit ihren Inland-Töchtern) fliegen Kelowna direkt von Vancouver aus an.

Für diejenigen unter uns, die sich etwas mehr Zeit gönnen können, wird eine interessante Autofahrt mit Mietwagen nach Kelowna empfohlen. Wir brauchen für die Fahrt von Vancouver nach Kelowna einen halben Tag, wenn wir gemütlich fahren. Die Autofahrt sollte nicht mehr nach 14.00 Uhr angetreten werden, da sich der „Jetlag“ (Zeitverschiebung) während der Fahrt bemerkbar machen könnte. Das würde die Fahrt nicht nur zu einer Quälerei machen, sondern auch gefährlich werden.

Buchungen
Buchungen werden über die Berufsjäger-Buchungsgemeinschaft angenommen.

Jagdzeiten
15. April bis 15. November (Beste Zeit: Mitte bis Ende Mai).
1. September bis 21. November (Brunft der Hirsche: Oktober/November).
Dezember bis März, wenn Schnee liegt.

Bekleidung
Normale, bei uns sicherlich im Schrank hängende Jagdbekleidung ist ausreichend.

Waffe: Kaliber 30.06.

Q

Revier Nordost-Yukon

Wildarten in diesem Revier, nach der Häufigkeit ihres Vorkommens:

Dallschaf
Elch
Caribou
Grizzly
Schwarzbär
Wolf

Das Revier und sein Outfitter
Dieses reine, nur per Pferd oder Flugzeug zugängige Wildnisrevier liegt im Nordosten des Yukon und grenzt unmittelbar an die Grenze des Nordwest Territoriums.
Es bietet einem Gastjäger das Maximum an Trophäenstärke bei Elch und Caribou in der Welt (neben Alaska). Ohne Übertreibung können wir sagen, daß die Chancen, eine dieser beiden Wildarten (sowie auch das Dallschaf) zu erbeuten, um einiges besser stehen als in den meisten Revieren Alaskas.
Der Outfitter ist in seinem Beruf mehr als 26 Jahre tätig, einschließlich seiner Zeit als B. C.-Outfitter. Während der Jagdzeit beschäftigt er bis zu acht Führer, die das Revier kennen. Alle Jagden werden, auf der 1 : 1 Basis durchgeführt. Mehr als die Hälfte der zu erlegenden Wildarten werden „nach Erlegung" verrechnet, welches dem kundigen Auslandsjäger verrät, daß sich der Outfitter seiner Verdienste recht sicher ist (und unseres Erfolges).

In der Praxis sieht das so aus, daß der Outfitter die Jagd auf ein Stück Wild zu einem (relativ hohen) Festpreis anbietet. Danach kann der Jäger alles weitere zu der Zeit bejagbare Wild auf Erfolgsbasis erlegen. Die Erfolgsgebühr für diese weiteren Wildarten sind dann relativ günstig. Ganz offensichtlich und verständlicherweise wird damit bezweckt, daß der Jäger mehr als nur ein Stück Wild bejagt. Wir sollten fairer Weise nicht vergessen, daß diese hart arbeitenden Berufsjäger in diesen drei Monaten ihr Einkommen bestreiten müssen. Der vor- und „nachbereitenden" Kosten gibt es sehr viele, lange Zeit vor und nach der aktiven Jagdzeit. Der Gastjäger kostet den Outfitter in diesen 14 Jagdtagen eine bestimmte Summe für den Führer, das Essen usw. gleichgültig, was er innerhalb dieser Jagdzeit unternimmt. Infolgedessen beginnt sehr oft erst der Gewinn nach der Erlegung eines zweiten, dritten usw. Stück Wildes.
Alle Jagdkosten in diesem Revier, wie in den meisten Yukon-Revieren, werden in US-Dollar verrechnet, da die US-Amerikaner die überwiegende Anzahl der Jagdgäste bilden (s. Jagdstatistik Seite 352).

Geographische, topographische, klimatische und wetterbezogene Hinweise

Wenn der Ausspruch Gültigkeit haben soll, daß die Wild- und Trophäenstärke zunimmt je höher wir in den Norden gehen, so trifft das auf dieses Revier bezogen zu.
Wir befinden uns in einem Wildnis-Bergrevier. Typisch für diese Landschaft sind die weiten, großen Täler mit dem spärlichen Wuchs dünner Nadelhölzer, vieler Erlen und Pappeln sowie Weiden. Allerdings müssen wir uns von dem Eindruck einer leeren, trostlosen Weite freimachen. In Sommer erblühen die Täler, Hänge und sogar Berghöhen in den üppigsten Farben. Der saftige, nährreiche Biotop verhilft unserem Wild zu der stattlichen Statur. Der Übergang vom Sommer zum Winter mit einem kurzen Herbst vollzieht sich Mitte/Ende September. Mit viel Glück können wir noch schöne Herbsttage im September erleben. Nur sollten wir darauf gefaßt sein, in der letzten Sep-

temberwoche schon an einer Winterjagd teilzunehmen. Gejagt wird in diesem Revier auch noch im Oktober, und zwar auf Elch, Caribou sowie Wolf.
Die Topographie und das Wetter stellen an den Jäger erhöhte Anforderungen. Die Jagd scheint in diesem Revier für den am erfolgreichsten zu sein, der sich in gutem gesundheitlichen Zustand befindet, ohne daß er Athlet sein muß.

Jagdmethoden in diesem Revier
Wie soeben erwähnt, steht sich der Jäger am besten, dem das Bergsteigen weniger ausmacht und der willens und gewohnt ist, widrigem Wetter zu trotzen. Von keinem werden Reinhold-Messner-Strapazen erwartet. Ja auch für den nicht mehr ganz so fitten Jäger unter uns stehen in den großen Tälern ATV („all terrain vehicles") bereit, die ihn über Meilen idealen Biotopes befördern können.
Am besten sind die Schafjäger dran, die per (selbst zu tragendem) Rucksack mit ihrem Führer für einige Tage in die herrlich einsame Bergwelt verschwinden. Mit einem kleinen Zelt, allein in der Wildnis und der Möglichkeit auf wirklich gute Trophäen zu weidwerken, wessen Traum ist das nicht? (Schafjagden nur im August.) Im allgemeinen ist auch hier das Pferd das unumgängliche Transportmittel.
Der Biotop ist gut überschaubar, vor allem vom Pferderücken, und wir müssen uns darauf vorbereiten, in diesem Revier viele Meilen pro Tag per Pferd zurückzulegen.

Das Dallschaf
Der Outfitter dieses Reviers hat sehr viele Schafe zum Abschuß frei. Trotzdem heißt es, frühzeitig zu buchen, um gute Plätze zu erhalten. Die meisten Schaflager in den Bergen sind „Spik Camps", also kleine Zeltlager für zwei Jäger mit zwei Führern. Die Zelte haben einen Ofen, und jeder schläft auf seiner Pritsche. Den Komfort eines Hauptcamps müssen wir in den Bergen hinter uns lassen. Wollen wir Jagd, Abenteuer und alte Pfadfindererinnerungen kombinieren und sind körperlich dazu in der Lage, können wir uns für den bereits erwähnten Rucksack-Trip

auf die Jagd anmelden. Mit diesen körperlich heroischen Anforderungen möchten wir keinen eventuellen Schafjäger vergrämen. Wir müssen uns allerdings immer vor Augen halten, daß mit dem besseren körperlichen Zustand unsere Erfolgschance steigt. Jeder Jäger kann erwarten, daß er sein gebuchtes Schaf erlegt.

Elch

In der Werbung wird der Elch dieses Reviers, um Mißverständnisse zu verhindern, bereits als der Alaska-Yukon-Elch angepriesen. Er ist nichts weiter als der größte auf der Welt vorkommende Elch (neben dem Alaskas). Seine Auslage kann in diesem Revier bis zu 70 Zoll betragen. Alles das, war wir über den in unserer Zeit noch existierenden *„Alces alces gigas“* wissen, von seiner überdimensionalen Mächtigkeit hinsichtlich Trophäe und Wildbret, alles das ist bei den Elchen dieses Reviers zu finden. Damit wird nicht ausgesagt, daß jeder Jäger mit einer Weltrekordtrophäe das Revier verläßt. Es soll aber recht unmißverständlich zum Ausdruck gebracht werden, daß kaum ein Jäger mit auch nur so etwas ähnlichem wie einem „Schwedenelch“ oder als Schneider den Heimweg aus diesem Revier anzutreten hat.
Die Elchjagden beginnen mit dem Monat September und enden allgemein im Oktober. Die beste Elchjagdzeit ist Mitte September.

Caribou

Das hier vorkommende Barren Ground Caribou wird hinsichtlich seiner Größe und seines Vorkommens auf die gleiche Stufe wie der oben erwähnte Elch gesetzt.
Bei beiden Großwildarten benötigen wir zu Hause große Wandflächen! Bejagt wird das Caribou vom Beginn des September bis zum Ende des Oktober. Eine Elch-Caribou-Jagd ist die beste Kombination. Im September können beide Bären dazukommen. Die Geweihträger verfegen Anfang September.

Grizzly
Grizzlies sind auch in diesem nördlichen Revier überall anzutreffen. Auch hier betragen die Erfolgschancen um die 50 Prozent. Dieser nördliche Berggrizzly hat nicht die gigantischen Ausmaße, die sein südlicher B. C.-Vetter aufzuweisen hat. Der nördliche Grizzly hat die Größe eines sehr kapitalen B. C.-Schwarzbären, von einigen Ausnahmen natürlich abgesehen. Es wird davon abgeraten, wegen eines Grizzlies (oder auch Schwarzbären) in dieses Revier zu gehen.

Schwarzbär
Wie in den meisten Revieren des hohen Nordens ist der Schwarzbärenbesatz nicht sonderlich stark. Dafür sorgt schon der Grizzly, denn dem kleinen Schwarzen bietet das baumärmere, nördliche Biotop weniger Fluchtmöglichkeiten, so daß seine Verbreitung durch den großen, gefräßigen Vetter stark beeinträchtigt wird.

Da die überwiegenden Wildarten in diesem Revier erst dann bei uns zu Kasse schlagen, wenn sie tatsächlich erlegt worden sind, sollten wir unbedingt die Lizenzen *vorher* erworben bzw. bestellt haben, die uns interessieren. Die staatlichen Yukon-Wildmarken sind lächerlich billig. In unsere Finanzen schlägt es erst, nachdem wir das gewünschte Stück erlegt haben.

Wolf
Die Abschußgebühr für den Wolf im Yukon ist relativ hoch. Die Chance, einen Wolf zu erlegen, ist es auch. Wir müssen uns vorher darüber klar sein, ob wir einen Wolf erlegen wollen oder nicht. Das trifft im übrigen auch für alle anderen Wildarten zu. Ein Nachlösen von Lizenzen während der Jagd gibt es nicht!

Tansfer
Von Frankfurt, Zürich, Amsterdam oder London buchen wir den Flug durch bis Whitehorse. Dort werden wir vom Outfitter abgeholt und meist für die erste Nacht in Whitehorse in einem Hotel untergebracht (unsere Kosten). Am darauffolgenden Tag

fliegt uns das von uns gecharterte Flugzeug (vom Outfitter organisiert) in das Outfitters Hauptcamp.
Der Ein-/Ausflug kostete 1990 500 kanadische Dollar. Die Transporte innerhalb des Reviers werden vom Outfitter übernommen.
Wir erreichen Whitehorse via Edmonton (umsteigen und u. U. übernachten) – Ft. St. John. Die andere, für Jäger mit etwas mehr Zeit, bessere Route ist die über Vancouver. In Vancouver sollte übernachtet werden, um mit der ersten Maschine am nächsten Morgen nach Whitehorse zu fliegen. Das erspart uns die langweilige Übernachtung in Whitehorse und wir können am gleichen Tage noch relativ frisch ins Revier fliegen.

Buchungen
Buchungen werden über die Berufsjäger-Buchungsgemeinschaft (s. S. 20) angenommen.
Es empfiehlt sich, die Buchungen für dieses Revier etwa 18 Monate vor Jagdbeginn abgeschossen zu haben.
Beste Jagdzeit für Schafe: August
Beste Jagdzeit für Elch, Caribou, Bären: September
Beste Jagdzeit für Elch, Caribou, Wolf: Oktober

Zukunftsaussichten
Der Outfitter besitzt dieses Revier seit einer relativ kurzen Zeit. In der Saison 1989/90 haben von 18 Schafjägern alle ein Schaf erlegt. Von 27 Caribou-Jägern haben 27 Weidmänner ihr Caribou erbeutet. Zusätzlich sind vier Grizzlies erlegt worden. Im allgemeinen müssen wir mit derartigen Zahlenangaben sehr vorsichtigt umgehen. Sie unterliegen sehr oft Manipulationen zum Zwecke der Werbung. Die hier wiedergegebenen entsprechen jedoch der Realität, so daß wir uns nicht scheuen, auch einmal ein Jahresergebnis zu veröffentlichen.
Wir können erwarten, daß der Trend in diesem Revier für einige Jahre anhalten wird. Hoffentlich „entdecken" auch europäische Jäger dieses Revier. Es beibt uns überlassen, so schnell zu reagieren, daß wir unseren Jagdfreunden aus den USA mit der Buchung zuvorkommen.

VIERTER TEIL

Anhang

Reviererwerb in Kanada

Jäger und Fischer

Den Traum, in seinem eigenen Revier zu jagen, angeln und pirschen hat jeder von uns sicherlich bereits gehabt.

Darüber hinaus haben wir als Revierinhaber bestimmt schon öfter den Gedanken gehegt, einmal in einem „richtigen Biotop" zu jagen, ohne daß . . .

Diese jagdlichen Träume können wir in der Tat verwirklichen, ohne pensionierter Millionär zu sein. Wie das geht, sehen wir gleich.

Europa ist sehr eng geworden. Wir Naturfreunde, Jäger und Angler wissen das sicher am besten zu beurteilen. Unser Lebensraum – welche Bedeutung gewinnt dieses historisch belastete Wort wieder – ist dermaßen dramatisch eingeschränkt, daß selbst die Münchener „Wiesn" Ausweichplatz der Überbevölkerung wird.

Die relativ wenigen, uns verbliebenen Freiräume in der Natur werden von konkurrierenden Reitern, Joggern und harmlosen Spaziergängern um ein weiteres reduziert.

Es gibt wohl kein Jagdrevier in Deutschland, Österreich oder der Schweiz, in dem wir nicht in der Ferne die Errungenschaften der Zivilisation hören, sehen und in Form von Wasser, Boden und Luft fühlen.

Darüber hinaus ist jeder Baum gezählt, jedes jagdliche Unternehmen von Vorsichtsmaßregeln bestimmt. Von Zeit zu Zeit ist jeder Fisch oder jedes Stück Schalenwild, sei es durch atomare Katastrophen, Tollwut oder Räude gefährdet.

Und die Zukunftsaussichten? Die Antwort überlassen wir denen, die es gelernt haben, selbstständig zu denken.

Die soeben aufgezeigten negativen Bedingungen müssen wir nicht so ohne weiteres hinnehmen; wenn wir bereit sind, über unseren gewohnten Zaun hinwegzudenken.

Richtig, wir Jäger sind sehr bodenständig, heimatverbunden, ja einfach konservativ. Sind wir naiver, unbeweglicher und unerfahrener als die Millionen und abermillionen Lieschen Müller und Fritz Mayer, die alljährlich ihren Jahresurlaub (wenn Du „einfacher" Arbeitnehmer bist, mitunter zweimal im Jahr) nach Kenia, Teneriffa und Bankok unternehmen.
Damit haben wir den wirklichen Kern des Problems angeschnitten: Die stille Angst vor der oft unbekannten Ferne, ihren „fremden" Gewohnheiten, Risiken und Sprachen.
Haben wir auch bedacht, daß es in Kanada keine giftigen Schlangen, gefährliche Krankheiten, Revolutionen oder im Falle Britisch Kolumbiens Atomkraft gibt? Das nächste kanadische Atomkraftwerk ist von B.C. viel weiter entfernt als Tschernobil von Wien. Dazu kommt die Westdrift, die die Luftmassen alle nach Osten, also in die Richtung Europas blasen.
Sind wir mit dieser Erkenntnis nicht doch schon dem Millionenheer der Touristen voraus?
Sicherlich alles Gedanken, die wir uns vor dem detaillierten Einstieg zum Thema „unser Jagdrevier in Kanada" machen müssen.

Die rechtliche Grundlage:
Aus unserem gewohnten jagdrechtlichen Denken heraus erscheint uns auf Anhieb einiges in der kanadischen Rechtssprechung suspekt. „Jeder Kanadier darf da überall im Lande, also auch in ‚meinem' Revier, jagen," heißt es da. „Alles Land gehört der ‚Krone' lesen wir dort und „Kein Ausländer darf ein Revier besitzen," sagt uns ein anderer.
Formal juristisch betrachtet ist dies alles korrekt. Schauen wir uns jedoch eines nach dem anderen genauer an.
Wir wissen inzwischen, daß die „Revier"-Größen in Kanada nicht nach ha, sondern nach km^2 gemessen werden. Die überwiegende Anzahl der jagdlichen Territorien sind 2.000 bis 10.000 km^2 groß (Das entspricht unseren Landkreisen, Regierungsbezirken und sogar Kantonen).
Jedes gute und große Revier Europas hat – oder muß haben – einen und gar mehrere Berufsjäger, Förster oder dergleichen.

Sie sind für die anfallenden Arbeiten, Wildbeobachtungen usw. verantwortlich.
Warum soll das bei einem Jagdgebiet in B.C. anders sein? Bilden wir uns ein, in richtiger Wildnis bei der enormen Größe dort allein erfolgreich fertig zu werden?
Unser Mann in einem der B.C.- oder Yukon-Reviere, der uns gegen Entgelt mit Rat und Tat zur Seite steht, ist der von uns in jedem Falle benötigte jagdliche Fachmann, in B.C. nennen wir ihn „Outfitter". Er ist es, der uns in unserer meist nur knappen Jagdzeit an unser Wild führt, der die Hütten baut, instandhält und sich um die mehr als nur lästige Wildbret-Bergung kümmert.
Zusätzlich obliegt ihm die Organisation des Jagdbetriebes. Er erhält von uns die Direktiven, die er auszuführen hat. Er ist nichts weiter als ein Prokurist mit Arbeitsvertrag, der von uns angestellt und hinausgeworfen wird, je nachdem wie er seinen Job ausführt.
In diesem Zusammenhang sollte gleich ein wichtiger zusätzlicher Hinweis folgen: Bei Übernahme eines HUNTING TERRITORIES, wie es im offiziellen Sprachgebrauch heißt, sollte in keinem Fall der alte Outfitter, also der Verkäufer, übernommen werden, auch nicht einmal als Guide.
Die Erfahrung hat gelehrt, daß in den meisten Fällen die Position des alten Outfitters gegenüber einem ausländischen Erwerbers viel zu mächtig ist und kräftig ausgenutzt wird. Es sollten keine Ausnahmen von dieser Regel gemacht werden, auch nicht, wenn der Verkäufer ein deutschstämmiger Outfitter ist.
Es ist besser, einen Outfitter-Posten eines hunting territories neu zu besetzen. Der alte Outfitter weiß zwar alles und kann alles, er will aber auch alles für sich.
„Jeder Kanadier kann überall, auch in ‚meinem' Revier jagen", hieß es eingangs. Ja, so sagt es der Gesetzgeber.
Wir müssen allerdings wissen, daß der Kanadier ein Fleischjäger ist, der nicht allzu begeistert reagiert, wenn er 100 bis 500 kg Wildbret durch den Urwald zu zerren hat. Ferner gibt er für diesen „Sport" kein Geld aus. Das heißt, er mietet sich kein

Wasserflugzeug, keine Reit- und Packpferde und hat auch keine Hütte, um im Urwald zu übernachten. Dieser „canadian roadhunter" ist und bleibt geographisch auf die Holzabfuhrwege und einige Seen beschränkt. Da zumindest die guten hunting territories weit über die Hälfte unwegsamer Urwald sind, brauchen wir uns in unserem Revier um diese Jäger keine Gedanken zu machen. Wenn wirklich einmal in der Jagdzeit ein Wasserflugzeug mit zwei nach unserer Auffassung „richtigen Jägern" für drei Tage einfällt, ist das kein Grund, sich Sorgen zu machen. Erstens kennen sie sich nicht aus, denn ohne Pirschpfade geht es sehr schlecht voran und zweitens sind sie sowieso schon vergrämt. Alle kanadischen Jäger wissen, daß Outfitter sie sehr ungern sehen und alles tun, um sie zu vergrämen. Sollten wirklich in 3.000 Quadratkilometern ein oder drei Wasserflugzeuge innerhalb von vier Jagdmonaten einfliegen, dürfte das keinem Kopfschmerzen bereiten. Somit bleibt der Einfall von einheimischen Jägerscharen ein sehr theoretischer, jagdlicher Alptraum und mehr nicht.

„Alles Jagdland gehört der Krone, also dem Staat", hören wir wieder den Kritiker sagen. Auch da hat er wieder recht. Warum auch nicht?, wagen wir, die Gegenfrage loszuwerden. Haben wir uns einmal Gedanken darüber gemacht, wieviel Eigenjagdbesitzer (die auch selber ihr Land bejagen) es in Europa gibt? Wir werden sicherlich erstaunt sein, wieviel Jagdpächter ihrer Passion nachgehen und trotzdem sehr glücklich dabei sind. Warum müssen wir dann auf einmal in Kanada diese 3.000 Quadratkilometer Jagdfläche gleich besitzen, um glückliche Jäger oder Fischer zu sein? Ergänzend muß hinzugefügt werden, daß es tatsächlich einige kanadische „hunting territories" gibt, in deren genau festgelegten Grenzen einige Hektar Eigenland mit Haus, Lodge oder Hütte enthalten sind, was sie für uns natürlich noch interessanter werden läßt.

Die meisten „hunting territories" weisen innerhalb ihres Gebietes – meist an Seen oder Flüssen – sogenanntes „lease land" auf. Dabei handelt es sich um eine besondere Pacht mit stark ausgebauten Pächterrechten. In vielen Fällen können hunting territory-Inhaber dieses „lease land" käuflich

erwerben, so daß es zum normalen „deaded land“ (Eigenland) wird.
Innerhalb der hunting territory-Grenzen kann der Outfitter für seine Zwecke Hütten (an Seen, Flüssen und etc.) errichten. Es ist zur Zeit weder an der Anzahl noch dem Ort der Errichtung oder der Größe eingeschränkt.
Allein diese Tatsache verspricht dem weiterdenkenden, touristisch, kaufmännisch wie abenteuerfreudigen Unternehmer eine Fülle von Möglichkeiten. Wir brauchen nur an die Heere von Zivilisationsflüchtigen zu denken, die viel Geld auszugeben bereit sind, um nur ein einziges Mal in einer richtigen Blockhütte im richtigen Urwald mit echten Bären und Elchen, glasklarem Wasser und saubersten Luft eine kurze Zeit zu verbringen. Dabei stören sie uns noch nicht einmal, denn in der interessantesten Jahreszeit, der Jagdzeit im September empfehlen wir ihnen einfach Hawaii und nicht unsere Hütten im bush. Die meisten guten hunting territories haben bis zu 15 Hütten, Meilen voneinander entfernt, verstreut über eine Fläche von 6.000 Quadratkilometern Wildnis. Fast alle sind an Seen gelegen. Sie stellen paradisische Zustände für Angler dar. Ein Potential von Kunden für die Zwischensaison, die uns helfen (nicht wie zu Hause stören) können, unsere eigenen Kosten zu decken und u. U. noch Profit erwirtschaften zu können.
Hierbei sind wir bei der KOSTENFRAGE angelangt.

Wieviel kostet so ein hunting territory?

Viele von uns sind es gewohnt, alljährlich eine deftige Jagdpacht für unsere Passion auf ein fremdes Konto zu überweisen. Wenn wir die Gesamtsumme (sowie Arbeit, Verpflichtung, Verantwortung und Kosten) nicht allein tragen wollen oder können, suchen wir uns einen Mitpächter. Dies ist sehr oft mit dem Nachteil verbunden, daß wir von den sowieso nur 30 Rehen 15 oder gar 20 an einen anderen abgeben müssen. Um ein Vielfaches besser hat es ein hunting territory-Inhaber in Kanada.
Der hunting territory-Erwerb jenseits des großen Teiches ist auf längere Sicht gesehen viel billiger als eine Revierpacht in

unseren heimatlichen Gefilden. Schon allein deshalb, weil die Kaufsumme einmalig zu entrichten ist. Sollten wir nach einigen oder vielen Jahren aus welchen Gründen auch immer das hunting territory nicht mehr haben wollen, können wir es verkaufen. Hunting territories werden auf dem öffentlichen Markt gehandelt wie jede andere Immobilie. Bei dem eventuellen Wiederverkauf holen wir nach bisherigen Erfahrungen nicht nur unser gesamtes finanzielles Investment wieder heraus, sondern machen höchstwahrscheinlich einen 30 bis 50%igen Gewinn dabei.

Zur zusätzlich finanziellen Befriedigung in Sachen hunting territory-Erwerb können wir im Prinzip genau das tun, was wir mit unseren Mitpächtern oder Mitjägern machen, die gegen eine Gebühr in unserem Schwarzwaldrevier einen Hirsch erlegen dürfen: Wir suchen uns entweder einen Mitpächter oder laden zahlende Gäste ein, die uns unser jagdliches Vergnügen zu finanzieren helfen bzw. es ganz finanzieren sollen. Genau so leicht wie sich das hier liest, ist es in der Praxis auch. Kein europäischer Weidmann ist in der Lage, sein kanadisches „Revier" in allen Ecken kennen zu lernen, viel weniger zu bejagen. Warum nicht zahlende Gäste und zahlende Partner mit hineinnehmen, zumal die Reviere so groß sind, daß man sich während der gesamten Jagdzeit nicht stört, ja noch nicht einmal zu Gesicht bekommen wird. Jeder Jäger, jede Gruppe und jeder Angler können ihre gesamte Aufenthaltszeit in einer Wildnishütte verbringen, ohne während dieser Zeit auch nur einem Menschen zu begegnen.

Wieviel kosten diese hunting territories?

Die kleinsten und billigsten (um ca. 1000 Quadratkilometer) beliefen sich Anfang der 90er Jahre um die 150.000 Kan. Dollar. Dabei ist wenig an Hütten und anderem Inventar enthalten. Wichtig ist in jedem Falle zu wissen, wie zugängig das territory aufgrund von Holzabfuhrwegen und dergleichen für einheimische Jäger ist. Nach oben gibt es keine finanziellen Grenzen, denn die großen Schafgebiete des Landes – wenn sie nicht schon in europäischer Hand sind, bewegen sich in Millionenhöhe.

Sehr interessante Schaf-Kombinationsbebiete mit guten Hütten, Lodges, Booten, Pferden usw. sind bereits für ca. 500.000 Dollar zu haben. Dabei handelt es sich um Jagdgebiete, mit denen wir durchaus einen Jahresreingewinn von 50.000 bis 100.000 Dollar erzielen können.

Das Potential dieser und in Wirklichkeit aller hunting territories ist im Hinblick auf den in der Welt schwindenden Naturraum unbeschreiblich interessant. Wir können unser territory Jägern, Anglern, Naturfreunden, Reitfreunden, Überlebenskünstlern, Treckern und vielen anderen Interessengruppen zur Verfügung stellen, ohne unser eigenes jagdliches Bestreben zu stören oder gar, wie in den Alpen, zu zerstören. Hier verläuft sich alles in den unendlichen Weiten bezaubernder, unberührter Natur.

Doch wollen wir wieder auf den Boden der (finanziellen) Realität. Für ein Revier von der Größe um die 500.000 Dollar Einstiegssumme brauchen wir einen „full time Qutfitter", der uns im Jahr 1992 ca. 35.000 Dollar kostet. Die alljährlich an den Staat zu zahlende Pachtsumme (besser: Verwaltungsgebühr) liegt in den meisten Fällen unter 1000 Dollar. Hinzu kommen noch Beträge für Wildmarken, Lizenzen usw., die auch ein deutscher Tischlerlehrling problemlos bezahlen kann. Ein Führer wird per Tag entlohnt und kann von 60 bis 120 Dollar kosten (ein Führer darf zwei Jäger führen).

Natürlich ist der angeheuerte „Outfitter" auch gleichzeitig unser Führer. Wenn wir ein Revier für uns allein wollen, gleichgültig welcher Größe, brauchen wir eben nur einen Outfitter/Führer, der auch schon für weniger als ein Drittel der obigen Outfitterkosten zu haben ist. Diese 35.000 Kan. Dollar per Jahr sind nur für die Outfitter vorgesehen, die ein großes Revier mit 20 und mehr Jagdgästen für uns führen müssen. Sie stellen den Höchstsatz eines anzustellenden Outfitters überhaupt dar.

Unseren Flug hin und zurück, falls wir uns darüber Sorgen machen, finanziert ein einziger Frühjahrs-Schwarzbärenjäger. Fünf weitere zahlende Gastjäger sind in der Lage, uns unseren Outfitter zu finanzieren (in einem großen Revier, welches in der Lage ist, mehr als 20 Gastjäger zu beherbergen). Bei diesen finanziellen Vergleichen wollen wir es hier belassen, um nicht in Gefahr zu laufen, mit dem berühmten Milchmädchen zu konkurrieren.

„Und dann darf ich noch nicht einmal allein jagen, d. h. ohne einen kanadischen Führer!“, höre ich den ewigen Kritiker wieder murmeln. Ja, und wiederum hat er Recht.

Das kanadische Jagdrecht besagt, daß kein ausländischer Großwildjäger ohne einen kanadischen Guide jagen darf.

An dieser Stelle erlauben wir uns innerhalb dieses Buches nach all dem Gelesenen über die kanadische Wildnisjagd, die Größe der Reviere usw. vorauszusetzen, daß wir verstehen, warum uns die kanadische Regierung einen Führer vorschreibt.

Vielleicht sollten wir uns jetzt einmal fragen, warum unser Herr Baron vor seiner Pirsch in seinem Revier seinen Berufsjäger informiert, daß er jetzt zur Jagd will und er sich bereithalten solle. Sicherlich nicht, weil es dem Herrn Baron an Passion fehlt, er sich in seinem Revier verläuft oder gar Angst hat. Höchstwahrscheinlich aber, weil er aufgrund seiner beruflichen Verpflichtungen, also aus zeitlichen Gründen nicht in der Lage ist, selbst herauszufinden, welches Wild an welchem Ort steht. Genau so verhält es sich mit unserem kanadischen Wildnisrevier. Es gibt einfach Menschen, Jäger, die besser als wir wissen, wo wir wann zu sein haben, um in unserer relativ kurzen Jagd-Urlaubszeit die von uns gewünschten Erfolge zu erreichen. Das Sich-verirren oder ein lächerlicher Beinbruch kann in der Wildnis schwerwiegende Folgen haben, für die letztlich die staatlichen kanadischen Suchtrupps herangezogen werden müssen. Daß sich der Staat verständlicherweise weigert, noch mehr als die alljährlich anfallenden Millionen und abermillionen „Such-Gelder“ unnötig auszugeben, ist nur mehr als verständlich. Ungeachtet dessen hilft diese gesetzliche Regelung uns, obwohl wir es am Anfang vielleicht als lästig empfinden. Dabei ist immer zu bedenken, daß dieser Guide unser Angestellter ist, anders als bei einer normalen Kanada-Jagd, bei der wir auf den Führer angewiesen sind.

Jagdpacht-Laufzeiten

Der Staat vergibt diese Hunting-Guiding Territories nur an Personen, nicht an Gesellschaften. Diese Person muß Kanadier sein und mindestens zwei Jahre als lizensierter Guide gearbeitet haben.

Die Laufzeit ist ähnlich der der europäischen Jagdpacht-Dauer, nämlich zwölf Jahre. Der große, und wir sollten sagen der positive Unterschied liegt darin, daß die Laufzeit ohne jegliche Probleme um eine weitere Periode (zwölf Jahre) verlängert wird. In B.C. ist kein Fall bekannt, in dem der Staat den auslaufenden hunting territory-Pacht-Vertrag nicht verlängert hat. Die Verlängerung ist einfach, unkompliziert und mit einigen hundert Dollar abgetan.

Somit brauchen wir nicht zu befürchten, daß wir in drei Jahren alles los sind, wenn die Pachtlaufzeit lediglich nur noch drei Jahre beträgt.

Wer verkauft derartige Hunting territories?

Jeder Outfitter verkauft zu irgend einem Zeitpunkt sein Revier. Sei es aus Geldnot (die meisten leben von geborgtem Geld), sei es aus Altersgründen oder einfach aufgrund der Tatsache, daß sie die Nase voll davon haben, für andere Leute da sein zu müssen. Viele unter ihnen bekommen erstmals „richtiges Geld" beim Verkauf ihres Territoriums; sie hatten es vor Jahren für wenige Dollar erstanden und freuen sich jetzt über ihren Zugewinn.

Alle Outfitter sind zuerst Geschäftsleute, an zweiter Stelle sind sie dann meistens Jäger. Das zu beachten ist wichtig, wenn wir von ihnen ein hunting territory kaufen wollen.

Es wird unmißverständlich abgeraten, direkt mit einem Outfitter Kaufverhandlungen zu führen. Kein ausländischer Jäger, mag er noch so oft in diesem Revier bei dem Outfitter gejagt haben, kann beurteilen, wieviel dieses Revier wert ist. Jeder ausländische Kaufinteressent wird unweigerlich viel mehr für das Revier zahlen als ein einheimischer.

Am gescheitesten ist es, sich an einen kanadischen Fachmann zu wenden, der die Verkaufsverhandlungen für uns führt.

Dieser Fachmann muß kanadischer Jäger sein, über die Mehrzahl der Outfitter informiert sein sowie ihre Reviere kennen und beurteilen können. Er sollte mit der europäischen Jagdtradition ebenso wie mit der kanadischen vertraut sein. Dieser Fachmann muß so beweglich sein, denn in einem Land derartiger Dimensionen fährt man nicht per U-Bahn zum Arbeitsplatz, sondern es gehört ein Wasserflugzeug dazu. Selbst ein gutes altes Allrad-Kfz. reicht nicht aus, um entsprechende Inspektionen vorzunehmen (und dazu gehören viele Flugstunden).

Viele „Möchtegerne-Geschäftsleute“ aller Schattierungen bieten sich an. Auf keinen Fall sollten wir uns in die Hände von europäischen Vermittlern begeben, denn diese sind nicht in der Lage, adäquate Informationen zu vermitteln.

Nur ein lizensierter B. C.-REAL ESTATE-Verkäufer („licenced Real Estate“-Verkäufer) sollte unser Partner sein. Unser Real Estate Agent ist von Rechts wegen nicht befugt, irgend welche Gebühren, Kommissionen oder ähnliches von uns zu verlangen. Diese Kosten trägt immer der Verkäufer (ausgenommen reine Flugkosten, eventuelle Fahrtkosten, Hotel/Restaurant usw.)!

Vorsicht vor sogenannten Beratern und dergleichen, die nichts weiter machen wollen, als unser hunting territory um viel tausend Dollar zu verteuern. Eine Nachfrage bei einer Real Estate Company (oder dem B.C. Government Office in München) bringt uns sehr schnell die Versicherung, daß wir richtig gehandelt haben, wenn wir uns an offizielle Stellen wenden.

An dieser Stelle gleich einige praktische finanzielle Tips: Wir sollten **nie** dem verkaufenden Outfitter direkt eine Anzahlung machen. Ein „deposit“ sollte nur an unseren Real Estate Agent oder unseren Anwalt „in trust“ (Treuhandkonto) gehen.

Zahlungen, gleichgültig woher sie stammen, werden in Kanada in keinem Fall dem deutschen Finanzamt gemeldet!

Es sind allein im jagdadministrativen Zentrum B.C.s, dem Örtchen „100 Miles House“, viele Fälle bekannt, bei denen „Berater“ von Kaufinteressenten Gelder abkassiert haben.

Danach stellte sich heraus, daß diese betrogen oder übervorteilt worden waren. Der Hinweis auf das heimatliche Finanzamt ließ den Gutgläubigen schweigen und die Geschäftemacher reicher werden.
Immobiliengeschäfte (der Jagdrevierhandel ist in Kanada ein reines Immobiliengeschäft) sollten nur über einen lizensierten REAL ESTATE AGENT oder einen Rechtsanwalt gemacht werden. Auch ein Rechtsanwalt in Kanada sollte Erfahrungen mit derartigen Transaktionen bereits haben. Die allerwenigsten Anwälte sind erfahren genug, um die aus juristischer Sicht kompliziertе Rechtslage für uns zufriedenstellend (und einigermaßen preiswert) zu arrangieren. Der zur Zeit erfahrenste deutschstämmige (und deutsch sprechende) Rechtsanwalt und Notar ist der

Konsul Klaus Priebe
300-1111 Melville st.
Vancouver, B.C.
V6E 4H7, Canada
Tel.: 001-604-682 3664
Fax: 001-604-688-3830

Es macht wenig Sinn, seinen heimatlichen Rechtsanwalt hinzuzuziehen, da dieser von der kanadischen Rechtssprechung sicherlich wenig kennt und nur Geld kostet. Wenn wir unbedingt einen deutschen Rechtsanwalt konsultieren wollen, ist Herr Daege zu empfehlen, da er ständig mit B.C., seinen Behörden und Beamten arbeitet und für die B.C.-Regierung im deutschsprachigen Europa tätig ist:

Rechtsanwalt Bernhard M. Daege
Martiusstraße 7
8000 München 40
Tel.: (089) 33 50 59
Fax: (089) 33 71 05

Rechtsanwalt Daege ist Anwalt der B.C.-Regierung mit ihrem Representative office für Mitteleuropa.

Anschrift:
Government of Britsh Columbia
Garmischer Straße 6
8000 München 40
Tel.: (089) 5029299
Fax: (089) 5029150

Letztere Anschrift ist eine offizielle Adresse für alle diejenigen, die es ernst mit B.C. meinen. Diese amtliche Außenstelle der B.C.-Regierung hat die Aufgabe, allen Ratsuchenden in Sachen Einwanderung nach B.C., Investitionen in B.C. zur Seite zu stehen oder dies zumindest in die richtigen Bahnen zu leiten.

Was kaufen wir eigentlich, wenn das Land dem Staat gehört?
Fast jeder Outfitter hat mit seinem outfitt (Hunting Territory) eine Firma gegründet, über die er alle geschäftlichen Transaktionen abwickelt. Es handelt sich dabei meistens um ordentlich im Handelsregister eingetragene Firmen (Ltd.Company). In diese Firma ist das vom Staat angepachtete Hunting Territory integriert, inklusive allen Inventars wie Hütten, Pferde, Lodges, Boote, Skidoos usw.
Die „festen Bestandteile" des Hunting Territories wie Hütten, Lodges, Pferdekoppeln sind fester Bestandteil des Hunting Territories, welches der verkaufende Outfitter nicht mitnehmen kann. Hingegen ist es Verhandlungssache, ob die beweglichen Bestandteile des Outfitts vollständig im Territory verbleiben oder nicht.
Erfahrene Real Estate Agents wissen recht genau, was zu einem operationsfähigen Outfitt gehört und was nebensächlich ist.
Außer dem soeben erwähnten festen und mobilen Inventar, der gesamten Limited Company, erlangt der Hunting Territory Erwerber das Exklusivrecht, innerhalb der genau festgelegten Territory-Grenzen andere Jäger gegen Entgelt zu führen, seine

Hütten, Pferde, Boote, Skidoos usw. gegen Entgelt zu vermieten. Dieses Esklusivrecht hat keine zeitliche Beschränkung, gilt also zwölf Monate im Jahr. Ferner darf der Territory–Inhaber weitere Hütten an den von ihm zu bestimmenden Stellen errichten.
Der Verbote gibt es natürlich viele, die in den allgemeinen Gesetzen Niederschlag finden, so wie sie in jeder Zivilisationsgesellschaft vorkommen: allgemeines Jagdgesetz, Naturschutzgesetz, Handelsrecht usw.
Der Territory-Inhaber darf beispielsweise nicht: Flüsse stauen oder umleiten, Bäume zu anderen Zwecken fällen als für den eigenen Gebrauch, Wild oder Fische aussetzen etc. und viele andere Dinge, die hier aufzuführen zu umfangreich wäre.

Abschließend und zusammenfassend dürfen wir nach der vorangegangenen nüchternen Erörterung der Sachlage feststellen, daß es in keinem anderen Gebiet der Erde heutzutage möglich ist, nach Herzenslust der herrlichen freien Jagd nachzugehen wie dies im kanadischen Westen, vornehmlich B.C. und dem Yukon der Fall ist.
Kein Land der Welt ist so sicher, freundlich und friedlich wie Kanada. Kein Land der Welt bietet Jägern, Naturfreunden und Abenteurern eine dermaßen überschwengliche Fülle an unverdorbener Natur sowie jagdlichen Biotopen.

Allgemein interessante Jagdstatistiken Nordwest-Amerikas

Gesamtübersicht über die Anzahl der Outfitter, der „resident"- und „non-resident"-Hunters und des erlegten Wildes in Britisch Kolumbien von 1965 bis 1990/91.

Jahr	Anzahl der Outfitter	Jäger einheim.	Jäger ausländ.	Anzahl des erlegten Wildes
1965/66	539	182	5.235	5.104
1966	543	175	5.742	5.806
1967	696	195	5.976	5.774
1968	698	204	6.402	6.261
1969	652	190	6.518	6.197
1970	585	172	6.548	6.119
1971	450	156	5.528	5.648
1972	428	98	6.045	5.193
1973	399	89	5.914	5.294
1974	388	84	3.937	3.570
1975	370	127	3.275	3.277
1976	358	107	3.606	3.419
1977	303	80	3.748	3.601
1978	317	83	3.980	3.515
1979	313	96	4.271	3.451
1980	274	87	4.063	3.684
1981	275	235	3.822	3.590
1982	262	178	3.163	3.103
1983	267	145	3.194	3.236
1984	269	49	3.420	3.366
1985	268	66	3.885	3.723
1986	266	42	4.069	3.840
1987	260	43	4.349	–
1988	261	66	4.556	–
1989	267	61	4.629	4.226
1990/91	255	94	4.453	4.078

Anzahl der von „non-resident"-Hunters erlegten, verschiedenen Wildarten

Wildart	1985/86	1986/87	1990/91
Schwarzbär	770	843	956
Caribou	209	217	222
Cougar	38	38	30
Deer	151	189	283
Wapiti	331	356	365
Grizzlybär	168	155	141
Elch	1.290	1.317	1.267
Schneeziege	428	431	492
Bergschaf	240	259	271
Wolf	35	35	51
Berghühner	o. A.	146	339
Enten und Gänse	o. A.	46	90
Total	3.360	3.840	4.787

Durchschnittliche Tagesrate der Kosten eines „non-resident"-Hunters im Jahre 1985/86 in B. C. für die verschiedenen Wildarten

Wildart	Durchschnittliche Tageskosten (in Kanada-Dollar)
Schwarzbär	259
Caribou	366
Cougar	462
Deer	233
Wapiti	298
Grizzlybär	292
Elch	215
Schneeziege	401
Bergschaf	458
Wolf	328

Schätzung für 1991/92: Plus ca. 20 %

Von „non-resident"-Hunters angegebene Gründe des Jagdzieles (in Prozent)

Wildart	Trophäe	Wildbret	beides
Schwarzbär	83	1	16
Caribou	57	4	39
Cougar	93	0	7
Deer	41	16	43
Wapiti	55	3	42
Grizzlybär	97	0	3
Elch	27	26	47
Schneeziege	84	0	16
Bergschaf	73	0	27
Wolf	98	0	2

(Die Mehrzahl der „non-resident"-Hunters sind US-amerikanische Jäger.)

Woher kamen in B. C. 1986/87 Jäger, die von einem „Guide/Outfitter" geführt wurden?

USA: 82 %
(1990/91: 78,7 %)
Kanada: 3,2 %
Europa: 12,9 %
Südamerika: 1,2 %
Andere: 0,7 %

Woher kamen 1986/87 europäische Jäger in B.C.?

Deutschland: 62,8 %
Österreich: 19,5 %
Schweiz: 5,7 %
Andere: 12 %

Erfolgsrate ausländischer Jäger in B. C. 1985/86

Wildart	Erfolgsrate (in Prozent)
Schwarzbär	55
Caribou	71
Cougar	83
Deer	24
Wapiti	48
Grizzlybär	39
Elch	63
Schneeziege	73
Bergschaf	70
Wolf	17

Yukon 1987 – Jagdstatistik

Wildart (erlegt von)	einheim. Jägern	ausländ. Jägern
Schaf	86	191
Schneeziege	4	5
Grizzlybär	44	77
Schwarzbär	65	28
Elch	375	205
Caribou	291	203

Woher kamen 1988 die B. C.-Jäger, die bei einem Outfitter gejagt haben?

Land	Anzahl Jäger %	Jäger (gesamt)
British Columbia	10	} 158 Jäger
Alberta	7	
Rest von Kanada	1	
USA	65	} 3.748 Jäger
Überseeländer	6	} 679 Jäger
Deutschland	6	
Rest von Europa	3	
Australien/ Neuseeland	2	

Biographie

Heinz K. Weigelt, Jahrgang 1939, auf dem Gut Blumerode in Schlesien geboren und im Weserbergland Norddeutschlands zum passionierten Weidmann herangewachsen, kann sich ein Leben ohne die weite Wildniseinsamkeit Kanadas nicht mehr vorstellen.
Sein Lebenslauf ist allerdings nicht der einer Ganghofer-Idylle. Eine kanadische Zeitung faßte einmal seine ehemaligen und derzeitigen Tätigkeiten stichwortartig so zusammen: „Polizeibeamter, Tischlergeselle, Gymnasiallehrer, Touristikführer, Nachtwächter, Unternehmer, Buschpilot und Großwildjäger, – nicht unbedingt in dieser Reihenfolge". Schmunzelnd fügt er selbst mit unverholenem Stolz dazu: „Und alles erfolgreich abgeschlossen, d. h. nicht nur angefangen und dann abgebrochen!" Nach einer Nordamerikareise Anfang der 70er Jahre tauschte Weigelt sein wohletabliertes deutsches Beamtendasein gegen das eines selbständigen kanadischen Unternehmers ein. Was lag für ihn näher, als sich in dem Jagd- und Naturparadies Britisch Kolumbien nicht nur niederzulassen, sondern auch die Jagd in vollen Zügen zu genießen. Seine aktive und dynamische Art beschränkte sich nach kurzer Zeit nicht nur auf die Jagd und die Betätigung als lizensierter Jagdführer und Buschpilot. Mitte der siebziger Jahre gründete er eine Berufsjägervereinigung, indem er eine Anzahl leistungsfähiger Outfitter des Landes zusammenfaßte. Dieser anerkannt erfolgreichen Berufsjäger-Organisation steht Weigelt heute als Direktor vor. Er ist Inhaber eines Touristik-Unternehmens, spezialisiert auf Wildnisabenteuer und einer Immobilien-Holding Company. Beide Firmen dienen ausschließlich deutschsprechenden Kanada-Interessenten. Seine alljährlichen Vortrags- und Informationsreisen durch Deutschland, Österreich und die Schweiz sind inzwischen zu einer gutbesuchten Institution geworden.

Zuschauern des kanadischen Fernsehens wurde Weigelt vorgestellt genau so wie im deutschen „ZDF“ in dem 30-Minuten-Film: „Weggegangen und dortgeblieben – Deutsche in Kanada“.
H. K. Weigelt gilt als einer der erfahrensten Kenner und Organisatoren der westkanadischen Jagdszene. Agil und jagdorganisatorisch aktiv stellt er als Deutsch-Kanadier ein Bindeglied zum deutschsprechenden Europa dar.
Dazu äußerte der kanadische *Staatsminister Dr. L. Greenaway*, Ottawa, (in Weigelts Buch *„Als Jagdführer in Kanada“*): „Heinz K. Weigelt ist bekannt als die Verbindung zwischen der deutschsprechenden Jagdwelt Europas und der Nordwestamerikanischen Jagdszenerie!“
Kanadische Bundesregierung: „Weigelt is one of the leading hunting guides in Britsh Columbia ...“ Schreiben vom 29.7.87.
„DEWEZT“ v. 24.2.88: ... gilt dort als einer der besten Kenner der Großwildjagd ...
„Die Pirsch“ v. 5.3.88: „Er ist vielen deutschen Auslandsjägern ein Begriff – schon deswegen, weil er als Chef der Jagdführervereinigung Britisch Kolumbiens keine Schönfärberei betreibt, wenn es um Jagd im kanadischen Busch geht. Heinz K. Weigelt schildert ehrlich die oft harten körperlichen Strapazen, an deren Ende nicht immer der ersehnte Jagderfolg steht ...“

Marcel Tancre,
Konsul der Bundesrepublik Deutschland in Vancouver, Kanada

Karten

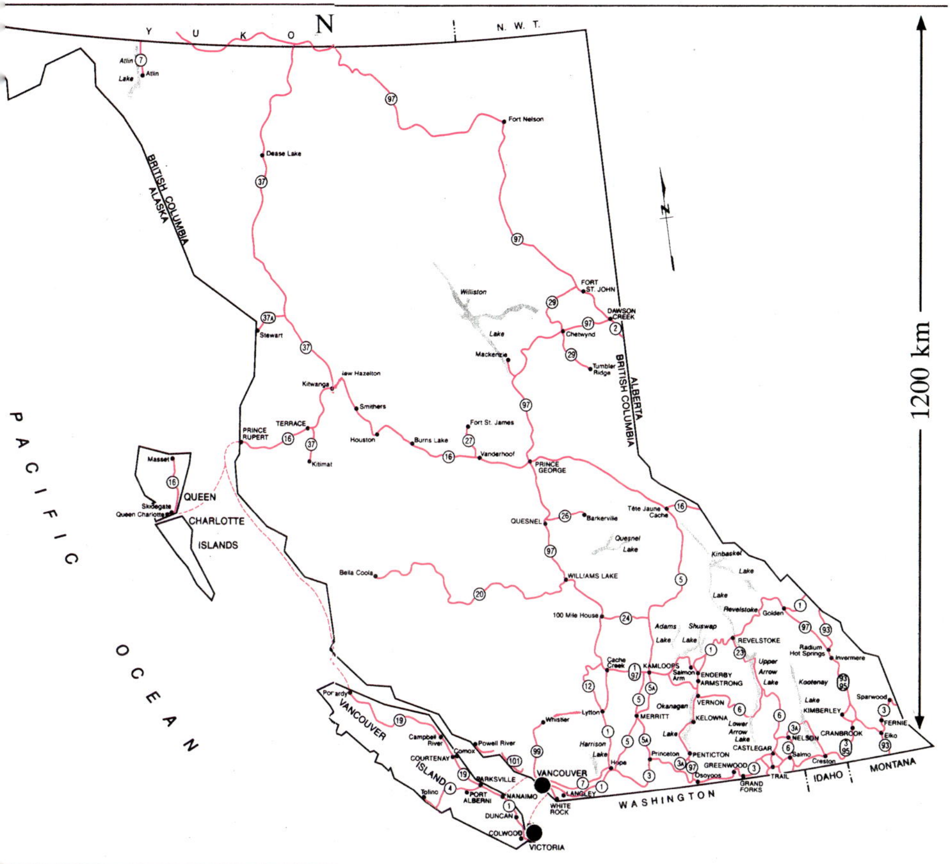

Das öffentliche Straßennetz in B. C. Neunzig Prozent der Straßen sind asphaltiert.

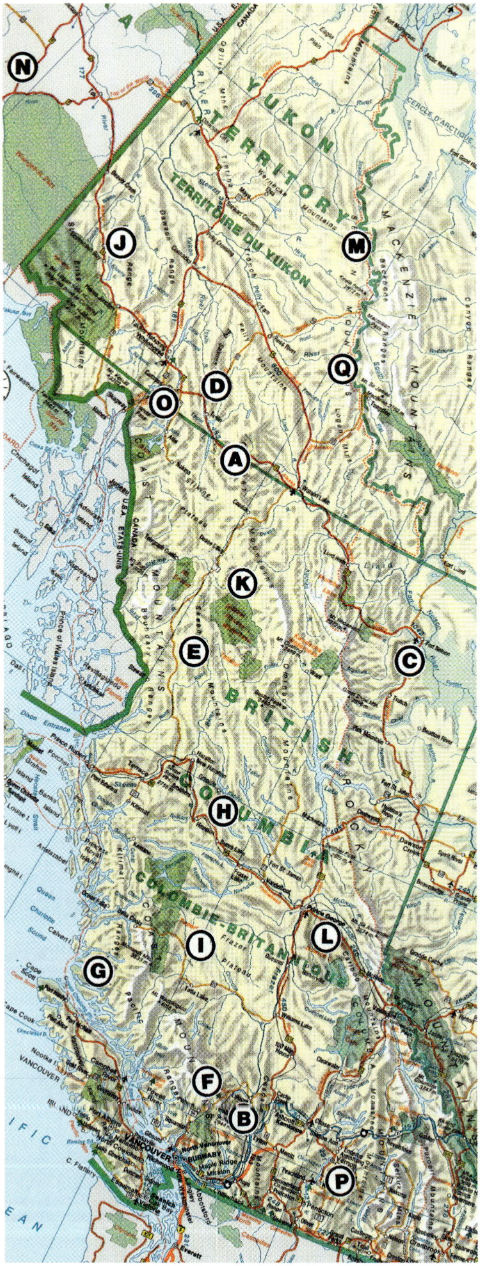

Übersichtskarte zu den Jagdrevierbeschreibungen

Verbreitung des Wildes: Rot = mäßig bis stark; Grün = wenig bis sehr wenig; Weiß = kein Vorkommen.

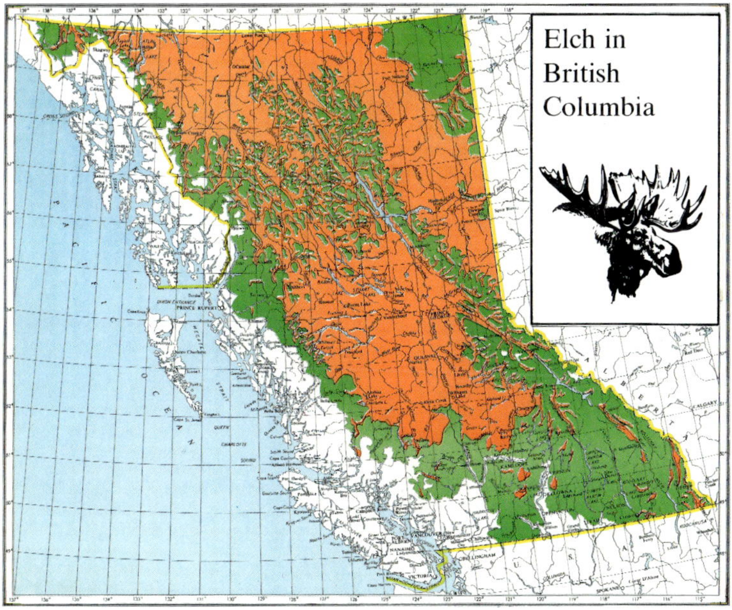

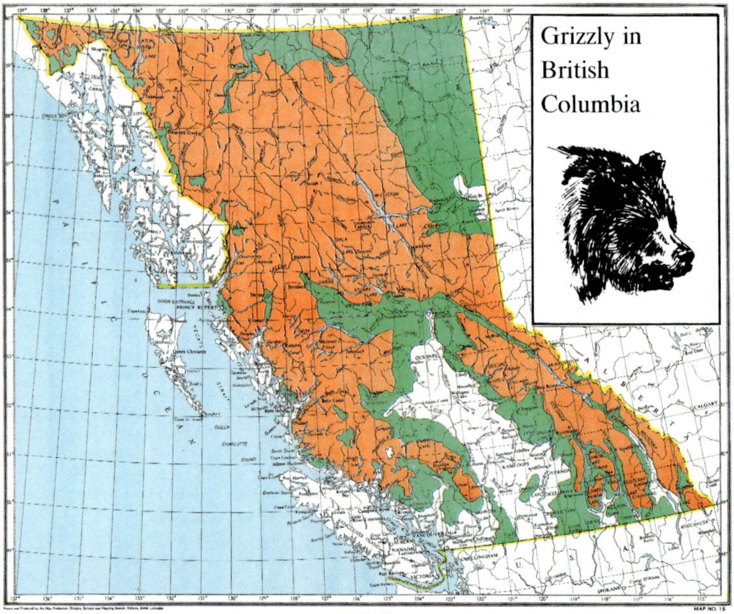

Verbreitung des Wildes: Rot = mäßig bis stark; Grün = wenig bis sehr wenig; Weiß = kein Vorkommen.

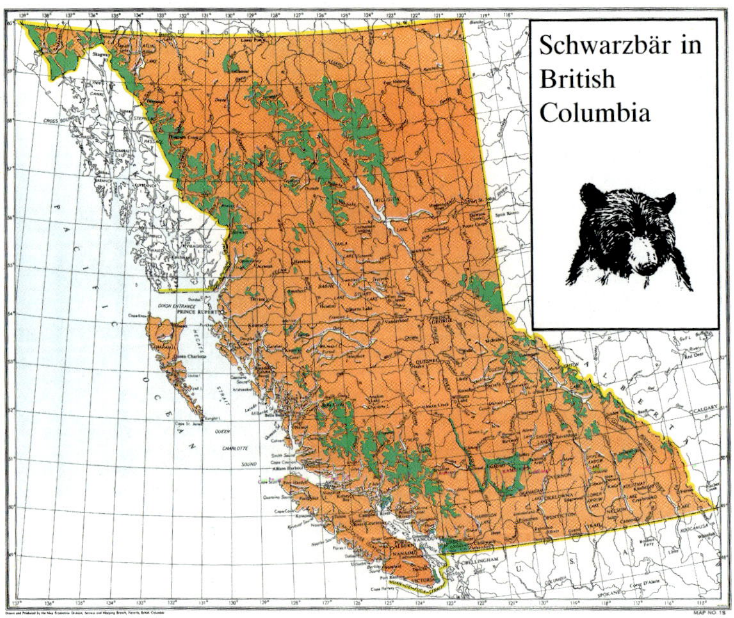

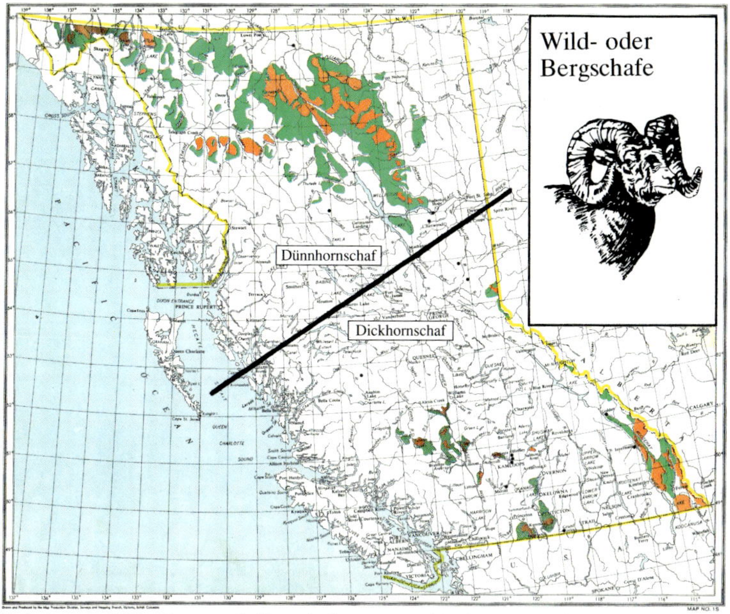

Verbreitung des Wildes: Rot = mäßig bis stark; Grün = wenig bis sehr wenig; Weiß = kein Vorkommen.

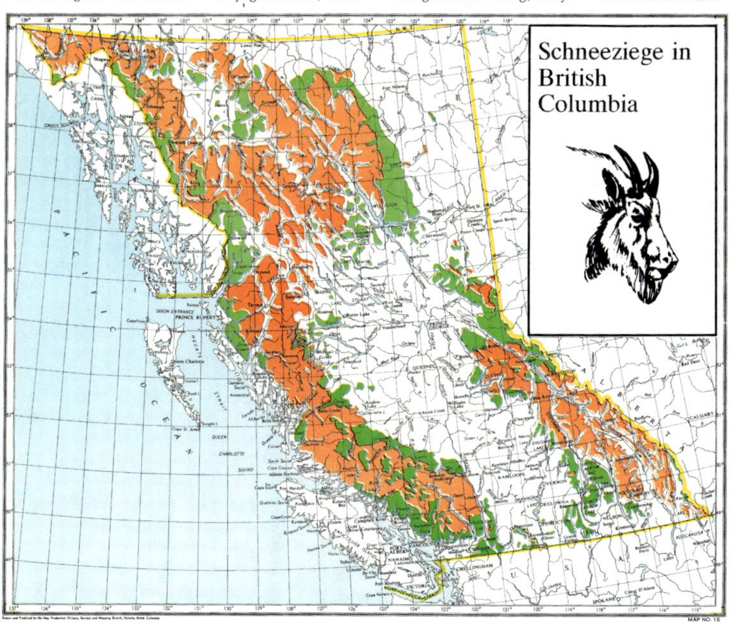

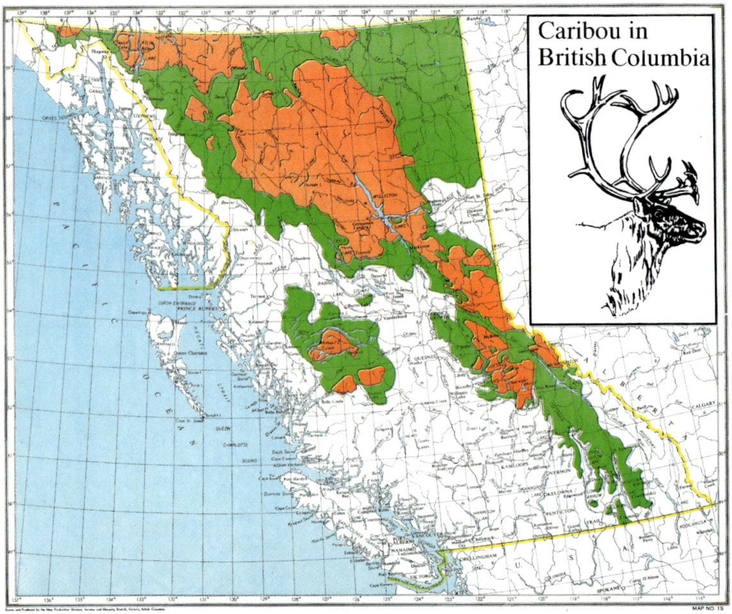

Verbreitung des Wildes: Rot = mäßig bis stark; Grün = wenig bis sehr wenig; Weiß = kein Vorkommen.

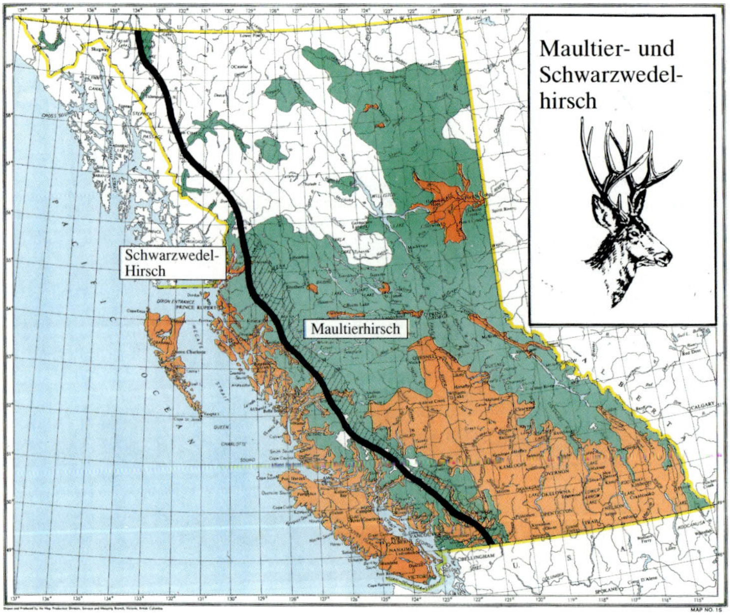

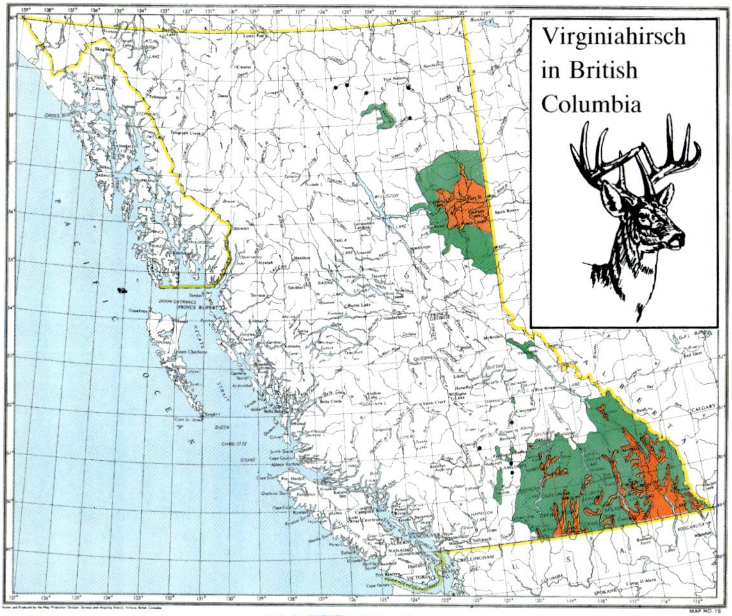

Verbreitung des Wildes: Rot = mäßig bis stark; Grün = wenig bis sehr wenig; Weiß = kein Vorkommen.

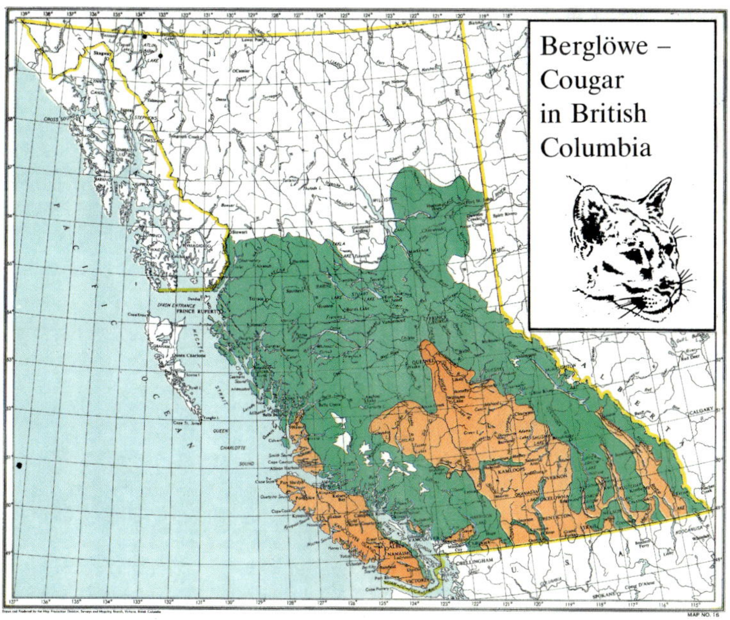

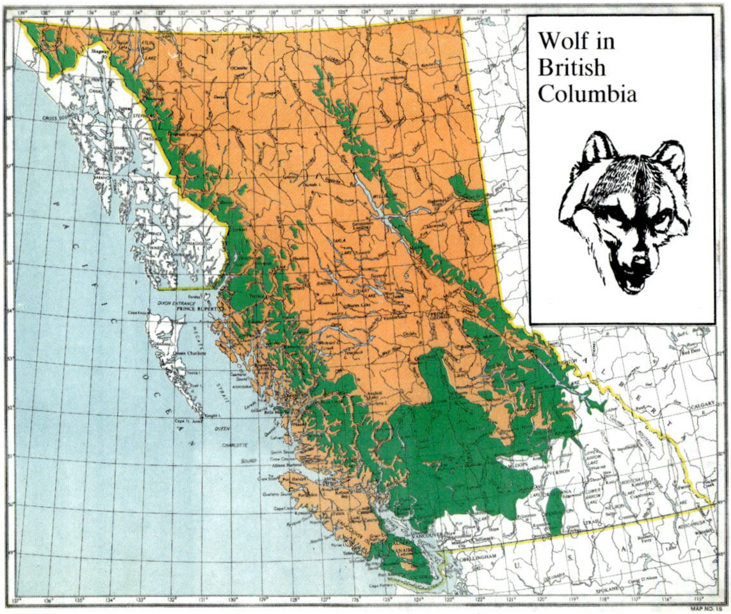

Verbreitung des Wildes: Rot = mäßig bis stark; Grün = wenig bis sehr wenig; Weiß = kein Vorkommen.

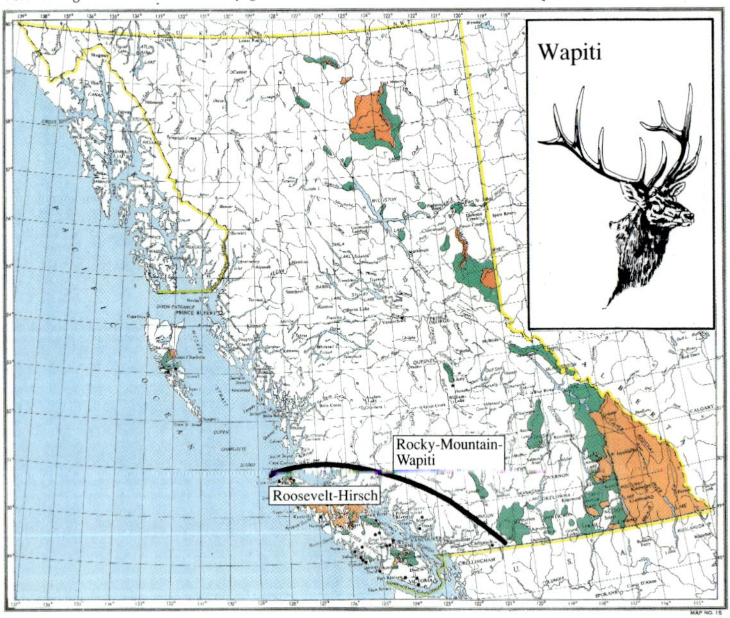